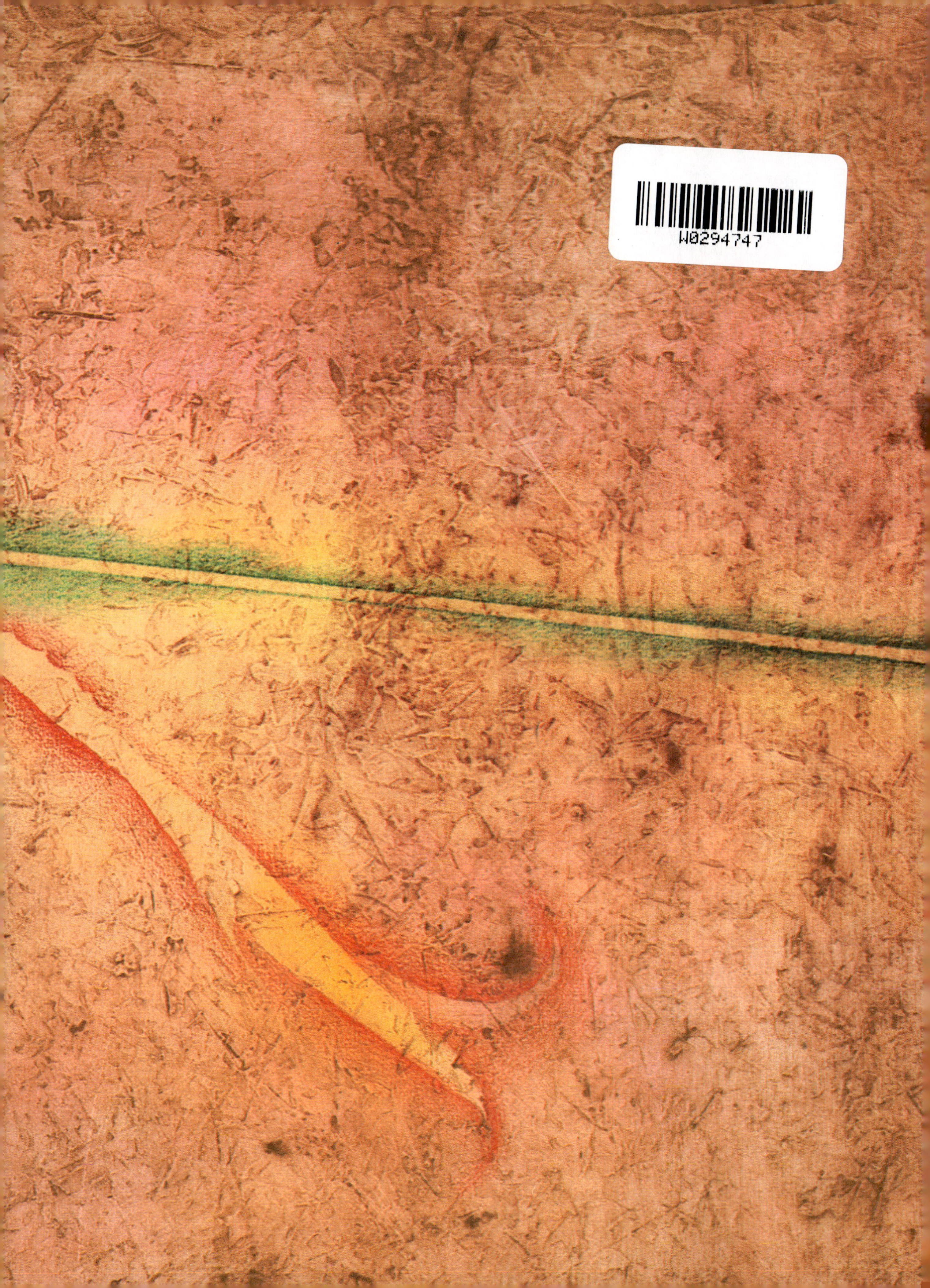

INDONESISCHE MÄRCHEN

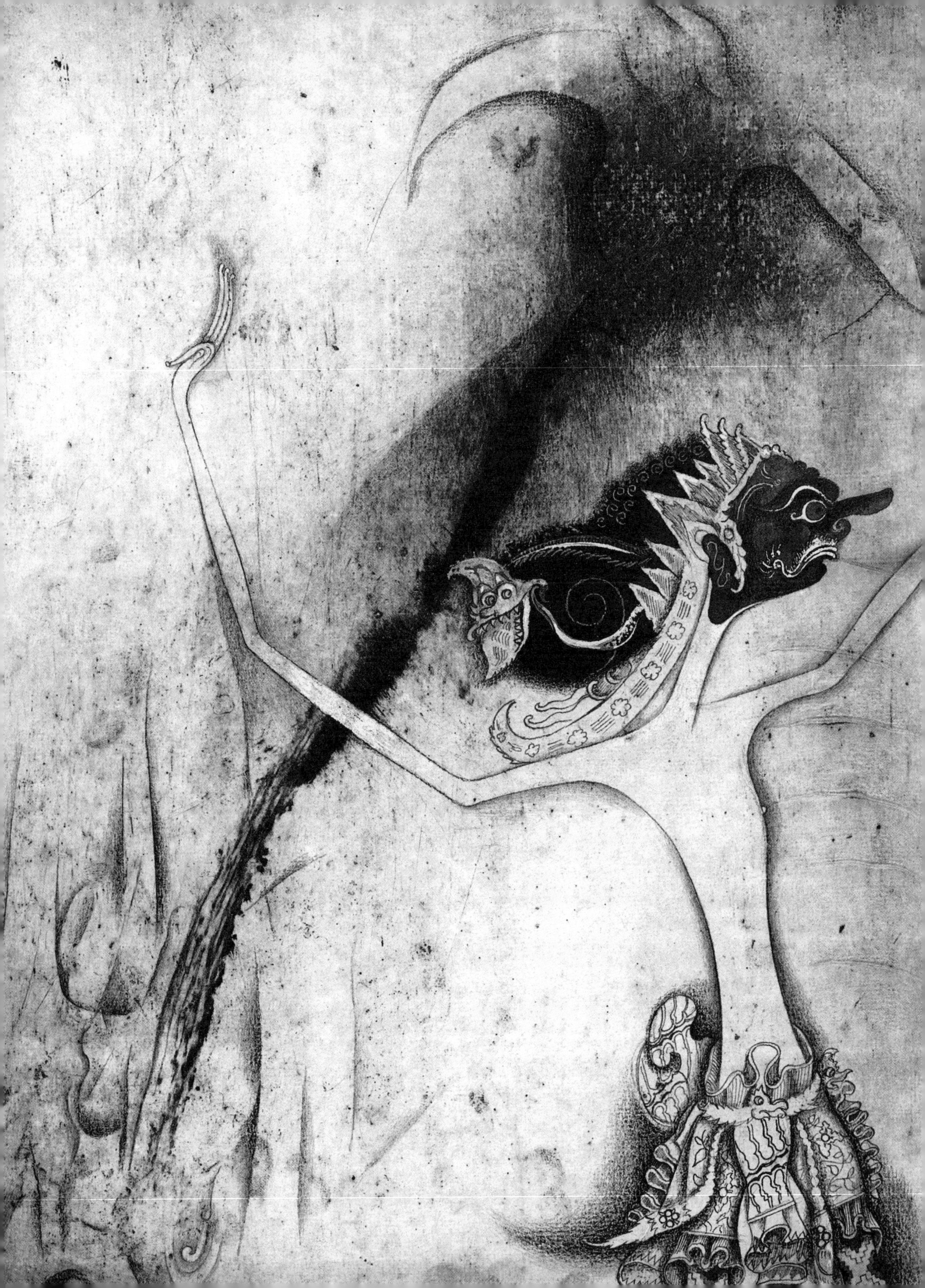

Indonesische Märchen

ILLUSTRIERT
VON JAROSLAV ŠERÝCH

WERNER DAUSIEN • HANAU/M.

Zorica Dubovská und Vratislav Šťovíček
Indonesische Märchen
Ins Deutsche übertragen von Ursula Sedmidubská
Graphische Gestaltung von Bohuslav Blažej

VERLAG WERNER DAUSIEN • HANAU/M.
ISBN 3-7684-5938-1
1/01/35-52-01

INHALT

Weit unten im Osten, wo die Sonne aufgeht, breitet sich von Horizont zu Horizont das Zauberreich der tausend Inseln aus. Die Bewohner sagen, die Inseln seien ein smaragdenes Halsband, welches das eitle Meer sich aus den Tiefen der Erde heraufgeholt habe. Wer kann sagen, was wahr daran ist? Auch die Fischer bestätigen jedem Fremden, daß die Märcheninsel Java wie eine Perle in den klaren Fluten des weiten Ozeans schwimmt. Sie duftet nach Tee und Zimtblüten, nach Jasmin und Zuckerrohr. Wenn die Schiffe in den Hafen einlaufen, winkt ihnen die Insel mit den zerzausten Kronen der Kokospalmen zu, und die spitz aufragenden Kuppen der Vulkanberge grüßen sie mit kleinen Rauchwolken. In den verlassenen Heiligtümern träumen noch heute die ehrwürdigen Erdgötter, während durch den dunklen Dschungel die rachsüchtigen Dämonen streifen. In der Einsamkeit und Stille des immergrünen tropischen Regenwaldes sinnen weise Männer über das Geheimnis unseres Daseins nach und bitten in überirdischer Entrückung die Götter, ihnen heilsame Zauberkräfte zu verleihen.

In diese Stille wollen wir uns mit unserem Erzähler begeben. Nachdem uns die wilde Brandung unbeschadet an den Strand getragen hat, folgen wir der tiefen Stimme der bedächtigen Büffel, welche den Menschen im knietiefen Schlammboden die Reisfelder bestellen helfen. Wir schreiten auf den Pfaden der Bauern, dem Duft des Zuckerrohrs und dem bläulichen Rauch der Holzkohlenfeuer nach. Vielleicht finden wir bei unserer Wanderung ein vergessenes Dorf am Rand des Dschungels. Die Bambushütten ducken sich unter der Last der Palmstrohdächer, und ringsum schwanken die reifenden Reishalme im leisen Windhauch. In diesem Dorf leben drei glückliche Kinder. Es sind die schüchterne Nani, die immer lächelnde Tuti und der kleine Wildfang Maman.

Es war an einem wunderschönen Tag...

Nani, Tuti und Maman wollten in den Wald gehen, um Baumrinde zu sammeln. Aber bevor sie aus dem Haus gingen, ließ sich vor ihrer Hütte ein alter Geisterbeschwörer nieder. Der Greis begann mit einem Palmblattstengel magische Zahlen auf den harten Erdboden zu zeichnen.

„Geht nicht gegen Mitternacht", redete er die Kinder an. „Die magischen Zahlen zeigen mir, daß auf den nördlichen Pfaden die unheilbringende Tagesschlange lauert. Sie verbietet den Menschen heute alle Wege nach Norden. Wer ihr nicht gehorcht, den führt die mißgünstige Schlange in das tiefste Dunkel des undurchdringlichen Dschungels."

Die Kinder fürchteten die Warnung des Alten. Deshalb lenkten sie ihre Schritte zuerst nach Süden, um die Schlange zu täuschen. Aber ein Stück hinter dem Dorf wandten sie sich um und gingen in einem großen Bogen nach Norden, denn jedes Kind auf der Insel weiß, daß die Tagesschlange nicht besonders schlau ist und sich leicht übertölpeln läßt. Die Kinder hatten keine Lust, einen anderen Weg einzuschlagen. Der Wald gegen Mitternacht lag so nahe, die Baumrinden waren dort trockener als anderswo, und die Kinder mußten nicht mühsam durch das überflutete Reisfeld waten, das voller Stechmücken und abscheulicher Blutegel war. Bald erreichten sie den nördlichen Regenwald und begannen Rinden zu sammeln. Tuti sang fröhlich, und der kleine Maman pikte sie von hinten mit dornigen Stöckchen.

Sorglos neckten sie einander so sehr, daß sich die kleinen neugierigen Affen aus den Kronen der Bäume hervorwagten. Doch die bedächtige Nani blickte bald beunruhigt um sich. Der Regenwald schien ihr immer unheimlicher und gespenstischer zu werden. Deshalb nahm sie die beiden kleineren Geschwister schnell bei der Hand und lief mit ihnen heimwärts durch das Unterholz. Je länger sie liefen, um so beschwerlicher kamen sie voran.

Mehrmals begaben sie sich auf einen Hügel, doch der Dschungel war so undurchsichtig wie die Regenschleier eines tropischen Wolkenbruchs. Sie waren schon fast am ganzen Körper von Dornen zerkratzt und zerschrammt. Bei jedem Kreischen eines Affen fuhren sie zu Tod erschrocken zusammen. Nani versuchte, die Äste zu entwirren, um den Himmel sehen zu können. Doch dieser hatte sich bezogen, und auf die Bäume senkte sich eine bedrückende Dämmerung hernieder. Sie wußte, was das bedeutete. Die Tagesschlange rächte sich! Die Kinder hatten sich im Dickicht verirrt.

Maman fing an zu weinen, und auch Tuti war den Tränen nahe. Nani versuchte die Kleinen zu trösten, aber sie war selbst so hilflos! Als die Kinder nicht mehr ein noch aus wußten, fanden sie endlich einen ausgetretenen Pfad. Er war dunkel und schmal. Wahrscheinlich diente er nur den wilden Tieren. Nani wußte nicht mehr, auf welcher Seite der Anhöhe ihr Dorf liegen mochte. Sie stieg deshalb noch einmal den Hügel hinauf, um von dort nach dem Rauch menschlicher Hütten zu schauen. Doch der undurchdringliche Wald wollte und wollte kein Ende nehmen.

Die Kinder waren schon sehr müde und ihre Füße taten ihnen furchtbar weh, da bemerkten sie, daß der Dschungel in der Ferne ein wenig heller wurde. Bald gelangten sie auf eine kleine Lichtung. Nani stieß vor Überraschung einen erstaunten Ruf aus.

In dieser Einsamkeit und Stille saß vor einer armseligen Hütte aus Dornen und Palmblättern ein Greis mit silberweißen Haaren. Er war in einen schwarzen Mantel gehüllt. In seinen eingesunkenen Augen spiegelte sich die Weite des Meeres und des Himmels wider. Er schwieg lange, als verachte er Worte und Zeit. Die Kinder standen wie angewurzelt da und wagten sich nicht zu rühren. Dann aber öffneten sich die blassen Lippen des Alten ein wenig. Nani erzählte später daheim, aus seinem Mund sei ein Schwarm weißer Vögel geflogen.

„Ich kenne euch“, sprach er mit strenger Stimme. „Ihr dachtet, die allmächtige Tagesschlange zu überlisten. Ich weiß, das war einfältig von euch gedacht. Ihr habt euch einfältiger benommen als die glitzernde Mondschlange und noch viel, viel einfältiger als die

erhabene und mächtige Jahresschlange, welche die Wege zu den fernen Ländern hütet. Die Tagesschlange hat eure List durchschaut und euch mit Recht bestraft. Heute darf kein Weg gegen Mitternacht betreten werden. Jetzt hat euch die Schlange in ihrer Gewalt."

Die Kinder zitterten vor Angst. Nur der klugen Nani schien es, als wäre in den Augen des strengen Alten ein flüchtiges Lächeln aufgeblitzt. Sie kniete nieder, legte die Arme von den Ellbogen bis zu den Spitzen der gestreckten Finger aneinander und berührte als Zeichen größter Ehrerbietung mit gekreuzten Daumen ihre Stirn.

„Du, der du das Unsichtbare siehst, verzeihe uns", bat sie mit demütiger Stimme. „Dein Antlitz ist gut, es strahlt voller Güte. Wer bist du, ehrwürdiger Greis?"

„Ich heiße Kanda Buwana. Ich bin jener, der die Schatten erweckt", erwiderte der Alte in der feierlichen Art der Voreltern. Nanis Augen blitzten erleichtert und voll Bewunderung auf. Sie schob die beiden verschreckten Kleinen nach vorn und gebot ihnen, dem Greis in der demütigen Sprache ihrer Arme und Finger Ehre zu erweisen. Aber Tuti flüsterte dabei:

„Wer ist der Greis, Schwesterchen? Ich habe seinen Namen noch nie gehört."

Nani erwiderte mit gesenktem Kopf:

„Pst, sei still, Tuti! Mit uns spricht der älteste Meister, der mächtige Alte, der das Wayang, das heilige Schattentheater, spielt."

Die kleine Tuti konnte nur noch vor Ehrfurcht stammeln. Sie brachte keinen zusammenhängenden Satz zur Begrüßung hervor. Sie hatte schon einige Schattentheaterspieler kennengelernt. Sie kamen in ihren schwarzen Mänteln, und auf ihren grauen Köpfen trugen sie die Zauberkappe, das Zeichen ihrer Kunst und ihrer geheimnisvollen Kräfte. An duftschwülen Abenden öffneten sie ihre Truhen mit den Lederpuppen, um im Licht der Öllampen auf der weißen Leinwand mit Hilfe der Schatten längst vergangene Ereignisse auferstehen zu lassen. Doch Tuti war noch sehr jung. Deshalb durfte sie bisher noch nicht beim Schattenspiel, dem Wayang, dabei sein. Sie hatte nur oft davon gehört und auch davon, wie die Dorfbewohner mit Ehrfurcht von dem ältesten Meister, dem Beherrscher der Puppen und Schatten, sprachen.

Der Greis beobachtete die Kinder mit aufmerksamem Blick. Dann bedeutete er ihnen mit einer Handbewegung, sich zu erheben und in seine Hütte einzutreten. Er gab ihnen etwas zu Essen und zu Trinken, und die Kinder wuschen sich ihre Schrammen und Verletzungen aus. Dann sprach er mit weiser Stimme:

„Ich nehme der Tagesschlange ihre Macht. Kehrt auf dem Weg zurück, auf dem ihr gekommen seid. Ihr steht unter meinem Schutz. Fürchtet euch nicht mehr vor dem dunklen Dschungel."

Tuti und Maman wollten sofort weggehen, aber Nani zögerte noch.

„Heiliger Meister", bat sie, „spiele uns doch mit deinen Puppen ein Märchen vor. Wir würden so gern das Wayang sehen."

Kaum hatte sie die Worte gesprochen, war sie selber über ihre Kühnheit erschrocken.

Der Greis schüttelte bedächtig den Kopf.

„Ich bin sehr, sehr alt und müde. Außerdem schlafen meine Puppen am Tag. Das

Wayang ist das Theater der Nacht, dann werden die Schatten lebendig. Aber sie sind noch nicht für die Augen so kleiner Kinder bestimmt.“

Dem Mädchen standen Tränen in den Augen.

„Weine nicht, mein Kind“, tröstete sie der Alte. „Ich, Kanda Buwana, der älteste Meister des Schattentheaters, darf die Puppen nicht am hellen Tag erwecken. Aber ich kann die guten Geister bitten, euch zu erlauben, den Geschichten der tausend Inseln und der Meere zu lauschen. Wann immer ihr wollt, kommt zu mir. Ich werde euch alle Märchen erzählen, welche die Brandung an die Ufer unserer Inseln spülte.“

Der Greis warf eine Handvoll Harz in eine Schale mit rotglühender Holzkohle, so daß eine duftende Rauchwolke zur Decke emporstieg. Er opferte den Göttern, und in der dämmerigen Hütte waren leise gemurmelte Zaubersprüche zu hören. Es wurde sehr still. Nach einer Weile begann der Greis mit flüsternder Stimme das erste Märchen aus der Welt der Inseln zu erzählen.

Vergißmeinnicht und die bösen Schwestern

Es waren einmal sieben Schwestern. Die erste war sehr schön, die zweite war noch viel schöner und die dritte am allerschönsten. Die vierte konnte durch die Luft springen, die fünfte auf einem Ohr schlafen, die sechste hatte Haare wie glänzendes Pech und die siebente war am verständigsten. Sie wurde von den anderen ans Meer geschickt, um Kieselsteine zu sammeln. Sie lebten alle auf der Insel Java, dort, wo die Luft im Bambus schwirrt, wo es für fünf Finger nur zwei Kaffeebohnen gibt. Schnell, wer weiß noch was, wer sagt mir das: Wie hieß die Jüngste, die Kleinste, die Lieblichste? Sie hieß Nyi Bungsu Rarang. Aber man nannte sie nur Vergißmeinnicht. Nicht weil sie dumm war und alles vergaß, sondern weil sie immer wieder vergessen wurde.

Wenn die Mutter Reis kochte, kamen alle Schwestern wie Spatzen herbeigeflogen, pickten und pickten, bis alles aufgepickt war. Dem kleinen Vergißmeinnicht ließen sie nichts übrig, und seine Augen füllten sich dann mit bitteren Tränen. Als Vater und Mutter starben, wurde es noch schlimmer für die Jüngste. Die älteren Schwestern heirateten bald, teilten alle Heiratsbewerber im Dorf unter sich auf, und für das arme Vergißmeinnicht blieb kein Jüngling übrig. Ach, wie wurde es da traurig!

Den älteren Schwestern ging es ausgezeichnet. Sie hatten jede einen Mann, Büffel und Vorratsspeicher, die von Reis überquollen, Hütten wie Schmuckkästchen, Eidechsen auf den Reisstrohmatten, die ganz leise raschelten und die Fliegen an den Wänden jagten. Nur dem armen Vergißmeinnicht ging es schlecht; es hatte nicht einmal ein Dach über dem Kopf. Es mußte im Farnkraut am Rand des Dschungels schlafen und sich mit Zweigen zudecken.

Einmal befahlen die reichen Schwestern dem armen Vergißmeinnicht, es solle ihnen beim Reisdreschen helfen. Vom Morgengrauen bis in die späte Nacht hinein mühte sich die Ärmste, und als sie ihre Arbeit getan hatte, bat sie die älteren Schwestern:

„Habt doch Erbarmen mit mir, schenkt mir eine Handvoll Futterreis, damit ich mir etwas zum Abendessen kochen kann."

Damit kam sie freilich übel an: Die Schwestern beschimpften sie, sie wäre schlimmer als eine Bettlerin und außerdem ein unnützer Esser, ein richtiger Nichtsnutz und Faulpelz.

„Nun schau mal einer an", kreischten sie. „Du hast wohl vergessen, daß unsere Hühner den Futterreis bekommen. Willst du den armen Tieren alles wegnehmen?"

Und das arme Mädchen bekam für seine schwere Arbeit als Lohn nur Vorwürfe zu hören und auch noch Schläge und Rippenstöße. Wer mag wohl mit solchem Lohn zufrieden sein?

Weinend machte sich Vergißmeinnicht auf den Weg, um irgendwo einen besseren Verdienst zu suchen. Es ging und ging, bis es zu einem See kam. Dort saß ein Fischer mit einer Angel, an der gerade ein Fischlein zappelte.

Ach, war der kleine Fisch schön! Er glitzerte und leuchtete wie Gold. Und wie winzig er war! Er war so winzig, daß er wohl auf dem Nagel des kleinen Fingers Platz gefunden hätte. Dem Mädchen tat das Fischlein leid.

„Lieber Fischer", flehte es, „töte das arme Tier nicht. Du würdest es ja kaum auf der Zunge spüren, wenn du es verspeist. Wenn du ein gutes Herz hast, dann schenke es mir als kleine Aufmerksamkeit dafür, daß ich dir Anglerglück wünsche. Ich möchte versuchen, den kleinen Fisch großzuziehen."

Der Fischer hatte ein gutes Herz. Er erfüllte die Bitte des Mädchens. Noch niemals in seinem Leben war Vergißmeinnicht so froh. War es doch das erste Mal, daß ihm jemand etwas geschenkt hatte. Schnell goß es Wasser in eine Kokosschale und ließ das Fischlein darin schwimmen. Es gab ihm den Namen Leungli, ein Wort, das etwas Kostbares bezeichnete. Jedenfalls hörte sich der Name sehr lieblich und melodisch an.

Vergißmeinnicht selbst hatte kaum etwas zu essen, doch niemals vergaß es, von guten Menschen ein wenig gekochten Reis für den Fisch zu erbitten.

Leungli wuchs zusehends. Bald war ihm die Kokosschale zu klein. Als er schon dreifingerlang war, ließ ihn Vergißmeinnicht in einem kleinen Waldsee frei.

„Leungli, Leungli“, rief es vom Ufer aus, wenn es ihm gelungen war, wieder einmal eine Handvoll Reis zu bekommen, „Leungli, mein Liebling, komm herbei!“

Um den Fisch an sich zu gewöhnen und sicher zu sein, Leungli mit keinem anderen Seebewohner zu verwechseln, dachte sich das Mädchen einen Vers aus. Der lautete folgendermaßen:

„Fischlein, Fischlein, schwimm zu mir,
etwas Futter bring ich dir.
Was ich habe, teilen wir,
selbst das Nichts verspeisen wir.
Fischlein, Fischlein, komm zu mir!“

Leungli kam immer gleich zum Ufer geschwommen. Er ließ sich gern von Vergißmeinnicht füttern und die goldenen Schuppen streicheln. Wenn das Mädchen wieder fortging, winkte ihm der Fisch immer lustig mit seinen goldenen Flossen nach. Bald war Leungli so groß wie ein kleines Kind. Er war zu einem wunderschönen Goldkarpfen herangewachsen. Er lernte auch die Sprache der Menschen zu verstehen und gehorchte Vergißmeinnicht aufs Wort.

Die neidischen Schwestern erfuhren bald von der Freundschaft mit dem klugen Fisch. Der Neid ließ ihnen keine Ruhe, und so machten sie sich auf den Weg zur Jüngsten. Sie begannen sogleich, die Schwester zu überreden, ihnen den Goldkarpfen zu fangen und zu schenken.

„Ach, du dummes Schwesterlein, weißt du denn nicht, wie gut ein gebratener Karpfen schmeckt?“ rief die erste.

„Hast du schon einmal Fischsuppe von Karpfen gekostet?“ fragte die zweite.

„Hast du schon einmal Fisch vom Rost gegessen?“ flüsterte die dritte scheinheilig.

Die anderen Schwestern versprachen ihr, sie zum Festschmaus einzuladen. Auch wollten sie dem armen Vergißmeinnicht außerdem Stoff zu einem neuen Batikrock schenken.

Doch Vergißmeinnicht wies sie entschieden ab.

„Jetzt plötzlich versprecht ihr mir Berge von Reis“, sagte es. „Was sollte ich mit dem versprochenen Reichtum beginnen? Nein, teure Schwestern, ich behalte meinen Leungli für mich allein. Ihr werdet deswegen nicht vor Hunger sterben.“

Die älteren Schwestern gerieten in Zorn.

„Warte nur, wir werden es dir noch zeigen!“ drohten sie Vergißmeinnicht, und daheim stifteten sie ihre Männer an, sich auf die Jagd nach dem Goldkarpfen zu begeben. Doch der Fisch zeigte sich nur, wenn Vergißmeinnicht ihm das Liedchen vorsang. Davon freilich ahnten die Schwestern noch nichts. Sie zerbrachen sich den Kopf, wie man Leungli ans Ufer locken könnte. Schließlich versteckte sich eine von ihnen abends im Gebüsch am Ufer, um aufzupassen, wie Vergißmeinnicht es machte, den Karpfen anzulocken. Sie lauschte dem Lied des Mädchens und prägte es sich gut ein. Als Vergißmeinnicht am anderen Morgen ins Dorf zur Arbeit ging, gingen die Schwestern ans Ufer, und eine von ihnen sang mit verstellter Stimme:

„Fischlein, Fischlein, schwimm zu mir,
etwas Futter bring ich dir.
Was ich habe, teilen wir,
selbst das Nichts verspeisen wir.
Fischlein, Fischlein, komm zu mir!"

Leungli wußte nicht zwischen dem Gesang der bösen Schwester und Vergißmeinnichts Stimme zu unterscheiden. Kaum hatte er das Lied gehört, kam er ans Ufer geschwommen und sperrte sein Maul weit auf. Schnell fingen ihn die Schwestern mit ihrem Fischnetz, zogen den Goldkarpfen aus dem Wasser und töteten ihn. Daheim im Dorf zerteilten sie den Fisch in sechs Teile, denn jede von ihnen wollte ihren Anteil haben. Nur den Kopf wollte keine. Darum legten sie ihn auf ein Wandbrett über der Feuerstelle.

Als Vergißmeinnicht abends erschöpft von der Arbeit zurückkehrte, ging es ans Ufer und rief seinen Liebling. Es sang einmal, es sang zweimal, es sang ein drittes Mal. Die Wasseroberfläche blieb unbewegt. Da weinte das arme Vergißmeinnicht bitterlich.

„Ach, auch du hast mich vergessen, mein Liebling, mein Goldkarpfen?" klagte es. Doch dann auf einmal erblickte es Blutstropfen im Ufergras.

„Habe ich gar blutige Tränen vergossen?" dachte es unglücklich. Doch dann blieb ihm vor Schreck das Herz fast stehen. Es erinnerte sich an seine bösen Schwestern und ihre Drohungen. Eilig lief es ins Dorf zurück. Seine Schwestern aber fuhren es böse an:

„Sehen wir aus wie Diebe?" schrie die eine.

„Hälst du uns für Fischräuber?" wütete die zweite.

Die anderen pflichteten ihnen bei und forderten Vergißmeinnicht auf, die Hütte zu verlassen. Da gackerte plötzlich eine Henne im Hühnerhof:

„Gack, gack, gack, gack,
das ist doch nicht nett,
was sucht denn der Fischkopf
auf dem Brett?"

Die Schwestern versteckten schnell den Karpfenkopf zwischen den Kochtöpfen. Aber die Henne gackerte erneut:

„Gack, gack, gack, gack,
das ist doch nicht gut,
daß man einfach den Fischkopf
zwischen die Töpfe tut!"

Nun war guter Rat teuer. Schnell legten die Schwestern den Karpfenkopf auf den Backofen und bedeckten ihn mit einer Bratpfanne. Doch die Henne gackerte wieder los:

„Gack, gack, gack, gack,
nicht gut ist beraten,
wer einen einzigen Fischkopf
allein will braten!"

Die bösen Schwestern schäumten vor Wut und bewarfen die geschwätzige Henne mit Steinen. Eine von ihnen ergriff den Karpfenkopf und warf ihn vor die Tür. Zu dem entsetzten Vergißmeinnicht sprachen sie:

„Da hast du den Rest von deinem Liebling! Nimm dir nur den Kopf, wir brauchen ihn nicht mehr. Alles was schmackhaft war an dem Fisch haben wir längst aufgegessen."

Das arme, arme Vergißmeinnicht! Es weinte so sehr, daß es kaum seinen Weg finden konnte. In den Händen barg es sanft den Kopf seines geliebten Leungli. Nur mühsam erreichte es den See. Wie es ans Ufer gelangt war, wußte es hinterher selbst kaum zu sagen. Dann wusch es den Kopf mit reinem Quellwasser, bestrich ihn mit duftendem Öl und hüllte ihn in ein weißes Tuch. Dann begrub es den Kopf am Rand des Mangrovenhains, dort, wo es selbst immer auf seiner Matte im Freien übernachtete. Jeden Tag weinte es dort bitterlich.

Weil seine Tränen dem Zauberbrunnen aufrichtigen Mitleids entsprangen, geschah ein Wunder. Bald begann auf dem Grab ein wundersames Sträuchlein zu wachsen. Es ähnelte einem Teestrauch. Doch seine Blätter sahen aus wie Fischschuppen und waren aus purem Gold.

An seinen Zweigen erblühten silberne Blüten, und als diese abfielen, wuchsen an ihrer Stelle Früchte, wie sie bisher noch kein Mensch zu sehen bekommen hatte. Es waren lauter funkelnde Edelsteine, Smaragde und Diamanten, und sie waren so groß wie Fischköpfe. Der Strauch strahlte so hell, daß man davon geblendet wurde, und er konnte die Nacht in Tag verwandeln.

Einmal ritt der König dort vorbei. Als er den Wunderstrauch erblickte, fragte er gleich, wem er gehöre. Da trat ein wunderschönes trauriges Mädchen aus dem Gestrüpp hervor und erzählte ihm die Geschichte von dem unglücklichen Leungli und den bösen Schwestern. Dem König gefiel das Mädchen so sehr, daß er es mit sich in seinen Palast nahm. So wurde das arme Vergißmeinnicht des Herrschers Frau und eine mächtige Königin. Es ließ das kleine Grab mit dem Wunderstrauch in den königlichen Garten bringen. Danach saß es jeden Abend daneben und betrauerte das Schicksal seines Lieblings. So wuchs und erstarkte der Strauch immer mehr und mehr und trug Jahr für Jahr herrlichere Edelsteine. Bald war Vergißmeinnichts Königreich das reichste in der ganzen Welt.

Eines Sommers traf das Land eine furchtbare Dürre. Menschen und Tiere irrten umher und suchten ein Tröpfchen Trinkwasser. Es gab aber keins. Sogar der Dschungel wurde grau und unansehnlich wie altes Spinngewebe, und die Reisfelder vertrockneten.

Die Büffel der bösen Schwestern starben vor Hunger und Durst, und sie selbst hatten nichts mehr zu essen. Da machten sie sich eines Tages zu ihrer jüngsten Schwester Vergißmeinnicht auf. Doch die Königin konnte ihnen ihre Grausamkeit nicht verzeihen und ließ sie dreimal von ihrer Schwelle weisen.

Als sie wieder einmal am Grab ihres lieben Leungli weinte, erstrahlte der Strauch in ganz besonderem Glanz und seine goldenen Schuppen raunten:

„Über altes Unrecht wächst Gras,
hör und bedenke das.
Grausam ist, verzeihst du nicht,
vergiß und verzeih, Vergißmeinnicht!"

Da schämte sich die Königin Vergißmeinnicht sehr, daß sie so nachtragend gewesen war. Sie verzieh ihren bösen Schwestern und vergaß das alte Unrecht, vergaß es für immer. Die hartherzigen Schwestern weinten aufrichtige Tränen der Reue, und auf einmal begann es im ganzen Land zu regnen. Die furchtbare Dürrezeit war vorüber, und von nun an lebten alle in Eintracht und Frieden zusammen.

„Kanda Buwana, der älteste Meister des Schattentheaters", wunderte sich die Mutter, als ihr die Kinder nach ihrer glücklichen Heimkehr von dem Alten berichteten. Ihre Stimme klang voller Ehrfurcht, so daß die Kinder ganz still wurden. Als die Dämmerung hereinbrach und sich die Stille um die Feuerstelle ausbreitete, begann die Mutter zu erzählen: „Heilig und weise ist Kanda Buwana, der große Lehrer, der die Schatten zum Leben erweckt. Er beherrscht die geheimnisvollen Zauberkräfte, er versteht das Raunen der Erde und die Sprache der Götter. Er kennt die Wohnungen der guten Geister und die der dunklen Dämonen der Nacht. Schon vor vielen, vielen Jahren kam er einmal zu uns. Die alte Zauberlampe flammte auf, als der Meister des Schattenspiels seine farbigen Lederpuppen aus der heiligen Truhe nahm und die spannende Handlung des Schattentheaters Wayang begann."

„Schattentheater?" fragte der kleine Maman.

„Ach, mein Lieber, das waren keine gewöhnlichen Schatten", lächelte die Mutter. „Das waren die Seelen unserer Ahnen, die zu uns sprachen. Kanda Buwana ist ein Mann, der die Vergangenheit wiedererwecken kann. Wenn in der Dunkelheit der Nacht die ersten zarten Töne des Gamelans erklangen, flogen aus allen Gebirgen des Inselreiches die unsichtbaren Waldgeister zur Erde herab und ließen sich unter uns nieder, um die Behausungen der Menschen vor bösen Zauberern und Dämonen zu beschützen und mit uns die uralten Spiele anzuschauen. Deshalb luden wir den ältesten der Meister des Schattentheaters, Kanda Buwana, zu uns ein. Er brachte den Hütten Glück und Frieden. Wir waren geborgen in seinem Schutz, und auch der böse Kala, der Menschenfresser, hatte keine Macht über uns."

„Warum ging Kanda Buwana in den immergrünen Dschungel?" fragte Nani.

Die Mutter zuckte mit den Schultern.

„Ich weiß es nicht", überlegte sie. „Vielleicht erfüllte sich seine Zeit. Vielleicht wird er bald zu den Göttern eingehen. Eines Tages verließ er die Welt der Menschen, ohne eine Spur zu hinterlassen. Er muß mit seiner Einsamkeit verschmolzen sein. Niemand sah ihn mehr seither. Vielleicht erwählten euch die Götter des Dschungels, ihm am Ende seines Lebens ein Trost zu sein. Wenn ihr wollt, dürft ihr ihn wieder besuchen. Ich weiß, daß ihr unter seinem Schutz steht. Stört aber seine Ruhe nicht und sein beschauliches Sinnen, wenn er euch einmal nicht sehen will."

Die Kinder nickten ernsthaft, und schon wenige Tage danach kehrten sie zu dem erhabenen Greis zurück, damit er ihnen ein neues Märchen erzähle.

Das Märchen vom Tondano-See

Dort, wohin kein Boot gelangt, kein Auge hinschaut, keine Lanze hinfliegt, lebte am Fuß eines hohen Berges ein stattlicher Jüngling, der hatte einen wunderschönen Namen. Er hieß Mamanua. Alle Mädchen mochten ihn gern leiden und brachten ihm Zuckerrohr, um ihn zu erfreuen.

Mamanua war nicht nur ein schöner Jüngling, er war auch stark wie ein Arbeitselefant und fleißig wie eine Biene. Von früh bis spät hörte man ihn singen, und viele Vögel kamen herbeigeflogen und wunderten sich über den herrlichen Gesang.

Einmal grub Mamanua einen kleinen Acker um und besäte ihn mit Mais. Als man die Maiskolben über dem Feuer rösten konnte, zur Zeit der Ernte, lud er sich Gäste ein. Diese freilich stellten hohe Ansprüche. „Wo hast du einen Brunnen mit klarem Wasser?“ fragten seine Freunde. „Hier gibt es ja nicht einmal einen See zum Baden“, meinten andere bedauernd.

Mamanua war traurig, daß es seinen Gästen bei ihm nicht gefiel. Deshalb betete er heimlich zu dem großen Gott Muntu-untu, ihm doch eine Quelle zu schenken. Der Gott erhörte sein Flehen und gebot ihm im Traum, einen Felsen auszugraben, der in seinem Maisfeld lag. Und wirklich, unter dem Felsen sprudelte klares, quellfrisches Wasser hervor. Wer es kostete, wurde glücklich und fröhlich. Wer sich einmal in ihm wusch, kehrte immer wieder zu ihm zurück. So entstand der Tondano-See, der See der sanften Wellen. Am Ufer des kleinen Sees pflanzte Mamanua Zuckerrohr an. Jeden Abend ging er an seinem Feld entlang und sang dabei mit wunderheller Stimme, daß selbst die Sterne am hohen Himmel ihre Freude daran hatten. Und die Vögel wunderten sich: „Wer singt hier nur so schön?"

Es war Mamanua, der so schön sang.

Eines Tages jedoch schwieg er. Denn er fand auf der Erde verstreut abgenagte Zuckerrohrstengel. Daran erkannte er, daß Schädlinge sein Feld heimgesucht hatten.

„Meine Freunde beneiden mich", dachte er bitter, setzte sich ins Ufergras und ließ seinen Tränen freien Lauf. Die Tränen flossen in den See, und dieser wurde voller und voller. So wurde er zum See des großen Wassers.

Plötzlich rauschten über den Wipfeln der Palmen weißglänzende Schwingen auf, und neun Schwäne ließen sich bei der Quelle nieder. Sie warfen ihr Federkleid ab, und schon standen neun anmutige Jungfrauen da. Ihr Lachen war so hell wie Silber und ihre Stimmen klangen wie Vogelgezwitscher. Dann liefen sie ins Feld und versteckten sich zwischen den Zuckerrohrstengeln.

Mamanua schaute verwundert zu. Die ausgelassenen Jungfrauen stiegen in das Wasser des Sees und tauchten bis zum Grund hinab. Als sie wieder auftauchten, hielten sie goldene Kieselsteine im Mund. Die Kieselsteine verwandelten sich in Sterne und stiegen zum Himmel empor. Die Mädchen aber nahmen wieder ihre Schwanengestalt an und flogen den Sternen nach. Da wurde es Mamanua ganz traurig ums Herz.

Doch schon am nächsten Abend kehrten die Schwäne zurück. Der glückliche Jüngling schlich heimlich durchs taufeuchte Gras ans Ufer und versteckte eine Schwanenhaut im Gebüsch. Danach warf er einen Mangokern ins Wasser.

„Ihr göttlichen Töchter, euch sehen Menschenaugen!" summte der Kern, bevor er versank. Die Mädchen erschraken. Sie bliesen schnell die Lichter des Mondes und der Sterne aus und eilten zu ihren Federkleidern. Dann flogen sie dem Himmel entgegen. Nur eine der Jungfrauen suchte ihre Schwanenhaut vergebens. Da begann Mamanua zu singen. Er besang die Liebe und die Schönheit seines Landes, das man Minahasa nannte. So wurde die Jungfrau auf ihn aufmerksam.

„Wer singt hier so herrlich?" wunderte sie sich.

Es war Mamanua, der so schön sang.

„Wer bist du, Schwester der nächtlichen Schatten?" fragte er mit klopfendem Herzen.

Sie erwiderte: „Ich bin die Tochter des allmächtigen Himmelsfürsten Muntu-untu. Man nennt mich Dämmerschein."

Mamanua schöpfte mit seinen hohlen Händen Wasser aus dem See und bot es der Jungfrau zum Trunk an.

„Werde meine Frau", bat er stürmisch. Und wirklich: das Mädchen war einverstanden!

„Du bist schön wie ein junger Gott und mild wie der Hauch des Abends. Du nahmst mir meine Himmelsschwingen. Deshalb darf ich eine Zeitlang bei dir in dem Land bleiben, das du Minahasa nennst."

So bekam der Jüngling eine Göttertochter zur Frau.

Sie bestellten gemeinsam das steinige Feld, pflanzten Zuckerrohr und säten Mais aus. Und wenn der Sonnengott kam und die Oberfläche des Wassers kräuselte, saßen sie Hand in Hand am Ufer des Sees. Wenn die junge Frau am Abend ihr Haar kämmte, wurde die Erde tiefdunkel und am Himmel erschienen die funkelnden Sterne. Dann begann Mamanua zu singen.

„Wer singt hier so herrlich?" wunderten sich die nächtlichen Wolken.

Es war Mamanua, der so schön sang.

Er bettete den schönen Kopf seiner geliebten Frau in seinen Schoß und kämmte zärtlich ihr seidenes Haar. Sie waren beide sehr glücklich.

„Gib acht, daß du mir kein Haar zerreißt, sonst wird uns ein Unglück treffen", warnte ihn seine Frau. Mamanua versprach, sehr vorsichtig zu sein. So lebten sie miteinander am Ufer des Sees, am großen See der spielenden Winde.

Bald wurde ihnen ein Sohn geboren, dem sie den Namen Mondschein gaben. Wenn ihn die Mutter an kühlen Abenden in ihre seidenen Haare hüllte, gab es eine helle Mondnacht. Die Palmen rauschten, und die Menschen hatten keine Lust zu schlafen. Mamanua saß lange mit Frau und Kind am Feuer und erzählte Märchen.

Eines Nachts aber kreischte am Rand des Regenwaldes ein Papagei so laut, daß Mamanua erschrak. Dabei zerriß er ein feines Haar, das dünner war als ein Spinnwebfaden und zarter als ein Mondstrahl. Aus diesem Haar schoß ein Blutstrahl, der sich in den See ergoß und ihn blutrot färbte.

„Ach, wehe mir!" klagte die Göttertochter, und ihre dunklen Haare verblaßten wie der Morgennebel im Sonnenschein. Als ihre Haare ganz weiß geworden waren, erschien am tiefschwarzen Himmel ein heller Schein. Je heller er leuchtete, um so blasser wurde die Schöne, bis sie sich ganz in Luft aufgelöst hatte. So schwebte sie zum Himmel empor.

„Beschütze unseren Sohn", rief sie aus weiter Ferne. „Ich fliege ins Reich der Götter, meine Wunde zu heilen. Nie mehr darf ich zurückkehren. So befiehlt es Muntu-untu, der Fürst des Himmels."

Der unglückliche Mamanua nahm sein Söhnlein Mondschein in den Arm, legte ihm ein Stück Zuckerrohr in den Mund und beherzigte die Worte seiner Frau. Unterwegs tröstete er den Kleinen mit den Liedern seiner Heimat am See der Stille.

„Wer singt nur so traurig?" wunderten sich die Vögel.

Es war Mamanua, der so traurig sang.

Mamanua und sein kleiner Sohn versuchten dem Weg zu folgen, auf dem die Stimme seiner Frau erklungen war. Ihre Wanderung war lang. Sie trafen niemanden, den sie nach Weg und Richtung fragen konnten. Bis eines Tages ein Kranich über ihnen dahinflog. Mamanua erzählte ihm, daß er den Weg ins Reich des Himmelsfürsten suche.

„Halte dich an meinen Beinen fest, ich will dich und deinen Sohn in den Himmel tragen", versprach der Kranich. Mamanua gehorchte.

So flogen sie dem strahlenden Firmament entgegen, leicht wie der Morgennebel. Mamanua begann freudig zu singen.

„Wer singt nur so herrlich?" wunderte sich selbst der Kranich.

Es war Mamanua, der so herrlich sang.

In diesem Augenblick erwachte der Sonnengott und beschloß, sich auf die Jagd zu begeben. Am Firmament sah er den Kranich seine Kreise ziehen. Er richtete seinen goldenen Bogen auf ihn und durchschoß ihm mit einem goldenen Pfeil die Kehle. So starb der stolze Kranich, der Beherrscher der Lüfte.

Mamanua und sein kleiner Sohn fielen aus großer Höhe in die Tiefe. Sicher wären beide auf den Felsen zerschellt, wenn nicht ein Palmenhain mit seinem undurchdringlichen Kronennetz sie aufgefangen hätte. Als Mamanua den Palmen sein Schicksal geklagt hatte, raunte ihm die höchste Palme zu:

„Hänge dich an meine Spitze, ich will dich bis in den Himmel emporschleudern."

Als Mamanua mit seinem Söhnchen bis ans Himmesgewölbe geflogen war, zog ein furchtbares Gewitter herauf, und der aufkommende Sturm zog ihn wieder hinunter bis in den großen See. Sicher wären beide ertrunken, wenn sie nicht von einem riesigen Fisch gerettet worden wären. Er fragte Mamanua nach seinem Schicksal, und der berichtete traurig von seiner mißglückten Reise.

„Setze dich auf meinen Rücken", blubberte der Fisch. „Ich trage dich bis dorthin, wo die Erde, der Himmel und das Meer zusammenstoßen und der Sonnengott seine Reise beginnt. Von dort aus findest du deinen Weg allein."

Sie schwammen viele Tage und Nächte lang, sie schwammen durch blaue Wellen, sie schwammen bei Gewitter und Sturm durch hohe Springfluten, und Mamanua sang dabei aus vollem Herzen.

„Wer singt nur so herrlich?" wunderten sich die Fische.

Es war Mamanua, der so schön sang.

Als sie den Ort erreicht hatten, an dem der Sonnengott seine Reise beginnt, zeigte der Riesenfisch den beiden Wanderern ein goldenes Schloß, das in der Ferne im Morgenlicht flimmerte.

„Dort wohnt Muntu-untu, der Himmelsfürst", erklärte er. Mamanua bedankte sich und verabschiedete sich von dem Riesenfisch. Dann trug er seinen Sohn durch einen Zauberhain voller Wunderblumen. Um sich selber Mut zu machen, sang er ihm Wiegenlieder.

„Wer singt dort so herrlich?" wunderte sich Muntu-untu, der Himmelsfürst, und eine seiner zahlreichen Töchter begann vor Freude zu weinen.

Es war Mamanua, der so schön sang. Und wer war es wohl, die da weinte?

Als der junge Mann den Palast betreten hatte, verneigte er sich tief vor dem mächtigen Fürsten. Kniend bat er, ihm seine Frau zurückzugeben. Dem Gott gefiel der Mut des Jünglings. Er lächelte und sprach:

„Wenn du deine Frau unter meinen Töchtern herausfindest, gestatte ich dir, bei mir zu wohnen."

Mamanua schaute in die Runde. Er erblickte neun Bienen, die um neun weißglänzende Knospen kreisten. Der Sonnengott atmete sacht. Da entfalteten sich die Knospen zu herrlichen Blüten, und in jeder Blüte saß eine anmutige Himmelstochter. Sie sahen aus wie Feen und waren sich so ähnlich, daß Mamanua sie nicht unterscheiden konnte. Vor Verzweiflung brach er in Tränen aus. Er weinte so sehr, daß seine Tränen in dicken Tropfen auf den Boden fielen. Die Tränen flossen alle zu einem der Mädchen hin. Ob das Mamanuas Frau war? Muntu-untu freilich sammelte die Tränen auf und warf sie zum Himmel hinaus. So fiel über dem Land Minahasa ein lauer Sommerregen hernieder. Da summte plötzlich eine Biene um Mamanuas Haupt und flüsterte ihm heimlich ins Ohr:

„Verlange, daß die Mädchen ihre Schwanenhaut überstreifen sollen!"

Der junge Mann befolgte diesen Rat. Kaum hatte Muntu-untu seinen Töchtern dies befohlen, verwandelten sich acht Mädchen in Schwäne und flogen zur Erde hinab. Die neunte Himmelstochter aber sprach lächelnd zum Götterfürsten:

„Ich kann mich nicht in einen Schwan verwandeln, mein Vater! Mein Federkleid blieb auf der Erde, in der Hütte meines Gatten, des treuen Mamanua."

Mamanua trat zu ihr hin und legte ihr den kleinen Mondschein in die Arme.

„Gib unserem Knaben zu trinken, er sehnt sich so nach dir", bat er. Da erlaubte ihm Muntu-untu, der Himmelsfürst, im Palast zu bleiben. So lebte Mamanua mit seinem Sohn und seiner Frau im Reich der Götter.

Als Mondschein herangewachsen war, sehnte er sich zurück nach der Erde. Er erinnerte sich dunkel an das anheimelnde Knistern des Herdfeuers, und nachts weckte ihn der Duft des brennenden Holzes, der von der Erde zum Himmel emporstieg. Dann schrak er auf aus seinen Träumen. Er hörte das leise Plätschern der Wellen, spürte den Geschmack junger Maissprossen und gerösteter Fischflossen auf der Zunge. Eines Tages trat er vor seine Eltern und bat sie, ihm zu erlauben, in das herrliche Land zurückzukehren, das sein Vater in der Sprache der Menschen Minahasa nannte.

„Mich rufen die Steine des Gebirges und die Stromschnellen der Wildwasser", rief er aus. „Ich sehne mich nach den Stimmen der Menschen und dem Gezwitscher der Vögel im Regenwald. Ich möchte Quellwasser aus der hohlen Hand trinken, Freude und Leid der Menschen kennenlernen und die berauschende Süße des Zuckerrohrs kosten. Ich möchte Fische fangen und Feuer entfachen und nachts auf einem Heulager ruhen. Ich will die Müdigkeit und den Schlaf kennenlernen."

Die Eltern versuchten, ihn zum Bleiben zu bewegen. Doch Muntu-untu, der Götterfürst, entschied:

„Er stieg von der Erde empor, und die Erde ruft ihn zurück. Mag er also wieder zur Erde hinabsteigen!"

Dann gab er dem Knaben ein Ei in den Farben des Regenbogens und gebot ihm:

„Behüte es wie deinen eigenen Augapfel. Es ist ein Geschenk der Götter."

Mondschein bedankte sich höflich, und dann trug ihn eine weiße Wolke an das Ufer des Tondano-Sees. Der Junge kniete nieder und trank durstig von dem kühlen, glasklaren Wasser. Als er sich aber niederbeugte, fiel ihm das buntschillernde Ei aus dem Gewand und zerbrach an einem Kieselstein. Aber, o Wunder: aus dem zerbrochenen Ei kam ein schönes Mädchen heraus, das ihn zärtlich anlächelte.

„Wer bist denn du?" fragte Mondschein.

„Ich bin deine Frau", erwiderte das Mädchen. „Muntu-untu, der Götterfürst, hat mich dir angetraut."

Dabei streckte es dem Jüngling eine Handvoll Samen und Fruchtkerne entgegen.

„Der Beherrscher des Himmels und der Erde befiehlt dir, dem Volk von Minahasa beizubringen, Obstbäume zu züchten. Geh und erfülle seinen Wunsch. Die Götter wollen es so."

Nun lebte Mondschein in dem Land, in dem er geboren wurde. Als der Sonnengott kam, das Salzwasser des Ozeans zu trinken, saß Mondschein mit seiner jungen Frau am Ufer des Tondano-Sees, des Sees der Heimkehr. Vom

Himmel tönte wunderbarer Gesang zu ihnen hernieder. Er klang wie die silberne Brandung, wie das Summen der reifenden Reisfelder im streichelnden Regenwind.

„Wer singt dort so schön?" wunderten sich Mondschein und seine Frau.

Es war Mamanua, der so herrlich sang.

Anfangs waren die Kinder immer sehr schüchtern. Sie wagten kaum in Gegenwart des weisen Mannes zu atmen. Sie näherten sich lautlos wie Eidechsen und blieben schweigend am Eingang stehen, bis sie der Greis in seiner Hütte bemerkte. Er war unzugänglich und in sich verklärt wie ein überirdisches Wesen. Bald aber fühlten sie, daß sein anscheinend strenges, verschlossenes Antlitz von einem Lächeln erhellt wurde. Es dauerte dann nicht mehr lange, bis die Kinder ihre Scheu überwanden und sich in der Hütte heimisch fühlten. Der dämmerige, nach Weihrauch und Räucherstäbchen duftende Raum, die anheimelnde Wärme, die von der glühenden Holzkohle im Kupferbecken ausging, lockten die Kinder ebenso an wie die geheimnisvolle Truhe mit den bunten Lederpuppen, welche sie hin und wieder betrachten durften. Wenn der weise Mann den Göttern opferte, wenn er leise seine Märchen erzählte, saßen sie mucksmäuschenstill auf ihren Matten. Doch kaum verstummte der Meister, schallte die Hütte von ihrem fröhlichen Geplapper und Lachen wider.

Maman befreundete sich mit den Eidechsen des Greises. Gern neckte er auch den bärtigen, immer ein wenig störrischen Ziegenbock Aki. Der Junge fühlte sich glücklich und geehrt, wenn der Greis ihm gestattete, den Zauberkris in die Hand zu nehmen, diesen wundervoll gearbeiteten Dolch mit gewellter Klinge. Die immer fröhliche Tuti schmückte die Hüttenwände mit Blumengirlanden und sang dabei unaufhörlich. Nur die ernste Nani schwieg meistens und betrachtete mit ihren schwermütigen, doch ständig aufmerksamen Augen das gütige und doch unergründliche Antlitz des Greises. Wann immer die Kinder Zeit hatten, besuchten sie ihn in seiner Hütte.

Die Tage flossen gleichmäßig dahin. Der Meister hatte die Kinder liebgewonnen, und diese dankten ihm seine Zuneigung mit aufrichtiger Anhänglichkeit. Allmählich wagten sie, ihm ihre allergeheimsten Gedanken anzuvertrauen, und der freundliche Alte heilte ihre kleinen Kümmernisse mit seinem sanften Lächeln und seinen wunderbaren Märchen.

Prinzessin Purbasari

Im Himmel lebte einmal ein schöner Knabe, der Sohn der anmutigen Göttin Sunan Ambu. Er war unstet wie der Wind, verspielt wie ein Schmetterling und zutraulich wie ein junges Äffchen. Gern streifte er überall umher. Wenn die Götter Regen zur Erde niedersandten, wanderte der Göttersohn über den Regenbogen zu fernen Inseln, kräuselte die Spiegel der Seen, begoß die Blumen mit seinen hohlen Händen und tanzte in den Haaren von schönen Frauen. Kaum aber schien frühmorgens die Sonne, schwebte er in einer Nebelwolke wieder zum Himmel empor. Die Götter mochten das verspielte Kind sehr gern. Sie verziehen ihm seine ausgelassenen Streiche und lächelten über seine kleinen Unartigkeiten.

„Er ist noch jung", meinten sie nachsichtig, „er ist ja noch ein Kind."

Doch da geschah es, daß die göttliche Sunan Ambu den Beherrscher der Dämonen und bösen Geister, den furchtbaren Sang Kala, der ihr den Hof machen wollte, schwer beleidigte, indem sie ihn abwies. Da schwor ihr der Fürst der Dämonen blutige Rache. Eines Tages lockte er ihren kleinen Sohn in die verbotenen Räume der reinen Mondgöttin, die kein Auge je erblicken durfte. Natürlich wurden die Götter zornig. Sie beriefen ein Himmelsgericht ein, nähten den Knaben in eine Affenhaut und jagten ihn aus dem Himmel. „Bis sich eine Menschentochter in dein Affengesicht verliebt, werden die kreischenden Affen deine Brüder sein. Deine Heimat sei der Dschungel! Wilde Tiere, Vögel und Menschen sollen dich mit dem Schimpfnamen ‚Irrender Affe' rufen."

So beschloß es das Gericht der Götter. Seit dieser Zeit lebte Irrender Affe unter dem Affenvolk.

Eines Tages verirrte er sich ins Reich des Radschas Indrajaya, eines mächtigen Königs. Er lebte in einem Palast aus Jasmin und feuriger Lava. Sein Kriegselefant hatte vier goldene Stoßzähne, acht Tigeraugen und eine dicke Krokodilhaut. Wer ihn erblickte, der wurde zu Stein. Wer sein wildes Trompeten vernahm, warf sich in den Staub und stand nie wieder auf. König Indrajaya war unbesiegbar. Eines Tages holte der Radscha eine wunderschöne Prinzessin aus einem fernen Land in seinen Palast. Am Tag kühlte sie wie der Morgentau, in der Nacht wärmte sie wie die Flamme der heiligen Zauberlampe. Auf ihrer Stirn blühten Orchideen und in ihren Augen schwammen silberne Fischlein. Wenn sie ihr Haar kämmte, klang es wie das Rauschen des Regens. Diese Prinzessin wurde König Indrajayas Gemahlin. Nach der prächtigen Hochzeitsfeier schwamm der Radscha mit seiner jungen Frau auf einem Lotosblatt den Fluß hinunter, um sie seinen Untertanen vorzustellen. Um ihre bekränzten Häupter tanzten Falter mit diamantenen Flügeln, und Schildkröten mit goldenen Panzern brachten köstliche Gerichte und Leckereien selbst in die ärmsten Hütten. Vom Ufer aus jubelte eine große Volksmenge dem König zu, und die Frauen grüßten ihn mit ausgestreckten Händen und warfen mit Blumen nach ihm. König Indrajaya war allmächtig. Er befahl, es möge Sterne vom Himmel regnen, und schon geschah es. Er gebot, die Vulkane möchten goldene Lava ausspeien. Dann hob der Herrscher seine junge Gemahlin hoch empor und bot sie dem Antlitz der Götter dar.

„Ihr Götter! Ich vertraue meine erhabene Königin, die schönste Blume des Inselreiches, eurem Schutz an. Eure Gunst möge sie begleiten!"

Da rauschten über seinem Haupt die Flügel mächtiger Vögel. „Die Götter hörten deine Worte, König Indrajaya", schrie einer von ihnen, „doch sie künden dir, daß die schönste Blume unter allen Frauen des Inselreiches nicht unter dem Licht deiner Augen blüht. Sie verbirgt sich im Haus jener Frau, die du auf den Thron erhoben hast!"

König Indrajayas Antlitz verdüsterte sich.

„Wer ist diese Schönheit? Ich will ihren Namen wissen", rief er den schon verschwindenden Vögeln nach.

„Es ist die Schwester deiner Frau, die scheue Prinzessin Purbasari", klang es schon aus weiter Ferne. „Sie ruht in einem Papageiennest im Garten ihres

königlichen Vaters, um nicht das Antlitz eines Mannes erblicken zu müssen.“

Als König Indrajaya diese Worte vernommen hatte, schickte er Boten mit reichen Geschenken ins Reich seines Schwiegervaters, um die Prinzessin Purbasari herbeizuholen.

„Ich will die Frau kennenlernen, die von den Göttern selbst bewundert wird“, ließ er ihrem Vater ausrichten. „Wenn sie wirklich so außergewöhnlich schön ist, wie es die großen Vögel verkündeten, dann will ich einen vornehmen Bräutigam für sie wählen, der ihrer würdig ist.“

Der Vater der Prinzessin Purbasari hätte dem Wunsch des mächtigen Radschas gern entsprochen, doch keinem seiner Diener wollte es gelingen, die Prinzessin aus ihrem Nest zu locken. Die Vogelsteller warfen umsonst ihre Netze aus, und auch die zierlichen Tempeltänzerinnen baten die Prinzessin vergebens, sie möge sich zu ihnen gesellen. Die Prinzessin lachte nur glockenhell und versteckte sich in den dichten Kronen der Palmen.

Als die Jäger schon glaubten, sie gefangen zu haben, hielt sie sich an den Beinen ihrer Freunde, der Papageien, fest und flog mit ihnen von Nest zu Nest. Dabei bewarf sie ihre Verfolger mit stacheligen Nußschalen. Ein Papagei verletzte sich jedoch einen Flügel, ein dorniger Zweig hatte ihn geritzt, und er stürzte ins Gras. Die Prinzessin zögerte nicht, kam aus ihrem Versteck hervor und wollte ihm helfen. Da warfen die Vogelsteller ihr Netz aus feinen Seidenfäden über sie. Und so gelangte die Prinzessin Purbasari schließlich doch in den Palast des Königs Indrajaya.

Als der mächtige Radscha sie erblickte, verstummte er vor Staunen. Die liebliche Prinzessin glänzte wie eine Wabe goldgelben Honigs in der Mittagssonne. Sie duftete wie der blühende Dschungel. In ihren großen, tiefen Augen schwammen weiße Seerosen, und muntere Goldfische spielten in ihren Wimpern. In ihren Haaren funkelten Mondstrahlen, und ihren Nacken umkränzten Gewinde aus Kletterrosen. Wenn sie lächelte, erblühte süßduftender Jasmin auf ihren Lippen. „Ich heiße dich in meinem Reich herzlich willkommen, anmutige Schwester meiner erhabenen Gemahlin“, sprach der Radscha sie an und befahl sogleich, für die Prinzessin ein goldenes Haus am Ufer des Tränensees zu bauen.

Dort wohnte nun das schöne junge Mädchen. Es freute sich, daß es bei Hof seiner Schwester begegnet war, doch sehnte es sich nach dem väterlichen Garten zurück. An monddurchfluteten Abenden saß die Prinzessin in einem kleinen Boot aus Perlmutt und sang traurige Lieder. Keiner der Freier, die König Indrajaya in sein Reich lud, vermochte sie zu trösten. Sie lehnte jede Unterhaltung sehr höflich ab und blickte dabei keinem Mann ins Antlitz.

Ihrer königlichen Schwester gefiel das gar nicht. Schließlich glaubte sie sogar, Prinzessin Purbasari wolle ihr den Gemahl abspenstig machen. Sie wurde sehr eifersüchtig auf die Schönheit ihrer kleinen Schwester und überlegte, wie sie die vermeintliche Nebenbuhlerin beseitigen könnte.

Eines Tages begab sich der Radscha, weit von seinem Palast entfernt, im grünen Dschungel auf die Jagd. Kaum war er fort, ließ die Herrscherin ihre Schwester zu sich rufen.

„Mein liebes Schwesterlein", sprach sie geheuchelt kummervoll zu ihr, „mein königlicher Gemahl, der erhabene Radscha Indrajaya, zürnt dir, weil du es ablehnst, das Ansehen seines Reiches durch eine Vermählung mit einem bedeutenden Prinzen zu festigen. Er befahl deshalb, daß du zur Strafe an der Flußkrümmung einen Staudamm aus schwarzen Steinen errichten sollst. Erfüllst du diese Aufgabe nicht, bevor der König von der Jagd zurückkehrt, mußt du sterben."

Die Königin war davon überzeugt, daß die Prinzessin erschrecken und aus dem Land fliehen würde. Die anmutige Purbasari aber neigte nur ergeben ihr Haupt und ging an den Fluß, um zu tun, was ihr die Schwester aufgetragen hatte. Den ganzen Tag über mühte sie sich mit den großen, schwarzen Steinen ab. Doch als sich die Sonne im Westen neigte, wälzte sich der Fluß noch immer weiter in seinem breiten Bett. Da tauchte die Prinzessin ihre blutenden Hände ins kühle Wasser, und aus ihren Augen stürzte eine Flut von Tränen.

„Warum weinst du, liebliches Mädchen?" fragte hinter ihr eine Stimme. Als sie sich umwandte, blickte sie in das furchteinflößende Gesicht eines riesigen Affen. Prinzessin Purbasari schrie erschrocken auf und floh in den Dschungel, doch der Affe holte sie ein und schloß sie sanft in seine behaarten Arme.

„Vertraue mir deinen Kummer an", sprach er freundlich. Seine Stimme klang so vertrauenerweckend und seine Augen blickten so traurig, daß die Prinzessin augenblicklich Mut faßte und ihm ihr Leid klagte. Kaum hatte sie gesprochen und sich ihre Sorgen vom Herzen geredet, da rief der Affe irgend etwas in seiner Sprache, und schon stürzte eine große Affenhorde aus dem Dschungel hervor und machte sich an die Arbeit. Einige schlugen Steine aus dem Felsen und trugen sie zum Fluß, andere errichteten einen mächtigen Staudamm. Bevor noch die Sonne hinter dem Horizont versank, erhob sich über dem Fluß eine riesige Mauer und staute seine Fluten zu einem schier unüberschaubaren See. Die Prinzessin konnte es kaum glauben.

„Ich weiß nicht, wie ich dir danken soll", sprach sie vor Freude zu dem Affen.

„Schau mir ins Angesicht", bat dieser. „Und wenn du dich überwinden könntest, mich zu lieben, dann nimm mich zu deinem Gemahl." Die Prinzessin hörte seine Bitte mit großem Entsetzen. Doch dann blickte sie furchtlos in seine traurigen Augen und erwiderte freundlich:

„Dein Blick ist voll Güte. Er gefällt mir. Er streichelt wie eine Mutterhand. Du warst sehr, sehr lieb zu mir, deshalb will ich auch deine Frau werden."

Kaum waren ihre Worte verklungen, da verwandelte sich der häßliche Affe in einen wunderschönen Jüngling.

„Ich danke dir, Prinzessin. Deine Worte haben mich von einem bösen Zauber erlöst. Ich bin der Sohn der anmutigen Göttin Sunan Ambu, den die Götter in ihrem heiligen Zorn Irrender Affe nannten. Kehre in den Palast des Königs Indrajaya zurück. Deine Aufgabe ist erfüllt. Ich will mich nun auf den heiligen Berg Slamet begeben und die erhabenen Götter bitten, uns beide in ihr Reich aufzunehmen. Wenn die Sonne aufgeht, treffen wir uns im Schatten des heiligen Waringin-Baumes." Die überglückliche Prinzessin eilte wie ein ausgelassener kleiner Vogel heim, und sie sang dabei ihre schönsten Lieder, die sie dem Dschungel abgelauscht hatte. Auch König Indrajaya war gerade von der Jagd zurückgekehrt.

„Wehe dir, verräterische Prinzessin Purbasari", fuhr er sie zornig an. „Deine Schwester, meine königliche Gemahlin, verriet mir, daß du dich mit den Dämonen verbündet hast. Auf deinen Befehl haben sie den Fluß gestaut, damit seine Fluten mein Reich überschwemmen. Dafür gebührt dir der Tod!"

Weder Tränen noch Erklärungen halfen der lieblichen Prinzessin. Der Radscha glaubte ihr nicht. Er befahl, sie zu fesseln, in den Affenwald zu führen und dort in einer tiefen Grube lebendig zu begraben. Als Irrender Affe am nächsten Morgen auf einem Sonnenstrahl vom Himmel zur Erde herniederschwebte, hielt er vergebens nach seiner schönen Braut Ausschau. Er bat seine alten Freunde, die Affen, um Hilfe. Vorher hatte er einen Zauberspruch geflüstert und sich wieder in einen häßlichen Affen verwandelt.

„Erhabenes Volk des Dschungels!" rief er in das grüne Dickicht hinein. „Die Augen deiner mutigen Krieger sind scharf, die Ohren deiner Kinder hören selbst das leiseste Geräusch im flüsternden Palmenhain. Wo ist die Prinzessin Purbasari, meine liebliche Braut?"

In der Krone einer hohen Palme schaukelte sich der älteste Affe, der König seines Volkes, an seinem langen Schwanz.

„Suche nicht zwischen den Sternen am Himmel", meckerte er. „Suche nicht unter den Fischen im Meer, du Mann mit dem Gesicht eines Affen. Suche nicht über der Erde, o Sohn der Göttin Sunan Ambu. Den kostbarsten Schatz des Inselreiches verbirgt König Indrajaya lebendig im Schoß der Erde."

Als er diese Worte hörte, begann Irrender Affe die Erde mit seinen scharfen Krallen aufzugraben, und die Affen halfen ihm dabei. Sie gruben Tag

und Nacht, und endlich, endlich fanden sie die anmutige Prinzessin Purbasari.
Irrender Affe nahm sie zärtlich in die Arme und wusch sie mit Morgentau. Ein Schmetterling ließ sich auf ihren Lippen nieder und umfächelte ihre wieder rosigen Wangen mit seinen durchscheinenden Flügeln. Die Spinnen des Dschungels spannen einen kühlenden Umschlag um ihre Stirn. Die Waldbienen bestrichen ihre Schläfen mit duftendem Honig. Und so erweckten alle gemeinsam die Prinzessin zu neuem Lebensmut.

„Führe mich ins Reich der Götter", bat sie ihren Liebsten, kaum daß sie die Augen geöffnet hatte. „Ich fürchte mich vor meiner Schwester und dem mächtigen Radscha Indrajaya."

Aber Irrender Affe schüttelte nur traurig den Kopf.

„Wir dürfen erst ins Reich der Götter emporsteigen, wenn unsere Haare im Silberschein des Alters glänzen", erwiderte er. „Das ist der Wille der erhabenen Götter."

Seit dieser Zeit lebte Irrender Affe mit seiner lieblichen Braut beim Volk der Affen. Da geschah es, daß ein einsamer Jäger eines Tages im Palast des Radschas von einer wunderschönen Prinzessin erzählte, die mit einer Affenhorde in den Kronen der Palmen umherstreife.

„Das ist ganz bestimmt die Prinzessin Purbasari, die von den Dämonen gerettet wurde", schrie der Radscha erbost. Und er stellte sich an die Spitze eines großen Heeres und zog aus, die Prinzessin und ihre Dämonen zu töten.

Kaum hatten sich jedoch die Krieger dem Dschungel genähert, da stürzten Scharen wütender Affen aus dem Unterholz hervor und jagten das Heer bis in den Fluß. König Indrajaya stand ganz allein da. Er wollte sich gerade zur Flucht wenden, als ihm ein häßliches Wesen mit einem Affengesicht den Weg vertrat.

„Ich bin es, den die Götter in ihrem Zorn Irrender Affe nannten, der Sohn der allerreinsten Göttin Sunan Ambu, der Gemahl der lieblichen Prinzessin Purbasari", grollte der Affe. „Wagst du es, mit dem Sohn einer Göttin zu kämpfen, dann ziehe deinen berühmten Zauberkris, Radscha Indrajaya!"

Der König trieb, blind vor Zorn, seinen furchtbaren Kriegselefanten an und stürmte zum Angriff vor. Doch vor dem Sohn der Göttin waren seine Zauberkräfte wirkungslos. Dennoch war der Kampf hart und grausam und dauerte die ganze Regenzeit. Der Fluß färbte sich rot von Blut, und die Vulkane spieen glühende Lava aus. Als beide Gegner ihre Kräfte schwinden fühlten, trat aus dem Dschungel ein heiliger Mann hervor und legte einen blühenden Jasminzweig zwischen ihnen nieder.

„Vernehmt das Gebot der Götter", sprach er feierlich. „Der Himmel verbietet euch, den Kampf fortzusetzen. Von nun an endet dein Reich am rechten Ufer des Flusses, erhabener König Indrajaya. Am linken Ufer beginnt das Reich des Sohnes der Götter, Irrender Affe genannt. Wer von euch diese Grenze überschreitet, den trifft der Fluch der Götter. Deine Gemahlin, König Indrajaya, hat zu Unrecht ihre harmlose Schwester, die liebliche Prinzessin Purbasari, beschuldigt. Die Götter fordern, daß sie deinen Palast verläßt und fortan unter giftigen Schlangen und wilden Tieren im Dunkel des Dschungels lebt. So gebietet es der Himmel!"

Damit endete der erbarmungslose Kampf zwischen dem allmächtigen König Indrajaya und dem Sohn der reinen Göttin Sunan Ambu. Als ein ganzes Menschenalter verflossen war, zogen Irrender Affe und seine Gemahlin, die liebliche Purbasari, ins Reich der Götter ein. Dort leben sie noch heute im Kreis der Unsterblichen.

Auf dem Weg zur Hütte des Alten sammelten die Kinder trockene Wurzeln, aus denen der Meister des Schattentheaters Holzkohle gewann. Sie wollten ihm damit eine Freude machen. Doch der alte Mann ruhte gleichgültig auf seinem Lager aus Bambusstangen und fächelte sich mit einem Palmfächer Kühlung zu.

„Ich fürchte, daß die Erde erwachen wird", begrüßte er sie. „Lauft schnell nach Haus, damit sich eure Mutter nicht sorgt."

Die Kinder erschraken. Sie wußten, was es bedeutete, wenn es im Innern des Vulkans zu grollen begann wie in einem hungrigen Riesenbauch und aus den kleinen Erdspalten heißer Dampf emporschoß. Die Geister zürnten. Wehe dem, der sich ihnen in den Weg stellte! Tuti brachte dem Alten eilig etwas Wasser in einem Bambusröhrchen und drängte die Geschwister zur Heimkehr. Doch plötzlich wurde es stockdunkel, als wäre der Sonnenball am Abend jäh über den Horizont hinaus in einen Abgrund gestürzt, und die Kronen der Palmen bogen sich unter dem Anprall des Sturmwindes. Dann trat wieder lautlose Stille ein. Die Dunkelheit verwandelte sich in eine gespenstische Dämmerung, und am orangefarbenen Firmament erschienen längliche Schatten. Einen Augenblick lang schien es, als wolle die ganze Welt sterben. Nichts bewegte sich mehr, kein Atemhauch war zu spüren. Dann bebte die Erde. Maman begann leise zu weinen.

Der Greis löschte die Öllampe. Es war nicht gut, ein Feuer im Haus zu unterhalten, wenn der Vulkan erwachte. Deshalb blieben sie im Dunkeln sitzen.

„Ihr könnt jetzt unmöglich heimgehen", sagte der Meister mit flüsternder Stimme, und die Kinder spürten in seinen Worten einen Hauch von Angst. „Ich werde euch ein Märchen erzählen, das ich einst als kleiner Junge hörte."

„Ja", hauchte Nani. Doch ihre Stimme war nicht zu vernehmen. Die Erde erwachte. Es war wie Donnergrollen. Der Alte nahm die verängstigten Kinder unter seinen schützenden Zaubermantel und begann mit beruhigender Stimme zu erzählen.

Die Prinzessin aus dem Ei

Die Prinzessin Putri Telur schlüpfte aus einem Ei. Niemand wußte, wem das Ei gehörte, ob dem Vogel, dem Drachen, dem Frosch oder der Krabbe. Es wird auch niemand mehr erfahren, denn die alte Schildkröte, die sich noch daran erinnern konnte, fiel eines Tages auf den Rücken und wurde von den Sonnenstrahlen versengt oder von den Seevögeln verzehrt. Oder waren es gar Raupen und Würmer? Wer weiß. Niemand wird es mehr erfahren.

Die Prinzessin Putri Telur wohnte auf einem Baum. Der Baum war wunderwunderschön, zuerst grün, dann braun, dann golden und zum Schluß himmelblau. Unter dem Baum war ein Brunnen. Wer da hineinschaute, erblickte sein Spiegelbild ganz wunderwunderschön, zuerst grün, dann braun, dann golden und immer so weiter.

Einmal kam der König an dem Baum vorbei. Er schaute in den Brunnen, denn er wollte sehen, ob er noch immer den glitzernden Tautropfen auf der Stirn trüge, den er von seiner königlichen Mutter zum Geschenk erhalten hatte. Doch im Spiegel des Wassers erblickte er nicht nur sein erhabenes Antlitz, zuerst grün, dann braun und immer so weiter, sondern auch die Prinzessin Putri Telur, die aus dem Ei geschlüpft war. Niemand wußte, wem das Ei

 gehörte, ob dem Vogel, dem Drachen, dem Frosch oder der Krabbe. Das wird auch niemand mehr erfahren.

Der erhabene Radscha tauchte seine Hand ins Wasser und versuchte, die Prinzessin Putri Telur bei den Haaren zu greifen. Doch als er sie herausziehen wollte, blieben ihm nur ein paar Wassertropfen in seiner erhabenen Hand zurück. Die Prinzessin auf dem Baum lachte, als würde jemand mit einer mit Betelnüssen gefüllten Kinderklapper rasseln.

„Du Dummkopf, wer fängt wohl die Fische im Himmel und sucht die Sterne im Fluß?" rief sie spöttisch. Der Radscha blickte in den Baum hinauf, und kaum hatte er sie dort entdeckt, da war er auch schon verliebt. Er bat die Prinzessin, eilig herabzusteigen und seine Frau zu werden.

„Ich bin doch schon unten", lachte die Prinzessin aus vollem Hals und wies auf ihr Spiegelbild im Brunnen. Der Radscha wollte das Spiegelbild küssen, doch er bekam nur einen nassen Mund. Schließlich ließ sie sich aber doch erweichen und versprach dem König, ihn zu heiraten, wenn er zur Versöhnung der Götter in seinem Palast ein großes Opferfest feiern wollte. Zu diesem Fest dürfe er aber nur das Wasser aus dem Brunnen verwenden, in dem er die Prinzessin zum ersten Mal erblickt hatte.

„Danach darfst du einen Schmetterling zu mir schicken, der schickt einen Seidenfaden zu mir, der ein Lüftchen zu mir aussendet, das den Duft herbeiholt, der den Mondschein sendet, der mich holen wird. Nur so werde ich deine Frau", sagte die Prinzessin aus dem Ei. Wem wohl das Ei gehörte? Ob dem Vogel, dem Drachen, dem Frosch oder der Krabbe? Das wird niemand mehr erfahren.

Der Radscha begab sich in seinen Palast und rüstete zum großen Opferfest, um sich die Götter geneigt zu machen. Im Palast wohnte die bauernschlaue und häßliche Sklavin Jajabi. So einen blöden Namen hatte sie: Jajabi! Der König schickte sie zu dem Brunnen, in dem er das Antlitz der Prinzessin Putri Telur erblickt hatte. Er befahl der Sklavin, Wasser für das große Fest herbeizutragen. Jajabi beugte sich mürrisch über den Brunnenrand und erblickte darin ein liebliches Gesichtchen, das freundlich lächelte.

„Nun schau einmal an, wie anmutig ich aussehe", sagte sich die bauernschlaue Jajabi. „Selbst wenn ich mürrisch dreinblicke, lächle ich noch freundlich mit meinem schönen Mund."

Aber plötzlich und unversehens hörte sie hoch oben auf dem Baum ein helles Lachen, als würde jemand mit einer mit Betelnüssen gefüllten Kinderklapper rasseln. Sie guckte nach oben und gewahrte die Prinzessin Putri Telur. Sogleich fühlte sie einen heftigen Zorn gegen sie in sich aufsteigen.

„Wer bist du?" fragte sie neugierig.

„Ich bin eine vornehme Prinzessin und heiße Putri Telur. Ich bin die

Prinzessin aus dem Ei. Rate mal, aus was für einem Ei: vom Vogel, vom Drachen, vom Frosch, von der Krabbe?“

„Von einem Narren“, ärgerte sich Jajabi, und die Prinzessin Putri Telur lachte aus vollem Hals.

„Falsch geraten, falsch geraten“, rief sie und klatschte in die Hände. „Ich bin die Braut des erhabenen Radschas mit dem Tautropfen auf der Stirn, des Herrschers dieses Landes.“

Nun beneidete Jajabi die fröhliche Prinzessin sehr und sann auf Rache. Sie war zwar etwas töricht, aber doch auch recht hinterhältig und listig.

„Was hast du für schöne dunkle Zähne, Prinzessin aus dem Ei?“ fragte sie schmeichelnd. „Schenke mir ein paar von deinen Betelnüssen zum Kauen, damit auch meine Zähne so dunkelrot glänzen wie die Knospen von taufeuchten Rosen.“

Die Prinzessin Putri Telur forderte die Sklavin auf, zu ihr auf den Baum zu steigen, um sich die Frucht der Betelpalme zu holen. Jajabi freilich behauptete, so hoch nicht klettern zu können.

„Binde die Betelnüsse ans Ende deiner langen Haare und lasse sie zu mir auf die Erde herunter“, bettelte sie scheinheilig. Kaum aber erfüllte die Prinzessin die Bitte der Sklavin, da ergriff Jajabi sie bei den Haaren und riß sie vom Baum herab geradewegs in den Brunnen hinein. Die Sklavin drückte den Kopf der Prinzessin unter das Wasser, bis die Ärmste nicht mehr atmete. Dann zog ihr die böse Jajabi die nassen Kleider aus und trocknete sie an der Sonne. Als sie das Wasser für das Opferfest in den Palast getragen hatte, kleidete sie sich in das Gewand der Prinzessin und stieg auf den Baum. So gut verkleidet war sie nicht wiederzuerkennen. Selbst der Herrscher ließ sich täuschen und nahm schließlich seine Sklavin, die bauernschlaue Jajabi, zur Frau.

Aus dem Brunnen aber wuchs ein prächtiger Rosenstrauch empor. Er hatte nur eine einzige Knospe, doch diese duftete so süß, daß der Radscha deswegen keinen Schlaf finden konnte. Er ging zum Brunnen, pflückte die Blüte und steckte sie seiner Frau ins Haar.

„Jajabi ist des Königs Gemahlin, Jajabi ist des Königs Gemahlin“, sang die Knospe leise vor sich hin. Die falsche Königin erschrak sehr, warf die Blüte in den Garten und zertrat sie. An dieser Stelle jedoch wuchs ein wunderschöner Kürbis, der hatte nur eine einzige dicke Frucht. Als der König an der Pflanze vorüberging, pflückte er die Frucht ab und befahl den Frauen, eine schmackhafte Suppe aus ihr zu bereiten. Kaum aber begann das Wasser im Topf zu sieden, da hob sich der Deckel, und der Dampf sprudelte:

„Jajabi ist des Königs Gemahlin, Jajabi ist des Königs Gemahlin.“

Die Dienerinnen stoben auseinander, und die böse Königin goß die Suppe aus dem Topf geradewegs einem streunenden Hund über den Rücken. Das arme Tier heulte kläglich auf, denn die Suppe war kochendheiß. Es rannte in den Wald und wälzte sich im Gras. So gelangte ein Samenkern in die fruchtbare Erde. Aus diesem Kern wuchs ein wunderschöner Melonenbaum. Er hatte frische, dichte Blätter, aber nur eine einzige Frucht, die ganz oben in der Krone reifte.

Nach einiger Zeit kam eine alte Blumenfrau des Wegs, die man Mütterchen Rubia nannte. Es war sehr heiß, und darum ließ sie sich im Schatten des hohen Baumes nieder und begann, einen bunten Blumenstrauß zu binden. Unversehens fiel ihr die Frucht vom höchsten Zweig des Melonenbaumes direkt in den Schoß. Die alte Frau zog ein Messerchen hervor, das sie immer bei sich trug, und wollte die Frucht schälen.

„Vorsichtig, Mütterchen, damit du mich nicht verletzt!" ertönte da ein feines Stimmchen.

Die Alte erschrak fast zu Tod, doch dann siegte ihre Neugier, und vorsichtig zerteilte sie die Frucht. Da sprang die Prinzessin Putri Telur heraus und dankte der Greisin, daß sie sie befreit hatte. Danach lebte die Prinzessin bei der alten Blumenfrau in ihrer Hütte. Sie konnte so wunderschöne Blumengirlanden binden, so wunderwunderschöne, daß sie sogar dem Radscha auffielen.

„Wer bindet diese herrlichen Blumengirlanden?" fragte er die alte Frau. Doch die Alte wollte ihren Schützling nicht verraten. Sie suchte nach einer Ausrede, aber der König glaubte ihr nicht. Heimlich versteckte er sich im Gebüsch.

Ein Weilchen später betrat ein schönes Mädchen die Lichtung vor der Hütte. Es strahlte wie die liebe Sonne, funkelte wie die Sterne und schimmerte wie Mondenschein. Der Radscha rief ihm zu:

„Wer bist du, liebliches Mädchen?"

Doch Prinzessin Putri Telur lachte nur wieder und begann eifrig Blumen zu pflücken. Aus den Blumen band sie einen hübschen blauen Strauß. Den Strauß verwandelte sie in ein Wölkchen, und das Wölkchen verzauberte sie in einen hellblauen Vogel. Und der Vogel begann zu singen:

„Es war einmal ein Ei!
Wem gehörte das Ei?
Dem Vogel, dem Frosch?
Aus dem Ei schlüpfte nur
Prinzessin Putri Telur.
Es war einmal ein zweites Ei!
Wem gehörte das Ei?
Dem Drachen, der Krabbe?
Aus dem zweiten Ei schlüpfte di
falsche Königin Jajabi!"

Kaum hatte der Vogel sein Lied beendet, flog er zum Himmel empor. Der König jedoch betrachtete aufmerksam das Antlitz der schönen Blumenbinderin und erkannte in ihr seine Auserwählte, die wunderschöne Prinzessin Putri Telur. Auf einmal ergriff ihn ein schrecklicher Zorn gegen die verräterische Sklavin Jajabi, und er befahl, sie zu töten. Aber in diesem Augenblick erwachte die Erde und verschlang die böse Jajabi. Nicht ein einziges Härchen wurde je wieder von ihr gesehen. Und so wurde die fröhliche Prinzessin Putri Telur endlich doch die Frau des Radschas und Königin eines mächtigen Landes. Bis auf den heutigen Tag bindet sie Blumengirlanden, die leise singen können. So schön sind sie, so wunderwunderschön: zuerst grün, dann braun, dann golden und himmelblau und immer, immer so weiter!

Die erzürnte Erde beruhigte sich bald wieder, und über den Wipfeln des Dschungels strahlte erneut die Sonne. Die Tage verstrichen, und die Kinder hatten die Minuten voller Angst längst vergessen. Ihre freie Zeit verbrachten sie in der Hütte des Alten. Einmal reichten sie ihm eine Schale mit glühender Holzkohle. Er zerrieb getrocknete Kräuter zwischen seinen Fingern und streute sie auf die glühenden Kohlenstückchen. Aus der Schale stiegen bläuliche Rauchwölkchen empor, die angenehm dufteten und sich im Glanz der Öllampe kringelten, um danach zu zerfließen. Der Greis schloß die Augen. Sein faltiger Mund begann eintönig eine alte Zauberformel zu murmeln. Als er geendet hatte, verharrte er noch lange Zeit in stummem Nachdenken. Die Kinder störten ihn nicht. Sie warteten geduldig, bis er ihnen ein Zeichen gab, daß er sich die unsichtbaren Dämonen durch seine Zauberkraft geneigt gemacht hatte. Erst danach begannen sie aufgeregt miteinander zu flüstern.

„Erzähle uns etwas vom Zwergböckchen Kantschil“, bat Maman für alle.

Der Zaubermeister nickte freundlich: „Hört zu!“

Wie das Zwergböckchen den Tiger überlistete

Seit undenklichen Zeiten haßt der Tiger den kleinen Hirscheber, wie das Zwergböckchen auch genannt wird. Er würde vor Wut platzen, wenn er hören könnte, was sich die Tiere im Dschungel von den Heldentaten dieses mutwilligen, leichtfertigen Kantschils, dieses verteufelten Knirpses und Spötters erzählen, der es wagte, in die ganze Welt hinauszuposaunen, er wäre der König aller Schlaumeier.

„Ach, so ein Hirschferkel, so eine Höllenbrut!" wütete der Tiger und sog mit gierigen Nüstern die feuchte Nachtluft ein. „Es müßte doch mit allen bösen Geistern zugehen, wenn ich diesem frechen Knirps nicht begegnen sollte, der sich irgendwo hier in der Gegend aufspielt, der Beherrscher aller Tiere zu sein. So eine Frechheit! Der Tiger ist das stärkste, mächtigste und blutrünstigste unter allen Geschöpfen, die von Küste zu Küste jagen!"

So ist es schon immer gewesen.

Dem ältesten und tückischsten aller Tiger trugen die boshaften Affen eines Tages die Kunde zu, die Tiere des weiten Dschungels hätten tatsächlich das Zwergböckchen zu ihrem König gewählt. Seit dieser Zeit konnte der Menschenverschlinger vor Scham und Wut nicht mehr richtig schlafen, er zerbiß die

Rinde der mächtigsten Bäume, er zermalmte das Dickicht der Kletterpalmen und peitschte mit dem Schwanz die trüben Lachen auf dem Jägerpfad. Alles, was Beine hatte, flüchtete Hals über Kopf vor dem tollen Wüterich, der sich vor fürchterlichem Zorn selbst kaum noch kannte und überall, wo er ging und stand, dem kleinen Hirschferkel schreckliche Rache schwor.

Was geschah da ganz plötzlich?

Gerade, als dem alten Prahlhans vor Hunger und Wut der Bauch erbärmlich knurrte, stach ihm plötzlich der verhaßte Geruch des Zwergböckchens, dieses Hirschferkels, in die Nase.

„Jetzt hab ich dich endlich, du Lump!" brüllte der Tiger blutdurstig. „Du entkommst mir nicht mehr!"

Dem Zwergböckchen stockte in diesem Augenblick fast das Blut in den Adern. An Flucht war nicht mehr zu denken, der einzige Weg aus seiner Suhle führte geradewegs in den rachgierigen Schlund des Tigers. „Was nun?" zitterte der Ärmste, und seine Zunge bebte vor Grauen und triefte von demütigen Worten. Doch dann faßte er sich.

„Was denn, was denn? Ziemt es sich für einen Kantschil, den König aller Schlauköpfe, solch einen großmäuligen Tiger, diesen eingebildeten Dschungeltölpel, um Gnade zu bitten und vor ihm im Staub zu winseln?"

Er schöpfte Mut, setzte sich wie ein Radscha auf die Hinterbeine und begann eifrig ein Häufchen Büffelmist mit abgerissenen Blättern zu umwikkeln.

„Tritt näher, du gefräßiges Aas!" rief er mit Herrscherstimme. „Ich habe Arbeit für dich!"

Das versteht sich wohl: Der Tiger setzte nach diesen Worten mit einem entsetzlichen Raubtiersprung über Farnkraut und Gestrüpp hinweg und landete genau vor dem Kantschil, um dem armen Zwergböckchen für diese Beleidigung mit einem einzigen Zuschnappen den Garaus zu machen. Doch der Hirscheber tat, als ginge ihn das gar nichts an. Er gebärdete sich voll Würde und tat sehr erhaben, bis ihm der Tiger voller Wut ins Ohr brüllte:

„Wehe dir, du Hirschferkel, jetzt komme ich dich holen! Wenn du nicht schon weißt, was dich erwartet, dann höre nun, daß ich dich fressen werde!"

„Pst! Du gestreiftes Ungeheuer, du diebischer Fleischfresser! Willst du, daß dich der große Prophet im Himmel hört, der Beherrscher aller Lebewesen? Sieh dich nur an, wie häßlich du bist! Der Kopf ist wie eine ausgehöhlte Melone, in welche die Hirtenkinder dort die Augen eingeschnitten haben, wo die Ohren hingehören, oder umgekehrt. Deine Schnauze ist wie ein Reisfladen. Und erst dein Kopf! Ein Ziegenhintern ist dagegen noch eine vollkommene Schönheit! Wenn dich der hochverehrte Prophet auch nur mit einem einzigen Auge anblickt, bekommt er vor Schreck einen Schluckauf und zaubert dir zur

Strafe deinen räudigen Schwanz weg, so daß du sogar einem schwanzlosen Affen zum Gespött dienen wirst. Sei still, du Dummkopf! Gib lieber acht, was ich hier tue, damit auch du mit Hand anlegen kannst, falls ich mich überhaupt herablasse, dir eine so wichtige Aufgabe anzuvertrauen."

Es versteht sich, solch ein Gewitter kühlte den Mut des Tigers tüchtig ab. Unser Held trat zerknirscht von einer Tatze auf die andere und kratzte sich vor Verlegenheit mit der Hinterpfote am Ohr.

„Nichts für ungut, Kantschil! Wenn es so ist, dann fresse ich dich vielleicht doch nicht sofort. Ich habe jetzt sowieso keinen richtigen Hunger", log er das Blaue vom Himmel herunter. „Und was machst du hier eigentlich, wenn man fragen darf?"

„Siehst du das nicht, du Trottel?" fuhr ihn der kleine Hirscheber an.

„Jeder Dummkopf erkennt doch, daß ich hier Pasteten einwickle. Sie sind der allerliebste Leckerbissen des Propheten. Nur ich, sein treuer Freund und Diener, darf hier achtgeben, daß ihm diese Delikatesse in der Hitze nicht verdirbt. Ach, solch ein Leckerbissen! Ach, dieser Bratenduft! Nirgends auf der ganzen Welt findest du so etwas Köstliches. Kannst du hohler Tigerschädel dir meine Qualen überhaupt vorstellen? Seit vielen Stunden schon hüte ich diesen Leckerbissen des Propheten, und ich sage dir, du Einfaltspinsel, nicht ein Stückchen habe ich mit meinen Lippen berührt. Ich müßte mich ja auch schämen, den hochverehrten Propheten, den Beherrscher aller Lebewesen, zu betrügen!"

Dem Tiger lief bei diesen Worten vor Freßgier der Speichel im Maul zusammen, die Schnauze wurde ihm wässerig und sein Magen knurrte, als brülle im Sumpf am Flußufer der wilde Wasserbüffel. Und gleich begann er den Kantschil zu überreden, sie möchten doch gemeinsam ein wenig von dem wunderbaren Leckerbissen kosten. Der Prophet würde sowieso nichts merken, wenn sie hier und da ein bißchen vom Rand abschleckten.

„Was denkst du dir, du Nichtsnutz!" tat das Zwergböckchen beleidigt. „Soll ich vielleicht wegen deiner lüsternen Einfälle meinen großen Herrn und Meister um seine göttliche Speise betrügen? Sei froh, daß ich ihm deine ungeheuerlichen Vorschläge nicht brühwarm wiedererzähle, du betrügerischer Hungerleider, du unersättliche Tigerschnauze! Ach, bei deiner Schlechtigkeit sträubt sich mir das Fell. Das sage ich dir, für dich wäre Büffeldreck so gerade das richtige Fressen, du König alles räudigen Ungeziefers! Ich müßte auf den Kopf gefallen sein, wenn ich wegen deiner Naschsucht die Strafe des Allerhöchsten auf mein Haupt laden würde. Aber wenn du dich dem heiligen Propheten dankbar erzeigen willst, kannst du mich ein Weilchen bei meiner Arbeit vertreten", bemerkte er vertrauensvoll. „Ich hatte ohnehin schon drei Tage lang nichts Grünes mehr zwischen den Zähnen. Meine Beine versagen mir vor

 Hunger fast schon ihren Dienst. Wenn du deine Aufgabe gewissenhaft erfüllst, vergibt dir der große Prophet vielleicht auch deine Häßlichkeit, und wer weiß, ob er dich nicht eines Tages sogar zu seinem Vertrauten ernennt!"

Der lüsterne Tiger stimmte begeistert zu. Sobald sich aber die federnden Dschungelfarne hinter dem Kantschil geschlossen hatten, riß er ungeduldig seinen Rachen auf und biß gierig in die göttlichen Pasteten.

„Bei allen bösen Geistern und Dämonen!" brüllte er auf, daß es im ganzen Dschungel widerhallte. „Du dummes Hirschferkel, du schwachsinniger König aller Schlaumeier! Wie konntest du dich nur so an der Nase herumführen lassen? Das nennst du die allerliebste Pastete des Propheten? Das ist doch nur ein Haufen von trockenem Büffelmist!"

„Sagte ich nicht, welche Speise für dich angemessen ist, du Knochenfresser?" quiekte der Hirscheber aus sicherer Entfernung herüber. Dann stob er zu den anderen Tieren des Dschungels davon, um ihnen die herrliche Neuigkeit zu erzählen – wie der Tiger den Leckerbissen des Propheten verschlang!

Eines Tages beschwerte sich Tuti bei dem Alten, der übermütige Maman bewerfe sie immer mit stechenden Pandanusblättern.

„Wenn du dein Schwesterchen immer ärgerst, wird dich vielleicht eines Tages das Hae-hae holen", drohte der Greis dem Jungen im Scherz. Maman begann vor Schreck gleich zu weinen, und so blieb dem Meister schließlich nichts anderes übrig, als ihn tröstend in den Arm zu nehmen.

„Mächtig sind die Schutzgötter Javas", tröstete er ihn, „das Hae-hae wird nie zu uns kommen."

„Was ist das, ein Hae-hae?" fragte Nani neugierig.

Der alte Zaubermeister trocknete Maman mit einem Zipfel seines Mantels die Tränen ab.

„Es gibt eine Insel, ein liebliches Kleinod im Meer, mit einem kristallklaren See. Auf dieser Insel lebten in früheren Zeiten wilde Menschenfresser. Ihre Stämme bekämpften sich unablässig. Damals herrschte auch die rohe Sitte, daß die Sieger im Kampf die abgeschnittenen Beine ihrer Feinde als Beweis ihrer Tapferkeit heimbrachten."

„Das waren vielleicht rauhe Bräuche", ekelte sich der kleine Maman und redete fast, wie seine Mutter mit tadelnder Stimme sprach, wenn er etwas ausgefressen hatte. Deshalb mußten alle lachen.

„Seit jenen schlimmen Tagen reifte der Reis schon ungezählte Male auf den Feldern", lächelte der weise Alte. „Auf jener lieblichen Insel herrscht schon seit Generationen Ruhe und Frieden. Aber bis in unsere Zeit erzählen die javanischen Mütter in der langen Regenzeit ihren Kindern das Märchen vom abgeschnittenen Hae-hae."

„Erzähle auch du", baten die Kinder ungeduldig. In der gespannten Stille murmelte der Alte eine Beschwörungsformel. Dann räusperte er sich und begann:

Das Märchen vom Hae-hae

Vor langer, langer Zeit machte sich ein mutiger Jüngling im Land des kristallklaren Wassers mit seinen Gefährten zum Kampf bereit. Er besaß die längste Lanze von allen, den schärfsten Kris und — die gewandteste Zunge! Vor dem Auszug zum Kampf eilte er zu dem Mädchen, dem seine ganzen Gedanken galten, um sich von ihm zu verabschieden. Die schwarzhaarige Schöne saß gerade in ihrer Hütte und webte an einem feinen Tuch.

„Sage mir, was du am liebsten hast", bat sie der junge Krieger. Er wünschte sich sehr, daß sie seinen Namen nennen würde, daß sie sich außer ihm nichts auf der Welt wünschte. Aber das Mädchen war eitel und töricht. Es dachte gerade daran, sein Haar mit einer Sae-sae-Blüte zu schmücken, und antwortete deshalb:

„Am allermeisten auf der ganzen Welt wünsche ich mir das liebliche Sae-sae", und dann begann es, ein albernes Liedchen vor sich hinzusummen.

Der enttäuschte Jüngling freilich verhörte sich und verstand nur Hae-hae. Er wunderte sich darüber, versprach seiner Schönen aber, wenn irgend möglich, ihr eines zu bringen.

Bald darauf brach er mit seinen Gefährten ins feindliche Lager auf. Er

 kämpfte wie ein Tiger, nur um seiner eingebildeten Schönen gefällig zu sein. Kaum war das Kampfgetümmel zu Ende, eilte er aus der Schlacht geradewegs zur Hütte seines Mädchens, das wieder einmal webte.

„Ich bringe dir das allerschönste Hae-hae, das auf dem Schlachtfeld zu finden war. Es gehört dir ganz allein und niemand anderem."

Die Worte waren noch nicht gesprochen, da fiel das Mädchen vor Entsetzen beinahe in Ohnmacht. Und nun geschah etwas Schreckliches: Das blutige Hae-hae wurde vor seinen schreckgeweiteten Augen plötzlich wieder lebendig und machte es sich ohne Umstände auf seinem Schoß bequem. Als der Jüngling das sah, drehte er sich auf der Stelle um und rannte so schnell davon, wie ihn seine gesunden Beine nur tragen wollten. Das Mädchen aber, mit dem Hae-hae auf dem Schoß, brach in Tränen aus.

„Weine nicht, meine Schöne", tröstete es das Hae-hae mit einer eigenartigen Stimme. „Du hast doch gesagt, daß du dir am allermeisten auf der Welt ein liebliches Hae-hae wünschst. Jetzt bin ich da und will dich heiraten."

Der Mädchen erschrak noch mehr, faßte sich aber und erkannte, daß es das Beste sei, zum Schein auf die Vorschläge des Hae-hae einzugehen. Es antwortete daher ausweichend:

„Gib ein wenig auf das Tuch acht, daß die Mäuse es nicht zerbeißen. Ich gehe nur zu meinen Eltern hinüber, um ihnen alles zu erzählen."

Das Hae-hae stampfte durch die Kammer im Innern der Hütte und wartete auf die Rückkehr des Mädchens. Als es ihm zu lange dauerte, machte es sich auf, es zu suchen. So klopfte es an die Tür der Eltern.

„Beeile dich", rief es, „ich bin es, dein geliebtes Hae-hae."

Das Mädchen rührte sich nicht. Darüber begann sich das Hae-hae zu ärgern. Es trat die Tür ein und setzte sich der Armen erneut auf den Schoß.

„Warum hast du dich nicht gemeldet, meine Schöne?"

„Ich konnte nicht antworten, weil ich gerade eine Strähne Wolle mit den Lippen benetzte", log das Mädchen.

„Und warum hast du die Tür nicht geöffnet, liebste Braut?" zürnte das Hae-hae weiter.

„Ich wiegte gerade meinen jüngsten Bruder in den Armen", redete sich die Unglückliche heraus. „Warte noch einen Augenblick. Ich gehe nur aufs Reisfeld, um nachzuschauen, ob dort auch nicht die Wildschweine herumwühlen."

Das gewitzte Hae-hae allerdings ließ sich nicht mehr beschwatzen und wollte das Mädchen nicht mehr fortlassen.

„Du hast gesagt, daß du mich am allerliebsten auf der ganzen Welt hättest, und deshalb will ich dich nie mehr allein lassen."

Da weinte das Mädchen wieder. Es vergoß so viele Tränen, daß alle kleinen Affen im Dschungel ebenfalls zu weinen begannen.

„Warum heulst du, meine Braut?" fragte das Hae-hae verdrießlich. „Gefalle ich dir vielleicht nicht?"

„Wie könntest du mir nicht gefallen, mein Hae-hae. Bist du mir nicht das Allerliebste auf der ganzen Welt?" sprach das Mädchen, um das unberechenbare Hae-hae zu beruhigen. „Ich weine nur, weil meine Eltern nicht daheim sind und ich nichts zum Essen finden kann, was ich dir vor dem Schlafengehen kochen könnte. Warte hier nur noch ein Weilchen, nur noch ein ganz kleines Weilchen. Ich gehe ins Dorf, um einen frischen Fisch zu kaufen."

Doch das Hae-hae geriet in Zorn.

„Nichts dergleichen! Du willst mich betrügen. Ich gehe zusammen mit dir ins Dorf."

„Wie du meinst", stimmte das Mädchen scheinbar zu. „Doch wenn du mich begleitest, werden die Leute vor uns weglaufen und alles Eßbare mitnehmen. Wir werden vor Hunger sterben."

Das Hae-hae überlegte.

„Gut", gab es schließlich nach. „Aber glaub ja nicht, daß du mich hintergehen kannst. Überall werde ich deine Spur finden!"

Nach diesem unliebsamen Gespräch lief das Mädchen wie ein Wirbelwind zur Tür hinaus. Es blickte sich auch kein einziges Mal mehr um. Es lief und lief, bis es ganz außer Atem die andere Seite des weiten Tals erreicht hatte. Am Boden einer tiefen Senke glänzte dunkel das trübe Wasser eines morastigen Reisfeldes. Das Mädchen setzte sich ins Gras und lauschte voller Grauen. Das Hae-hae folgte mit Riesenschritten seiner Spur!

„Wo bist du, meine Schöne?" rief es wütend.

„Hier, mein Hae-hae, das ich von allem auf der Welt am meisten liebe. Schnell, eile mir nach!" lockte es das schlaue Mädchen hinter sich her.

Das einfältige Hae-hae säumte nicht. Hopp! wollte es mit einem einzigen Satz das weite Tal überspringen. Doch das Tal war breit wie der gähnende Rachen eines riesigen Tigers, und so fiel das verhaßte Hae-hae geradewegs mitten in das tiefe morastige Reisfeld, aus dem wohl nur der breitbrüstige Wasserbüffel allein wieder herausfindet. Alle javanischen Mütter können euch erzählen, daß es dort noch heute steckt. Zur Warnung für alle leichtfertigen Mädchen erwuchs aus ihm ein Baum, den man den Blutbaum nennt. Sein Stamm ist unten rötlich gefärbt wie Blut. Das kommt von dem blutigen Hae-hae, das an dieser Stelle im Morast des bewässerten Reisfeldes steckenblieb.

Eine ganze Zeit schien es, als hätten die Kinder den Greis und seine Märchen vergessen. Langsam gewöhnte sich der Alte schon an den Gedanken, daß sie ihn für immer verlassen hätten.

„Die kindliche Zutraulichkeit ist wie der Duft des Jasmins. Er fliegt dorthin, wohin ihn der günstigste Wind weht", tröstete sich der Meister des Schattentheaters. Aber dennoch kam ihm seine einfache Hütte jetzt freudlos und verlassen vor.

Eines Tages erschien dann Nani. Sie kam allein und berichtete atemlos, daß ihr Bruder Maman ganz plötzlich schwer erkrankt sei.

„Die Mutter rief den Geisterbeschwörer", erklärte sie eifrig, „aber der weise Mann wußte auch keinen Rat. Der arme Maman – er sieht ganz verschwollen aus – weint dauernd, und seine Wangen glühen fiebrig."

„War es vielleicht ein Schlangenbiß?" fragte der alte Schattentheaterspieler beunruhigt. Doch Nani schüttelte ihren Kopf und berichtete, daß der Geisterbeschwörer weder an seinen Fußsohlen noch sonst irgendwo die Spuren von Schlangenzähnen oder den Biß eines Skorpions gefunden hätte.

Er vermutete hingegen, daß Mamans Körper von dem bösen Geist Lelembut heimgesucht worden sei. Dieser böse Geist stamme aus einem vornehmen Geisterfürstengeschlecht, über das er keine Macht besäße. Deshalb schickte er den Ostwind zu seinem Onkel, dem mächtigsten Geisterbeschwörer vom Westufer Javas.

So erzählte Nani.

„Das ist sehr gut für Maman", nickte der alte Zaubermeister. „Ich kenne ihn gut, den Geisterbeschwörer vom Westufer, wo die Sonne am Abend im Meer versinkt. Er ist mit einer ungewöhnlichen Zauberkraft begabt. Er vermag mit den Geistern der vornehmsten Königsgeschlechter zu reden. Aber bevor er bei euch eintrifft, erzähle Maman von mir ein Märchen. Es ist das Schlangenmärchen von der Insel Sumatra, und es mag ihn ein wenig trösten und aufmuntern." Und dann erzählte der alte Schattentheaterspieler ...

Vom Schlangenkönig Lembayung

Es war einmal eine Insel. Auf dieser Insel gab es einen Hain. Was für ein Hain das war? Ein Kokospalmenhain! Was in dem Hain war? Ein Königreich! Wie das Königreich hieß? Hulu Batang Mua.

In dem Reich, in Hulu Batang Mua, herrschte ein König. Er war so schlau, so schrecklich schlau, daß er den Namen seines Landes auch rückwärts hersagen konnte, ohne dabei ins Stottern zu geraten. Das sollte man ihm mal nachmachen!

Dieser schlaue König also hatte drei Töchter. Wie die Töchter hießen? Die Prinzessin Vomkokos, die Prinzessin Imkokos und die jüngste, die lieblichste, war die Prinzessin Vomrohr. Der jüngsten Prinzessin kamen weder die Blüten des Dschungels an Schönheit gleich, noch dufteten die Jasminblüten so herrlich und tanzten die Schmetterlinge so anmutig wie sie. Und dennoch lebte die arme Prinzessin wie eine Dienerin, denn ihre Schwestern beneideten sie um ihre Schönheit. Das hat mir das Krokodil erzählt, das überall herumkam in Hulu Batang Mua.

Eines Morgens erwachte der mächtige König in Hulu Batang Mua. Zuerst öffnete er ein Auge, dann öffnete er das zweite Auge, kurz und gut, er erwachte gerade so, wie die Könige im Kokospalmenhain des Kokospalmenreiches Hulu Batang Mua von jeher erwachen.

„Ach, oh weh, mein Ende ist nahe!“ beklagte er sich bei seiner Frau und seinen Töchtern. „Gestern abend habe ich mich an halbgarem Reis übergessen. Ich hatte davon furchtbar schwere Träume. So schrecklich schwere Träume, daß ich bis zum Morgen völlig vergessen hatte, wie mein Königreich von rückwärts heißt. Irgend etwas sagt mir, daß ich die Sonne heute nicht mehr untergehen sehen werde. Kommt schnell näher, damit ich euch erzählen kann, was ich heute nacht träumte.“ Und der König erzählte, wie im Traum drei Schildkröteneier auf ihn zugerollt wären. Zuerst schlüpfte aus dem einen Ei ein schwarzer Diamant. Das sollte eine Botschaft des Kaisers vom Edelsteinland an die schönste Prinzessin des Königreiches Hulu Batang Mua sein. Dann schlüpfte aus dem zweiten Ei eine schwarze Perle. Das sollte eine Botschaft des Kaisers von der Perleninsel an die lieblichste Prinzessin des Königreiches Hulu Batang Mua sein. Und zuletzt schlüpfte aus dem dritten Ei eine schwarze Raupe, die sprach:

„Kokospalmenkönig, aus dem schwarzen Dschungel sendet dir der furchtbare Schlangenkönig Lembayung die Botschaft, daß er sich die häßlichste Prinzessin deines Königreiches zur Frau wünscht. Wenn du seine Bitte nicht erfüllst, trocknen im Königreich Hulu Batang Mua alle Gewässer aus, und die giftigen Schlangen und Skorpione werden alles Lebende aus dem Land hinausbeißen. Das verkündet dir der Schlangenkönig Lembayung, der Herr des heiligen Waringin-Baumes.“ Als der König seinen Traum erzählt hatte, seufzte er tief und sagte: „Also, einigt euch schnell untereinander, meine lieben Töchter, welche von euch den schrecklichen Schlangenkönig Lembayung zum Mann nehmen wird.“

Er endete, schloß daraufhin die Augen und entschlief für immer. Die Kunde von seinem plötzlichen Tod flog von Mund zu Mund, bis eine Wanderameise sie schließlich auch dem Elefantenkönig selbst ins Ohr flüsterte. Der hob seinen faltigen Rüssel zum Himmel empor und trompetete laut:

„Ihr Brüder im dunklen Dschungel, hört was ich euch künde:
In Hulu Batang Mua starb der König. Es ist eine Sünde,
noch ehe von den Blättern trocknet der Morgentau,
holt der Schlangenkönig Lembayung sich seine Frau!“

Dies hörte auch der Herr des heiligen Waringin-Baumes, und er zischte zufrieden.

Die Prinzessin Vomkokos und die Prinzessin Imkokos bangten so sehr um ihre Schönheit, daß sie nach dem Tod ihres Vater keine einzige Träne vergossen. Die Prinzessin Vomrohr hingegen weinte Tag und Nacht. Aber die Tränen machten sie nicht häßlicher. Je mehr sie weinte, um so schöner wurde sie!

„Sieh nur, Mutter, wie häßlich sie geworden ist!“ riefen die neidischen Schwestern. „Ihre Augen sind geschwollen, ihr Gesicht ist voller Falten und rot wie der Hintern eines Affen. So eine sollte der Kaiser von der Perleninsel zur Frau haben wollen? Die sollte der Kaiser vom Edelsteinland für sich begehren? Nie und nimmer!“

Und eilig begannen sie Matten zu flechten, um ihre vornehmen Freier damit zu überraschen. Dabei sangen sie ein Spottlied, das sie sich selber zusammengereimt hatten:

„Edelstein für Schönheit
und Perlen für Anmut werben.
Häßlichkeit aber kann froh sein,
das Schlangenreich zu erben.“

Doch die Prinzessin Vomrohr achtete nicht auf das Gespött ihrer Schwestern und weinte nur noch bitterlicher um ihren verstorbenen Vater. Bis das schließlich sogar die Königin verdroß.

„Mein Lebtag habe ich nicht solch eine häßliche, verweinte Prinzessin gesehen“, schimpfte sie. „Von deinem ewigen Gejammer tut mir schon der Kopf weh, du Unglückselige! Geh mir aus den Augen; scher dich meinetwegen zum Schlangenkönig Lembayung!“

Sie hörte nicht auf die Bitten und Klagen ihrer jüngsten Tochter. Sie wollte überhaupt nichts mehr hören, und deshalb führte sie ihre Tochter dorthin, wo das Nirgendwo beginnt. Dort ließ sie sie allein zurück.

Die unglückliche Prinzessin wanderte immer geradeaus, wohin auch immer ihre Füße sie trugen. Die giftigen Dornsträucher stachen sie in ihr Gesicht, Lianen und andere Rankgewächse verwickelten sich in ihren Haaren, und giftige Schlangen zischten zu ihren Füßen. Als sie schon ganz von Kräften gekommen war, verbarg sie sich in einer großen lila Blüte und bat:

„Mächtiger König des Dschungels, zeige dich mir!“

Sogleich ertönte im Farn ein Schrei, und in der Dunkelheit erglühten die feurigen Augen des Tigers.

„Wer den mächtigen Tiger ruft, der ruft den Tod“, knurrte das Raubtier. „Woher kommst du, Menschentochter? Was willst du von mir?“ Und die Prinzessin erzählte ihm weinend ihre Geschichte.

„Ach, du erhabener Büffeltöter, du Herrscher in der Nacht!“ klagte sie laut. „Laß es bitte nicht zu, daß die Tochter des verstorbenen Königs von Hulu Batang Mua auf deinen Pfaden vor Bangen und Leid stirbt. Übernimm du es, mich zu töten. Trinke dich an meinem Blut satt!“

Doch der Tiger wehrte barsch ab:

„Du bist das Opfer des erhabenen Schlangenkönigs Lembayung, des Herrn des heiligen Waringin-Baumes. Ich will und darf dich nicht töten, erhabene Prinzessin von Hulu Batang Mua. Aber ich will dir behilflich sein und dich ins Reich des mächtigen Elefantenkönigs tragen, des Herrschers des smaragdgrünen Regenwaldes. Dort bitte um Erbarmen!“

Er ließ die arme Prinzessin auf seinen gestreiften Rücken aufsitzen und stürmte mit ihr durch den Dschungel wie ein Blitz am Himmel um Mitternacht.

„Platz da für den König des Dschungels!“ brüllte er nach allen Richtungen. Und die Blumen und Sträucher des Dschungels neigten sich vor ihm, die dornigen Büsche traten auseinander, und aus allen Ecken ertönte wie ein Echo das Rufen der wilden Tiere:

„Platz da für den König des Dschungels!“

Am Rand des smaragdgrünen Regenwaldes verabschiedete sich der Tiger von der Prinzessin. Das verlassene Mädchen aber ging mutig ins Dickicht und rief flehentlich:

„Erhabener Herr! Beherrscher des Elefantenvolkes, mein Bruder König! Es ruft dich eine Tochter von königlichem Geblüt, die Prinzessin von Hulu Batang Mua. Bevor ich vor Bangen und Leid im Schatten deiner Mangroven sterbe, zermalme mich mit deinem wuchtigen Körper!“

Doch der graue Elefantenkönig, die Haut zerfurcht wie ein ausgetrocknetes Flußbett, erwiderte:

„Du bist das Opfer des mächtigen Schlangenkönigs Lembayung. Ich darf und will dir kein Leid antun.“

Und er lief mit ihr in wiegendem Trab durch die gespenstische Nacht über Baumstämme, die schon halb vermodert waren, durch morastige Tümpel und breite Bäche, die über ihre Ufer traten.

„Platz da für den König des Regenwaldes!“ trompeteten ringsum die wilden Elefanten, und das Echo wiederholte schaurig: „Platz da für den König des Regenwaldes!“

So traf die Prinzessin Vomrohr endlich beim Schlangenkönig Lembayung ein. Er glühte sie mit seinen giftgrünen Augen an und zischte entsagungsvoll:

„Deine Mutter und deine Schwestern haben mich getäuscht, schönste Prinzessin von Hulu Batang Mua. Du leuchtest wie eine Mangoblüte in allen Farben des Regenbogens. Du bist viel zu schön! Du bist nicht die rechte Frau für den giftigen Schlangenkönig Lembayung. Kehre zurück, Menschentochter, auf den Spuren des Elefantenkönigs, auf den gewundenen Pfaden des Beherrschers des Dschungels; kehre zurück in das fruchtbare Land der Kokospalmen. Ich entlasse dich aus meiner Gewalt.“

Weil der Beherrscher des heiligen Waringin-Baumes mit so trauriger Stimme sprach, spürte die Prinzessin einen eigentümlichen Schmerz in ihrer Brust. Ohne lange zu überlegen bekannte sie, daß ihre Mutter und ihre

 Schwestern sie aus dem Haus vertrieben hätten. Und sie bat höflich, der Schlangenkönig Lembayung möge ihr gestatten, einige Zeit bei ihm bleiben zu dürfen.

„Die Mangoblüte gehört allein dem Mangobaum, keinem anderen", wehrte der Schlangenkönig traurig ab.

„Die weggeworfene Nußschale gehört demjenigen, der sie aufhebt", antwortete die Prinzessin lächelnd.

Und der Schlangenkönig Lembayung schaute nach diesen Worten nach dem Königreich Hulu Batang Mua hinüber und zischte mit seiner gespaltenen Zunge:

„Vor Bosheit haben manche Menschen
oft einen falschen Zungenschlag.
Zischende Schlangen sollen sie strafen
dafür noch am heutigen Tag!"

Augenblicklich verwandelten sich die blühenden Lianen in gefleckte Schlangen, die fauligen Rinden wurden zu schwarzen Vipern und zu giftigen Skorpionen. All dieses Getier kroch in Massen dem Kokospalmenland Hulu Batang Mua entgegen. Dies alles beobachtete eine Schmetterlingspuppe. Sie platzte auf, ein Schmetterling entschlüpfte, der schwang sich in die Luft und erzählte überall, was er gesehen hatte, auch in Hulu Batang Mua.

Wer weiß, wie lange Zeit die Prinzessin Vomrohr unter den Luftwurzeln des Mangobaumes beim Schlangenkönig Lembayung lebte? Eines Nachts jedenfalls, bei Vollmond, begab sich der Schlangenkönig auf die Jagd. Kaum war er fortgeritten, da erblühten alle Blumen des Dschungels. Vor dem heiligen Waringin-Baum aber erschien wie vom Himmel gefallen ein Prinz auf einem weißen Elefanten. Er hielt einen blühenden Mangozweig in der Hand.

„Die Mangoblüte gehört allein dem Mangobaum", sprach er feierlich. „Komm mit mir, Königstochter, ich führe dich hinaus aus dem Reich des stinkenden Schlangenkönigs Lembayung."

Doch die Prinzessin schüttelte nur ihren Kopf.

„Als mich die Menschen verjagten, erbarmte sich meiner die Schlange. Ich kann den Schlangenkönig Lembayung nicht enttäuschen. Geh deiner Wege, Prinz!" sagte sie.

Da zerfloß die Gestalt des Prinzen in der Dunkelheit. Alle leuchtenden Blumen verwelkten auf einmal, schwarze Spinnen umspannen sie mit Spinnweben, und die Stengel der Pflanzen bedeckte Schimmel.

Der Schlangenkönig Lembayung brachte als Jagdbeute einen Blutegel mit. „War niemand hier?" fragte er die Prinzessin Vomrohr, doch diese beruhigte ihn:

„Dort, wo das Nirgendwo beginnt, kam ein Niemand vorbei.“

Der Schlangenkönig gab sich mit dieser Antwort zufrieden. Doch immer bei Vollmond, wenn Lembayung sich auf die Jagd begab, erschien vor dem Waringin-Baum der Prinz auf dem weißen Elefanten. Einmal trug er auf der Stirn einen schwarzen Diamanten, ein anderes Mal eine schwarze Perle und beim dritten Mal einen Tautropfen. Und jedes Mal führte er die Prinzessin erneut in Versuchung. Das treue Mädchen aber gab seinem Drängen niemals nach.

„Wo die Palmen wachsen, gedeiht auch das Zuckerrohr“, pflegte die Prinzessin zu sagen. „Meine Heimat sind die Wurzeln des Waringin-Baumes. Geh deiner Wege, Prinz!“

Eines Tages fiel ihr jedoch auf, daß der Prinz immer von dorther kam, wohin der Schlangenkönig Lembayung zur Jagd fortgekrochen war. Eines Nachts, als er wieder auf Jagd ausging, folgte sie ihm unauffällig. Unter einem Dornstrauch fand sie eine schuppige Haut.

„Das ist bestimmt die Haut des Schlangenkönigs Lembayung“, dachte sie scharfsinnig, und dann hatte sie plötzlich eine Erleuchtung: Sie nahm die Schlangenhaut, ging zum heiligen Baum zurück und warf die Haut in ein prasselndes Feuer. Da zog ein Gewitter herauf, als erwache der furchtbare Vulkan Merapi, und in den heiligen Waringin-Baum schlug fünfmal hintereinander der Blitz ein.

Beim ersten Schlag verwandelte sich der dunkle Dschungel in einen blühenden Hain. Beim zweiten Schlag wurden aus den morastigen Tümpeln glänzend klare Seen, und die Sümpfe verwandelten sich in fruchtbare Reisfelder. Dann gab es dort plötzlich ein ganzes Königreich mit vollen Reisspeichern und Vorratshäusern, fetten Büffelherden und Scharen von fetten Gänsen und Enten. Auf den Märkten zankten sich die Gemüseweiber, auf den Türschwellen der Hütten saßen alte Männer und gähnten. Als es dann zum viertenmal einschlug, brach die Erde auf. Fontänen von klarem Quellwasser schossen in die Höhe. Dann schlug der Blitz zum fünftenmal in den heiligen Baum ein, und vor der staunenden Prinzessin Vomrohr erschien wieder der Prinz auf dem weißen Elefanten.

„Die Mangoblüte gehört allein dem Mangobaum“, sprach er die Prinzessin an.

„Die weggeworfene Nußschale dem, der sie aufhebt“, erwiderte sie lächelnd, und der vornehme Radscha verneigte sich tief vor ihr.

„Ich bin der König dieses Landes, den der höchste Gott Batara Guru in eine Schlangenhaut bannte. Ich danke dir für deine Treue, Tochter des Königs von Hulu Batang Mua. Du hast mich von diesem Fluch erlöst.“

Er hob die Prinzessin zu sich auf den Elefanten, und gemeinsam ritten sie in die königliche Hauptstadt ein. Alles Volk begrüßte sie freudig und überreichte ihnen duftende Blumen. Auf ihrem Weg trafen sie drei schmutzige, abgerissene Frauen, die mit Geschwüren bedeckt waren. Diese rührten von Schlangenbissen und Skorpionstichen her. Auch wurden sie von dicken Blutegeln gepeinigt. Die Prinzessin Vomrohr erkannte in ihnen ihre Mutter und ihre beiden neidischen Schwestern. Sofort ließ sie anhalten, und die drei erzählten traurig, daß ins Königreich Hulu Batang Mua eines Tages viele gefleckte Schlangen, Blutegel und giftige Skorpione eingefallen wären, die das fruchtbare Land in eine Öde verwandelt hätten.

„Das ist bestimmt die Strafe dafür, daß ich meine jüngste und bravste Tochter aus dem Haus getrieben und fortgejagt habe", klagte die vom Schicksal geschlagene Mutter.

Die Prinzessin Vomrohr befahl ihren Dienerinnen, die drei Unglücklichen in Zitronensaft zu baden und sie danach in die allerfeinsten Gewänder zu hüllen. Dann ließ sie sie wieder zu sich rufen und sprach:

„Wo ist dein Kaiser von der Perleninsel, meine Schwester? Und du, meine älteste Schwester, wo ist dein Kaiser vom Edelsteinland? Wollt ihr nicht den Schlangenkönig Lembayung, euren vornehmen Verwandten, begrüßen, liebe Mutter?"

Erst jetzt fiel es den drei Frauen wie Schuppen von den Augen. Sie erkannten die Prinzessin Vomrohr, fielen vor ihr auf die Knie und baten sie um Verzeihung. Doch der König sprach:

„Wer sich schuldig gemacht hat, muß büßen. Von den Blutegeln und Geschwüren kannst du deine Schwestern befreien, doch bis an ihr Lebensende wird sich eine Schlange an ihren Brüsten nähren, die sich Neid nennt. Deshalb werden sie niemals richtig glücklich werden können."

So endete die Geschichte vom Schlangenkönig Lembayung. Wer sie nicht glauben will, mag selbst dort hinlaufen. Vielleicht findet er im tiefen Dschungel eine lila Pflanze, die von der Wurzel bis in die Krone an einem Baum emporrankt. Ihre Ranken sind wie eine Schlange, und ihre Blätter funkeln wie aus Metall. Diese Pflanze nennen die Eingeborenen Lembayung. Sie erinnert noch heute an den erhabenen Schlangenkönig und an die treue Prinzessin von Hulu Batang Mua.

Als der kleine Maman endlich genesen war, brachten die Bauern gerade die Reisernte ein. Deshalb hatten die beiden Schwestern Nani und Tuti wenig Zeit. Sie halfen bei der Ernte mit, wo es nötig war, und schauten dennoch jeden Augenblick nach ihrem kleinen Bruder, denn er war noch immer schwach und brauchte viel Ruhe. Auch war er sehr blaß und hatte keinen Appetit. Die Mutter machte sich große Sorgen um ihn.

Endlich kam der Tag heran, an dem die Vorratshäuser bis an den Rand gefüllt waren. Die Dorfbewohner konnten sich ein bißchen Erholung gönnen. Die Mutter buk viereckige, mit Palmblättern umwickelte Reiskuchen und gab sie den Kindern mit auf den Weg als Geschenk für den alten Zaubermeister.

Er empfing die Kinder freundlich lächelnd und nahm dankend ihre Geschenke entgegen. Dann verharrte er ein Weilchen in stummer Zwiesprache mit den guten Geistern. Er dankte ihnen, daß sie nicht zugelassen hatten, daß der kleine Maman das Opfer des bösen Sang Kala wurde, des grausamen Geistes, der Menschen fraß. Der verehrungswürdige Greis liebte den kleinen Maman sehr. Er erlaubte ihm sogar, mit den heiligen Eidechsen zu spielen, die mit ihm seine Hütte teilten. Auch der Ziegenbock Aki hatte mit Maman Freundschaft geschlossen. Er ließ sich von dem Jungen jede Neckerei gefallen, und wenn es ihm einmal zuviel wurde, stupste er ihn nur ganz leicht in die Seite.

Nani wollte dem heiligen Mann gern erzählen, wie der Geisterbeschwörer vom Westufer den kleinen Bruder geheilt hatte — das war sehr aufregend und geheimnisvoll gewesen! Doch der Greis hatte zur Begrüßung für Maman schon ein Märchen bereit, und so vergaß Nani ihre Geschichte noch für ein Weilchen.

Prinz Schmutzfink

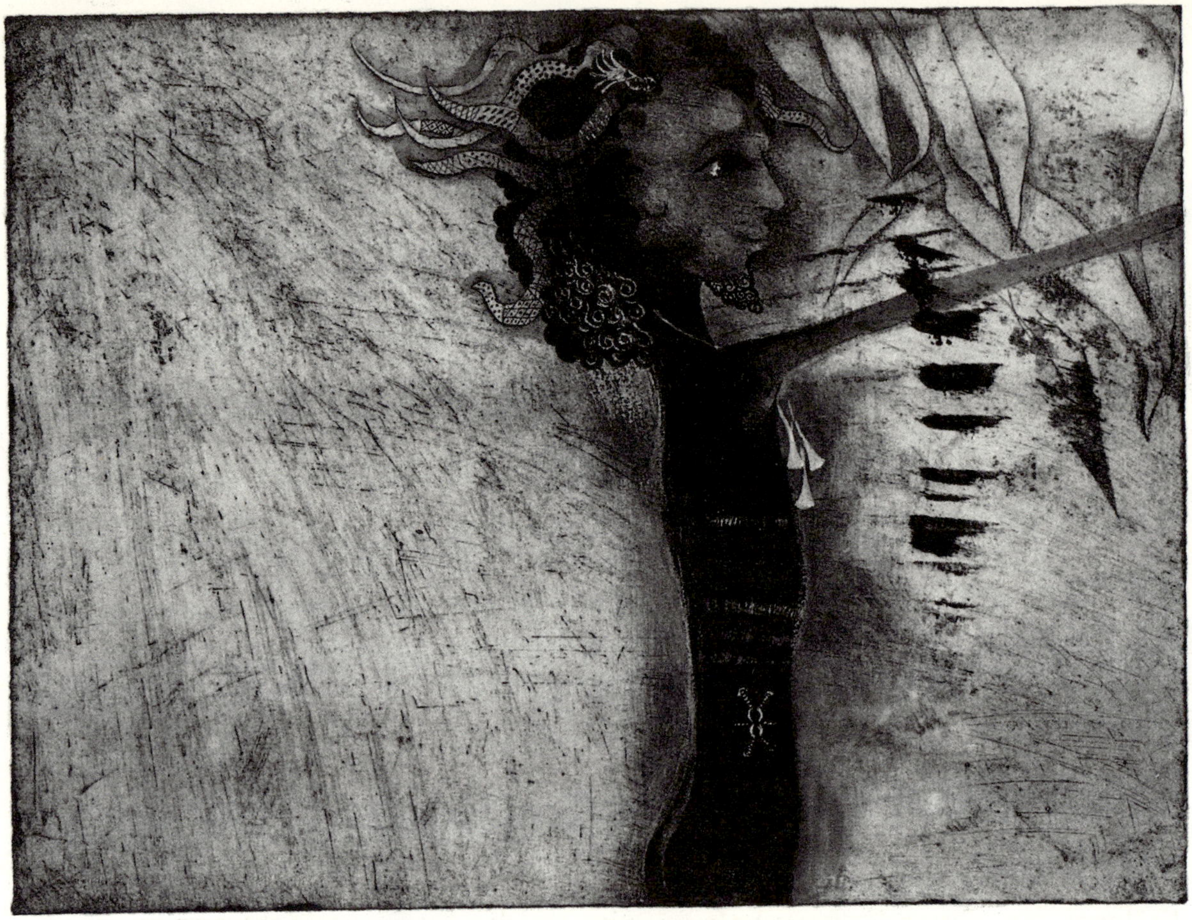

Ein silberner Fluß durchströmt die Insel der lieblichen Düfte. Er entspringt im Königreich der aufgehenden Sonne, fließt durch den Dschungel der wilden Orchideen, singt in den Stromschnellen zwischen den Felsen, bis er auf seiner weiten Wanderung ins Land des Sonnenuntergangs gelangt.

„Herrscher des Abendreiches", rauschte der Fluß unter den Fenstern des königlichen Palastes, „ich bringe dir einen Gruß vom Herrscher im Land des Morgenlichts. Gestern entlief ihm ein Stier, und auf seinen Feldern ging das Reiskorn noch nicht auf. Was gibt es Neues in deinem Reich?"

So murmelte der Fluß, bevor er sich ins Meer ergoß. Und der König im Land des Sonnenuntergangs schickte dem König im Land des Morgenlichts mit dem Wind diese Entgegnung:

„Ein Tag ist wie der andere, königlicher Bruder! Ein Prinz wurde mir geboren. Die Königin wurde von einem Skorpion gestochen, die Schweine gedeihen gut. Leb wohl, Bruder König!"

So verging die Zeit und floß dahin wie ein mächtiger Strom.

Eines Tages gebar die Königin im Land der aufgehenden Sonne ein Töchterchen. Alle Untertanen weinten vor Freude.

„Oh, ihr Götter! Das gibt einmal eine Hochzeit", meinten sie und freuten sich schon sehr darauf. Der König sammelte alle ihre Freudentränen in einen Bambuspokal, tauchte seinen Finger hinein und schrieb auf ein Lotosblatt:

„Erhabener Herrscher des Reiches der untergehenden Sonne, ich tue dir kund und zu wissen, daß uns eine Prinzessin, gesund wie ein Füllen und rosig wie eine Blumenknospe, geboren wurde. Als Geschenk sende ich dir in einem Lotosblatt ein Haarbüschel vom Kopf meiner kleinen Prinzessin. Wenn dein Sohn herangewachsen sein wird, schicke ihn mit diesem Büschel Haare in mein Königreich. Ich gebe dir mein königliches Wort, daß ich ihm dann meine Tochter zur Gemahlin geben werde."

Daraufhin warf er das Lotosblatt in den Fluß, damit es ins Land des Sonnenunterganges getragen wurde.

„Ich bin einverstanden", ließ der König aus dem westlichen Reich seinem königlichen Bruder vom Wind ausrichten, nachdem er die Botschaft gelesen hatte. „Ich habe es meinem Sohn gesagt, doch der will von einer Hochzeit noch nichts wissen, denn er ist noch zu klein. Wenn die Zeit gekommen ist, schicke ich ihn zu deiner Tochter. Sonst gibt es weiter nichts Neues in meinem Reich. Die Schweine gedeihen gut, und ich begebe mich zum Hahnenkampf. Leb wohl, mein Bruder König!"

So verging die Zeit und floß dahin wie ein mächtiger Strom.

Der kleine Prinz aus dem Land des Sonnenuntergangs wuchs und wuchs. Er lernte aus einer Kokosschale zu trinken, die Katze am Schwanz zu ziehen, wie ein Affe zu klettern, die Büffel auf die Weide zu treiben, Reis zu ernten, Tiger zu töten und wie ein Faultier zu schlafen. Danach war es an der Zeit, daß er sich eine Braut holen mußte.

„Hier hast du ein Haarbüschel, mein lieber Sohn", sprach der König. „Bewahre es gut auf und ziehe flußaufwärts, durch den Dschungel und über die Berge, bis du in das Land der aufgehenden Sonne gelangst. Dort zeige das Büschel Haare dem erhabenen König und Herrscher. Er versprach, dir seine königliche Tochter, die hochgeborene Prinzessin, zur Gemahlin zu geben. Leb wohl, mein lieber Prinz! Ich werde immer an dich denken."

Der junge Königssohn nahm von allen Abschied und machte sich auf den Weg zu seiner Braut. Die Reise dauerte lange und wollte kein Ende nehmen. Im dunklen Dschungel bedrohten ihn die wilden Tiere, und die frechen Affen bewarfen ihn mit Kokosnüssen.

„Wenn ich dies alles gewußt hätte, wäre ich niemals ins Land der aufgehenden Sonne gereist", klagte der Prinz. Aber er war nicht untätig, sondern lernte im tiefen Dschungel das Zaubern. Nach vielen Anstrengungen und Mühen, nach Kummer und Entsagungen gewann er übernatürliche Kräfte wie ein heiliger Einsiedler. Er konnte auf Speise und Trank verzichten, Feuer und Wasser konnten ihm nichts anhaben, und er vermochte Gutes und Böses zu vollbringen. Er lernte auch, die wilden Tiere im Dschungel zu zähmen, und bald kannte er sich auch beim Sammeln von Heilkräutern aus. Ohne einen Lehrmeister zu haben, wurde er ein mächtiger Zauberer.

Nur eines hatte er nicht gelernt: er konnte nicht fliegen wie ein Vogel! Er mußte den unwegsamen Dschungel durchwandern, und so dauerte es viele Jahre, bis er endlich das Land des Morgenlichts erreichte. In der langen, langen Zeit hatte die Sonne sein Antlitz schwarz gebrannt, und um sein Kinn war ihm ein dichter Bart gewachsen. In seinen verstruppelten Haaren nistete Ungeziefer. Als er sich einmal in einer Quelle betrachtete, erschrak er vor seinem eigenen Ebenbild so sehr, daß er beinahe ins Wasser gefallen wäre.

„Oh, ihr Götter!“ dachte er bei sich. „Ich sehe ja aus wie ein abscheuliches Gespenst.“

Schließlich und endlich gelangte er ins Königreich der aufgehenden Sonne. Er kam vor das Königsschloß, und da saßen der König und die Prinzessin auf ihrem Thron in der Krone einer hohen Palme. Sie schauten zu, wie die jungen Prinzen des Inselreiches miteinander in dem königlichen Spiel wetteiferten, den geflochtenen Korb der Prinzessin am höchsten zu werfen.

„Wer den Korb bis in die Krone der Palme und genau in die Hände der Prinzessin wirft, bekommt meine Tochter zur Gemahlin“, verkündete der König gerade. „Ich bin es überdrüssig, auf den Königssohn aus dem Land der untergehenden Sonne zu warten. Vielleicht hat ihn im Dschungel ein wilder Tiger zerrissen, oder vielleicht hat er im Regenwald eine Affenprinzessin geheiratet!“

Als der schwarze Prinz diese Worte vernahm, bat er den König, auch um die Hand der schönen Prinzessin anhalten zu dürfen. Der König brach in ein anhaltendes Gelächter aus.

„Ach, du Schmutzfink, aus welcher Gegend kommst denn du dahergelaufen? Geh schnell dorthin, wo du hingehörst: in den Schweinestall!“

Die Prinzessin rümpfte ihr kleines Näschen und bat den König, sie schnell an einer Orchidee riechen zu lassen. Der Gestank war zu groß.

Der Prinz ließ sich freilich nicht so ohne weiteres abweisen. Unerschrocken blieb er vor dem König stehen und bat so lange, bis der König schließlich sein Einverständnis gab.

„Wenn du glaubst, dich mit unseren vornehmen Königssöhnen messen zu können, so versuche es nur, du Tölpel! Aber das sage ich dir: wenn du den Korb nicht hoch genug wirfst, lasse ich dich auspeitschen und davonjagen.“

Alle lachten über den Prinzen. Der aber beachtete die anderen nicht. Er legte sich lang auf den Erdboden und beobachtete belustigt die jungen Burschen, die sich vergeblich bemühten, die liebliche Prinzessin zu erringen.

Endlich reichten sie auch ihm den geflochtenen Korb, und er warf ihn bis zu den Füßen der Prinzessin.

„Nun sieh einmal diesen Helden an", wunderte sich der König. „Er stellt sich sehr geschickt an. Solch einen Burschen könnte ich gut gebrauchen, wenn er nur nicht so verlaust wäre. Wie heißt du denn, du Schmutzfink?"

„Schmutzfink, Herr König", erwiderte der Prinz. Und von da ab nannten ihn alle so.

Der König fand Gefallen an Schmutzfink. Er erlaubte ihm, die königliche Schweineherde zu hüten und nachts im Schweinestall zu schlafen. Schmutzfink arbeitete für zwei, aber er wurde noch schmutziger bei dieser Arbeit. Sein Gesicht war so schwarz wie ein rußgeschwärzter Kochkessel, und seine Hände sahen nicht besser aus. Wenn ihn so seine Mutter gesehen hätte! Sie wäre gewiß sehr traurig darüber gewesen. Die schöne Prinzessin jedoch rümpfte nur ihre feine Nase über ihn.

„Warte nur, Prinzessin, bald wirst du meine Braut", rief ihr der Prinz zu. Doch die Prinzessin kicherte nur und verbarg schnell ihr Antlitz hinter einer duftenden Orchideenblüte.

Nicht lange danach trafen die Prinzen von den Nachbarinseln erneut im Königreich der aufgehenden Sonne zusammen. Einer kam in einem goldenen Boot dahergefahren, ein anderer in einer silbernen Blüte, ein dritter fuhr in einer Kokosschale herbei, und der geschickteste schleuderte eine Lanze, hielt sich daran fest und flog so durch die Luft bis in den königlichen Palastgarten hinein.

„Wir sind gekommen, erhabener König, weil wir erneut um die Hand der edlen Prinzessin anhalten wollen", sprachen sie und verneigten sich ehrerbietig vor dem König.

Auch Schmutzfink bat, am Wettbewerb teilnehmen zu dürfen. Der König war großmütig und erlaubte es ihm auch diesmal. Doch damit er nicht wieder gewinnen sollte, ließ er Schmutzfinks Flechtkorb heimlich mit Kokosnüssen füllen.

Die Prinzen kämpften mit großem Einsatz, doch keinem gelang es, seinen Korb bis in die Hände der anmutigen Prinzessin zu werfen. Endlich kam die Reihe an Schmutzfink. Er nahm den Korb mit den Kokosnüssen, band heimlich das Haarbüschel der Prinzessin daran fest und warf ihn mit großem Schwung der Prinzessin direkt in die Arme. Es ging alles so schnell, daß sie nicht einmal mehr Zeit hatte, an ihrer duftenden Orchidee zu riechen.

Das gab einen Aufruhr! Alle riefen und krakeelten durcheinander, daß dieser Wurf nicht gälte, doch Königswort bleibt Königswort! Außerdem fand die Prinzessin an dem Korb noch ihre Haarsträhne. Daran erkannte der König, daß Schmutzfink der Königssohn aus dem Land des Sonnenuntergangs war.

Die Prinzessin weinte so sehr, als wäre ihr gemahlener Pfeffer ins Auge geraten, und auch der König war über diesen Ausgang so betrübt, daß ihm kein Essen mehr schmecken wollte.

„Weine nicht, mein liebes Töchterchen", tröstete er die Prinzessin, „noch bist du nicht die Frau dieses Schmutzfinken!"

Heimlich befahl er seinen Dienern, eine große Elefantenhaut mit Wasser zu füllen und Schmutzfink darin einzunähen. Er glaubte, daß der lästige Bräutigam in der Elefantenhaut ertrinken müsse. Doch als die Diener die Elefantenhaut nach ein paar Tagen wieder auftrennten, richtete sich Schmutzfink auf, prustete das Wasser aus dem Mund und fragte scheinheilig:

„Wer weckt mich denn aus meinem süßen Schlummer? Könnt ihr mir nicht ein wenig Ruhe gönnen?"

Da erschraken alle und begannen ihn fast zu fürchten. Der König aber befahl, ihn an einen Pfahl zu binden und ringsumher ein ordentliches Feuer zu schüren. Drei Tage lang legten sie tüchtig zu, bis weit und breit kein trockenes Stückchen Holz mehr zu finden war. Doch kaum war der Holzstoß verbrannt, da blies Schmutzfink den letzten Rauch aus der Nase, spie ein paar Funken aus und schimpfte:

„Warum hört ihr denn auf zu heizen? Seht ihr denn nicht, daß die rohen Maniokknollen in meinem Mund noch gar nicht ordentlich durchgebacken sind?"

Der König wußte nicht, daß Schmutzfink das Zaubern gelernt hatte und gegen Feuer und Wasser gefeit war. Es fiel ihm auch nichts mehr ein, was er nun noch gegen den unliebsamen Burschen unternehmen konnte. Am Ende beschloß er, Schmutzfink in den Dschungel zurückjagen zu lassen. Kaum aber waren die Zweige des Dschungels hinter dem schmutzigen Prinzen zusammengeschlagen, da erkrankten König und Königin so schwer, daß sie glaubten, ihr letztes Stündlein hätte geschlagen. Überdies kam plötzlich ein Knecht ins Schloß gelaufen und rief:

„Ein großes Unglück ist geschehen, erhabener König: alle deine Stiere und Schweine liegen im Sterben!"

Und schon unterbrach ihn ein anderer Knecht:

„Wehe, wehe, hochwohlgeborener Herr! Die Tiger hausen unter den Hühnern und Hähnen! Die Wildschweine zerwühlen die Reisfelder! Und die zappelige Prinzessin hat sich die Nase aufgeschlagen!"

Der König regte sich über diese Nachrichten so sehr auf, daß er davon fast wieder gesund wurde. Eilig befahl er, den mächtigsten der Geisterbeschwörer herbeizurufen.

„Das sind seltsame Sachen, weiser Mann", sagte er verstört. „So viel Unglück auf einmal! Die Prinzessin überfällt der Tiger, die Hühner zerwühlen

die Felder und die Wildschweine haben sich die Nasen aufgeschlagen – ach, was red ich denn da: Die Wildschweine haben meine Hühner aufgefressen, – oh, ihr guten Geister! Ich bringe ja alles durcheinander. Ist denn niemand da, ihr Tölpel, der mir richtig vorsagen kann?"

Und so zeterte und zürnte der König, daß sich alle Palasthunde im Dickicht der Gärten versteckten. Der weise Geisterbeschwörer dachte über all diese Unglücksfälle nach, und dann sprach er mit bedächtiger Stimme zum König:

„Erhabener König, gegen diese absonderlichen Vorgänge sind alle meine Zauberkräfte machtlos. Ein gewitzterer Zauberer, als ich es bin, bestraft Euch, weil Ihr Euer königliches Wort gebrochen habt. Ein Königswort behält seine Gültigkeit für alle Zeiten, und wenn Ihr Eure Tochter nicht dem Prinzen Schmutzfink zur Frau gebt, wird es Euch in Eurem Reich noch böse ergehen."

„Ich soll meine liebe Tochter solch einem häßlichen Schmutzfinken zur Frau geben?" erboste sich der König. „Da möchte ich doch lieber gleich sterben, als solch eine Schande erleben zu müssen!" Und er legte sich auf seine königliche Schlafmatte nieder und wartete auf den Tod. Als jedoch die Prinzessin seine Worte vernommen hatte, eilte sie so schnell sie ihre Füße tragen konnten in den Dschungel, dort wo er am tiefsten war. Hier suchte sie nach dem Prinzen Schmutzfink.

„Prinz Schmutzfink", rief sie, „hallo, lieber Prinz Schmutzfink! Ich bin es, die Prinzessin. Ich will nicht, daß Vater und Mutter vor Kummer und Unglück sterben, lieber nehme ich dich zu meinem Gemahl!"

Da trat Schmutzfink aus dem Dschungel heraus. Er strich ihr über das Haar, dankte für ihre freundlichen Worte und lobte ihr gutes Herz. Dann gingen sie beide Hand in Hand ins Schloß zurück. Als sie durch das Palasttor eintraten, wurden der König und die Königin augenblicklich gesund. Auf den Weiden wurden wieder Büffelkälber geboren. Die Tiger hörten auf, in den Hühnerställen zu hausen, und das Näschen der Prinzessin blutete auch nicht mehr. Der König war aber trotzdem sehr unglücklich, daß seine einzige Tochter einen solchen Gemahl erhalten sollte.

„Betrübe dich nicht, erhabener König", tröstete ihn der Prinz. „Alles wird gut werden."

Bald nach der Hochzeit bat er seine Frau, mit ihm ans Ufer des Meeres zu gehen.

„Ich werde sieben Tage im salzigen Meer untertauchen", sprach er zu ihr. „Bereite inzwischen einen großen Holzstoß vor und unterhalte ein tüchtiges Feuer, damit ich mich hinterher ordentlich daran trocknen kann."

Dann sprang er ins Wasser. Die Prinzessin gehorchte seinen Worten und wartete, bis der Prinz wieder auftauchte. Nach sieben Tagen stieg der Prinz aus dem Wasser und setzte sich mitten in die Flammen.

„Lege nur tüchtig Holz zu, Prinzessin", bat er sie, „und lasse das Feuer keinen Augenblick ausgehen."

Die Prinzessin trug sieben Tage und sieben Nächte lang Holzscheite zum Feuer und warf sie in die Flammen. Als die siebente Nacht verstrichen war, stieg ein wunderschöner Jüngling aus der Asche hervor und sprach:

„Ich bin dein Prinz Schmutzfink, meine liebliche Gemahlin! Jetzt gefalle ich dir sicher besser."

Die Prinzessin freute sich sehr und führte den blitzsauberen Prinzen zu ihren Eltern. Diese baten den Prinzen sogleich, den Thron zu besteigen. Der König sprach:

„Es ist Zeit, daß du die Herrschaft übernimmst. Ich bin alt und will mich ausruhen. Und du, den wir als einen Schmutzfinken angesehen hatten, du wirst sicher ein besserer König werden als ich."

Endlich kam Nani dazu, dem alten Weisen vom Besuch des Geisterbeschwörers vom Westufer der Insel zu erzählen. Dieser war ebenfalls ein sehr alter Mann, und er trug ein Gewand aus geklopften Bastfasern. Als Gürtel diente ihm eine Schlangenhaut. So sah er beinahe wie ein alter, mit Lianen und Flechten bewachsener und ganz vermoderter Baumstumpf aus. In seinen zerzausten Haaren blühte betäubend duftendes Basilienkraut, und um seinen Kopf schwirrten große, gelbbraune Honigbienen. Nani behauptete, der Geisterbeschwörer hätte sich auf dem Weg zu ihrem Haus mit diesen Insekten unterhalten. Er erreichte die Hütte der Kinder bei Sonnenuntergang und streifte Maman lediglich mit einem kurzen Blick. Essen und Trinken lehnte er ab. Doch er gebot den Frauen, in alle Ecken der Hütte Reiskuchen zu stellen und Palmwein zu vergießen. Dann verschwand er wieder genau so leise wie er gekommen war. In der Einsamkeit des Dschungels sammelte er seine Zauberkräfte. Es war schon beinahe Mitternacht, als er einem Schatten gleich wieder in der Hütte erschien. Niemand hatte gesehen, wie er hineingekommen war. Er setzte sich hochaufgerichtet neben Mamans Lager und begann eintönige Zauberformeln zu murmeln. Aus einer Schale mit glühender Holzkohle stieg dichter Rauch empor und umhüllte die Gestalt des Greises. Über Mamans Körper leuchtete ein fahles Licht. Ganz allmählich verstummte sein Wehklagen. Er öffnete seine Augen weit und sagte etwas in einer Sprache, die niemand verstand. Dann war nur noch die ruhige Stimme des Geisterbeschwörers zu hören. Der Greis wandte sich ehrerbietig an den bösen Geist, der von Mamans Körper Besitz ergriffen hatte.

„Wie heißt du, erhabener Prinz aus dem Geisterreich? Wo ist deine Heimat?"

Mamans Lippen bebten plötzlich sehr stark. Der Geist antwortete aus seinem Munde:

„Ich heiße Raden Arok. Ich wohne im Heiligtum der Toten unter den Luftwurzeln des heiligen Waringin-Baumes. Wer bist du, der sich nicht fürchtet, mit den Geistern zu reden?"

„Mein Name ist für die Ohren der Geister tabu, o Unsichtbarer! Ich komme von dem Ufer der Insel, an welchem die Sonne untergeht, um dich zu fragen, was du im Körper dieses unschuldigen Kindes zu suchen hast."

„Ich leide Hunger und Durst", erwiderte der Geist mit Mamans Mund. „Der göttliche Sang Kala versprach mir als Gegengabe für den Körper des Kindes Reis und Wein."

„Ich selber reiche dir Speise und Trank, erhabener Raden Arok", sprach der Greis. „Doch wenn du gegessen und getrunken hast, mußt du heimkehren in dein Reich. Sang Kala ist es längst überdrüssig, noch länger zu warten. Er hat diese Hütte bereits verlassen."

„Gut, ich werde heimkehren", versprach der Geist nach einigem Zögern.

Der Greis erhob sich. Er schüttete etwas Reismehl aus einem Bananenblatt auf Mamans Mund und besprengte es mit ein paar Tropfen Palmwein. Dann legte er seine knochige Hand auf Mamans Lippen. Ein Weilchen geschah überhaupt nichts. Dann öffnete

Maman den Mund, leckte mit der Zungenspitze das Reismehl von seinen Lippen und schluckte schwer.

„Ich danke dir, weiser Alter", sprach der Geist mit Mamans Mund nach langem Schweigen. „Jetzt bin ich satt und kehre heim."

Nani erzählte weiter, daß Maman im gleichen Augenblick die Augen wieder schloß und in einen tiefen Schlaf fiel. Als er daraus erwachte, fühlte er sich viel besser. Doch er konnte sich an nichts mehr erinnern. Maman nickte eifrig mit dem Kopf, um zu bestätigen, daß es wirklich so gewesen war.

„Mächtig ist der Geisterbeschwörer vom Westufer der Insel", sprach der Greis und brachte den Göttern ein Dankopfer für Mamans Errettung. „Wenn ihr wollt, erzähle ich euch heute noch ein Märchen", sagte der Alte, als er seine heiligen Gebete beendet hatte.

„Bitte, eine lustige Geschichte, ein Märchen von Tieren", bettelte Maman. Und dann waren die Kinder wieder mäuschenstill und hörten dem alten Erzähler zu.

Das Krokodil und der Affe

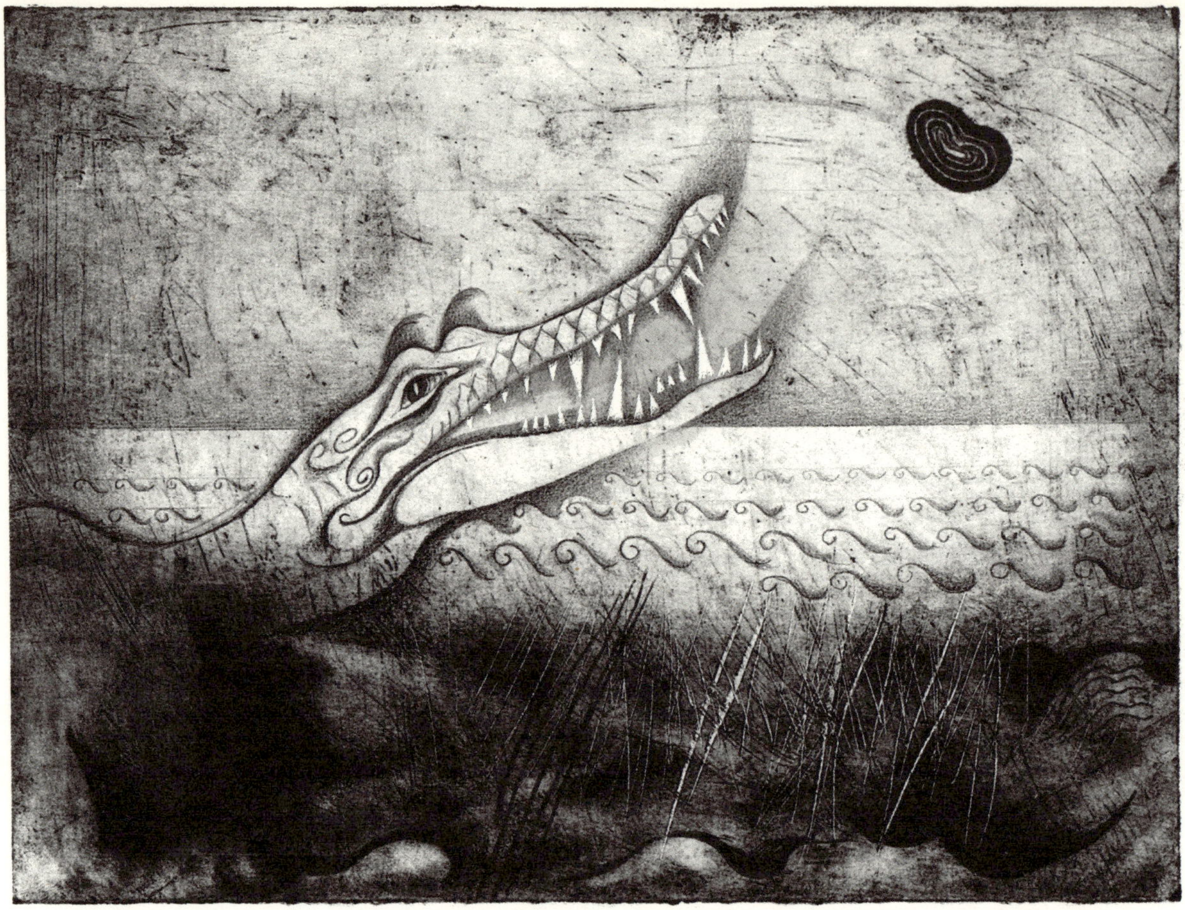

Ein junger Affe konnte sich einst in der Krone eines Baumes nicht mit den anderen jungen Affen vertragen. Er stritt sich mit ihnen um die roten Früchte, die dieser Baum trug. Zum Schluß zeigte er den anderen seinen nackten Hintern und meinte, er wolle sich seinen eigenen Baum suchen. Auf diesen Baum würde er keinen anderen Affen hinauflassen!

Solch ein Baum wuchs am Ufer eines großen Sees. In dem See wohnte ein riesiges Krokodil, und dem ging es dort sehr gut. Das süße Obst fiel ihm vom Baum herab geradenwegs ins Maul. Diesen Baum also suchte sich der kleine Affe als neuen Wohnsitz aus. Und als er sich dort oben häuslich einrichtete, nahm er auch ein paar Steine mit hinauf, um die anderen Affen davonjagen zu können.

Das Krokodil hielt gerade seinen Mittagsschlaf. Als es aus seinem Schlummer erwachte, gähnte es herzhaft, öffnete seine kleinen Augen, schrubbte sich den Rücken an einer alten Wurzel, und schon schwamm es ans Ufer, um sein Mittagessen in Empfang zu nehmen. Unter dem Baum klappte es sein Maul sperrangelweit auf und wartete, daß ihm ein süßer Leckerbissen hineinfallen werde. Bums! Da fiel auch schon etwas herab. Das Krokodil biß mit Appetit hinein. Aber, o weh! Beinahe hätte es sich alle Zähne auf einmal ausgebissen. „Nun schlägt's dreizehn", brummte es beleidigt. „Seit wann wachsen denn auf diesem süßen Früchtebaum so harte Steine?" Es spie den Kiesel aus und klappte sein Maul von neuem weit auf. Der kleine Affe lugte zwischen den Blättern hervor, und bums! Wieder warf er einen Kieselstein hinunter.

„Nun schau mal an", wunderte sich das Krokodil, „dieser Baum scheint verhext zu sein. Vielleicht ist er auf einmal ganz und gar versteinert? Was soll ich armes Tier jetzt nur fressen? Soll ich etwa auf meine alten Tage nur noch von Kieselsteinen satt werden? Bei allen guten Krokodilsgeistern, dieses Schicksal habe ich wirklich nicht verdient!"

Als es noch so vor sich hinwetterte, hörte es über sich ein Gelächter.

„Ist dort jemand?" rief es, „oder lacht mich der verhexte Baum auch noch aus?"

Aus dem Gezweig schaute der Affe hervor und traf das Krokodil mit einem spitzen Stein gerade auf die Nase. So hart, daß es dem Krokodil vor den Augen flimmerte.

„Verzeih, vornehmes Krokodil, daß ich dich nicht mehr weiter bewerfe! Die Steine sind mir inzwischen ausgegangen", rief der Affe spottend hinunter.

„Kommst du wohl herunter, du unhöfliches Geschöpf!" schimpfte das Krokodil wütend hinauf. „Dieser Baum gehört mir allein!"

„Wenn er dir allein gehört, so will ich ihn dir nicht stehlen", spottete der Affe. „Steig nur schön Ast für Ast zu mir hinauf und verjage mich, falls du dich nicht fürchten solltest!"

„Solch ein Gespenst wie dich werde ich gerade fürchten! Weißt du was? Steige du zu mir ins Wasser hinab, und ich wasche dir deinen Pelz, daß dich kein einziger Floh mehr beißen wird!"

„Mein Ungeziefer stört mich nicht", antwortete kurz angebunden der Affe. „Komm du lieber zu mir herauf. Ich will dir die Haut gerben, daß dir alles Kratzen im Kreuz vergeht." So verspottete er das Krokodil und biß mit solchem Appetit in die süßen Früchte, daß dem Krokodil der Speichel im Maul zusammenlief, es tobte und wetterte noch eine Weile, doch dann entschloß es sich, lieber demütig zu bitten.

„Hör einmal, Kamerad! He, du dort oben! Wirf mir auch etwas Gutes herunter! Ich hab es wirklich nicht böse gemeint. Nicht einmal im Traum könnte es mir einfallen, dich zu beleidigen. Wenn du willst, erlaube ich dir auch, das Wasser hier aus dem See zu trinken."

Doch der Affe war nicht so töricht, auf die schmeichlerischen Worte des Krokodils hereinzufallen.

„Ich brauche das Wasser nicht. Ich habe jetzt gerade gar keinen Durst,

Freund Krokodil. Aber wenn du Hunger hast, so fülle dir den Wanst nur mit schönen harten Steinen.“ Und bums! warf er dem Krokodil seinen allerletzten Kieselstein ins geöffnete Maul.

„Warte nur, auch an dich kommt noch einmal die Reihe, du geiziger Nimmersatt“, schrie das Krokodil wütend und streckte sich im seichten Wasser aus, um das schreckliche Knurren in seinem Bauch zu verschlafen. Aber es konnte nicht wieder einschlafen und hätte sich vor Appetit beinahe in den eigenen Schwanz gebissen.

„Du, hör mal, Affe, komm, wir wollen uns vertragen!“ rief es von neuem hinauf. „Du gibst mir ein paar Früchte ab, und ich besorge dir am anderen Ufer des Sees viele süße Nüsse. Auf dem Nußbaum meiner Mutter wachsen so viele, daß sie sie an alle Affen ringsum kostenlos verteilt.“

Die süßen Nüsse lockten den Affen sehr. Außerdem bekam er nach seiner reichhaltigen Mahlzeit auch Durst. Gern hätte er darum vom Seewasser getrunken. Deshalb sagte er scheinbar versöhnlich:

„Nun gut, vertragen wir uns!“ Dabei warf er dem Krokodil eine saftige Frucht in den geöffneten Rachen. „Aber nun schwimme ein ordentliches Stück vom Ufer weg, damit dich mein wohlgenährtes Bäuchlein nicht in Versuchung führt. Und vergiß nicht, mir die süßen Nüsse vom anderen Ufer zu holen!“

Am nächsten Morgen kam das Krokodil zum Baum geschwommen und sagte:

„Das war ein harter Schlag für mich, Freund Affe! Meine arme Mutter ist gerade gestern sehr krank geworden. Nicht einmal reden wollte sie mit mir. Sie ist schrecklich heiser, hustet wie ein kranker Raucher, und das Fieber schüttelt sie so sehr, daß ihr alle Knochen im Leib klappern. Du bist so weise, lieber Affe, wer könnte sich wohl mit dir zu messen wagen? Erweise mir einen kleinen Dienst: komm mit mir und schaue dir meine kranke Mutter nur einmal an. Vielleicht kannst du ihr eine wirksame Medizin verschreiben? Du bekommst auch alle Nüsse, die auf ihrem Nußbaum wachsen.“

Dem Affen schmeichelte es sehr, daß das Krokodil ihn für so weise hielt. Er stimmte bereitwillig zu, setzte sich auf den Rücken des Krokodils, und beide machten sich auf die Reise. Doch mitten im See sprach das Krokodil plötzlich:

„Weißt du was, Affe? Die ältesten Krokodile erzählen, daß die beste Medizin für jede Krokodilskrankheit das Herz eines jungen Affen ist. Deshalb habe ich dich auch noch nicht aufgefressen. Ich bringe dich zu meiner Mutter, damit sie durch dein frisches Herz wieder gesund und munter wird.“

Der Affe erschrak sehr, doch dann kam ihm ein rettender Gedanke.

„Warum hast du das nicht gleich gesagt?“ fragte er. „Mein lieber Freund, sehr gern würde ich deiner lieben Mutter ihre Gesundheit wiederschenken.

Aber ich habe mein Herz gar nicht bei mir. Ich nehme mein Herz nie mit auf Reisen, das tut doch kein Affe. Wußtest du das denn nicht?"

„Auf Ehre und Gewissen, das wußte ich nicht", wunderte sich das Krokodil. „Warum nehmt ihr verfluchten Affen denn euer Herz nicht mit auf Reisen?"

„Na, doch deshalb, damit es uns nicht zum Hals hinaushüpft, wenn wir von Baum zu Baum springen. Ich habe gar nicht überlegt, daß ich diesmal auf deinem Rücken reise. Aus reiner Gewohnheit habe ich mein Herz oben im Baum in ein Blatt gewickelt. Wenn du willst, kehren wir wieder um, ich klettere hinauf auf den Baum und hole es!"

Das Krokodil war so schrecklich töricht wie alle Krokodile. Es glaubte dem Affen dieses Märchen und schwamm mit ihm ans Ufer zurück.

„Halte dich nur nicht zu lange dort oben auf; meine Mutter würde mich schlagen, wenn ich nicht bald zurückkäme", mahnte es den schlauen Affen.

„Was fällt dir ein, Bruder!" beruhigte es der Affe. „Öffne nur schön dein Maul. Ich will dir mein Herz hineinwerfen, damit es keinen Schaden nimmt."

Und als das Krokodil sein Maul aufklappte, bums! warf ihm der Affe wieder einen Stein hinein, den er zuvor am Ufer aufgehoben hatte, und dieser Stein war so groß wie ein ausgewachsener Affenkopf.

„Schreib es dir hinter die Ohren, du Betrüger! Wer anderen eine Grube gräbt, fällt selbst hinein! Das weiß auch der dümmste Affe."

Das Krokodil wurde so wütend, daß ihm der Stein im Rachen steckenblieb. Es mußte anständig würgen, um nicht auch noch zu ersticken. So endete die Geschichte von dem törichten Krokodil, dem so böse und listenreich mitgespielt wurde.

Der Greis war gerade in seine geheimnisvollen Lontar-Schriften vertieft, uralte, auf Palmblättern geritzte und geschwärzte Zeichen, als die Kinder atemlos in seine Hütte stürmten.

„Maman hat den herumgeisternden Knochenmann gesehen!" rief Tuti atemlos.

„Das stimmt nicht, sie hat nicht recht, weiser Vater. Es war der Herr des Waldes, oder etwa nicht?" verwahrte sich Nani gegen die Behauptung ihrer Schwester.

„Er war es nicht, er war es ganz gewiß nicht!" stritt Tuti dagegen.

Der Greis lächelte nur und fragte Maman:

„Schlugen dem Gespenst glühende Funken aus dem Maul?"

Maman nickte eifrig.

„Dann war es sicher Basnapati, der Herr des Waldes", bestätigte der alte Schattentheaterspieler. Die Kinder begannen rasch zu überlegen, wie oft sie schon ein Gespenst gesehen hätten.

„Unseren See umschreitet nachts ein Gespenst in einem weißen Gewand", prahlte Nani.

„Und die vielen ruhelosen Gespenster", meldete sich Tuti zu Wort.

„Und der Gebetsgeist!" „Und der Kobold Gendruwo", versuchte eines das andere zu übertrumpfen.

Der Alte ließ sie ausreden, und dann erzählte er ihnen von einem unglücklichen Mann aus einem nahen Dorf, der dem zerstörerischen Geist Kemonong freiwillig Zutritt zu seinem Körper gewährte. Dadurch gewann er mächtige Zauberkräfte. Er verstand es, Wunden zu heilen, die Geister zu beschwören und auch, anderen Menschen eine böse Krankheit zu senden. Aber der böse Geist, der Kemonong in seinem Körper, wuchs und wuchs. Er wurde stärker und immer stärker, bis er schließlich die Seele seines Wirtes überwand. Darüber verwirrte sich der Verstand des Unglücklichen so sehr, daß er sich selber nicht mehr kannte.

Nani erinnerte sich hier, daß in ihrem Dorf ein reicher Mann lebte, der überhaupt nicht arbeiten mußte. All seinen Reichtum beschafften ihm unsichtbare Geister. Dieses verborgene Gesindel stahl für ihn Lebensmittel in der Nachbarschaft. Die alten Leute sagten, daß er sich mit diesen Geistern in der Fastenzeit durch geheimnisvolle Zaubersprüche verbunden hätte.

„Das ist die reine Wahrheit", bestätigte Tuti ernsthaft. „Neulich hat dieser Mensch vor seiner Hütte ganz seelenruhig eine unserer Hennen gerupft."

„Wo ist mein Reiskuchen geblieben?" rief Nani plötzlich erschrocken. Maman erwiderte kreischend, noch mit vollem Mund kauend:

„Ich war es nicht, ich nicht! Der unsichtbare Geist hat ihn gestohlen!"

„Lüg doch nicht, das warst du!" zürnte Nani, und Maman gab es zu:

„Ich kann aber nichts dafür! Ich habe auch einen unsichtbaren Geist in meinem Körper, der immer nur fressen will!" Die Kinder hätten sich beinahe noch gezankt. Doch der Greis besänftigte sie mit einem neuen Märchen, einem Gespenstermärchen, wie Nani es sich wünschte.

Der König mit dem fremden Kopf

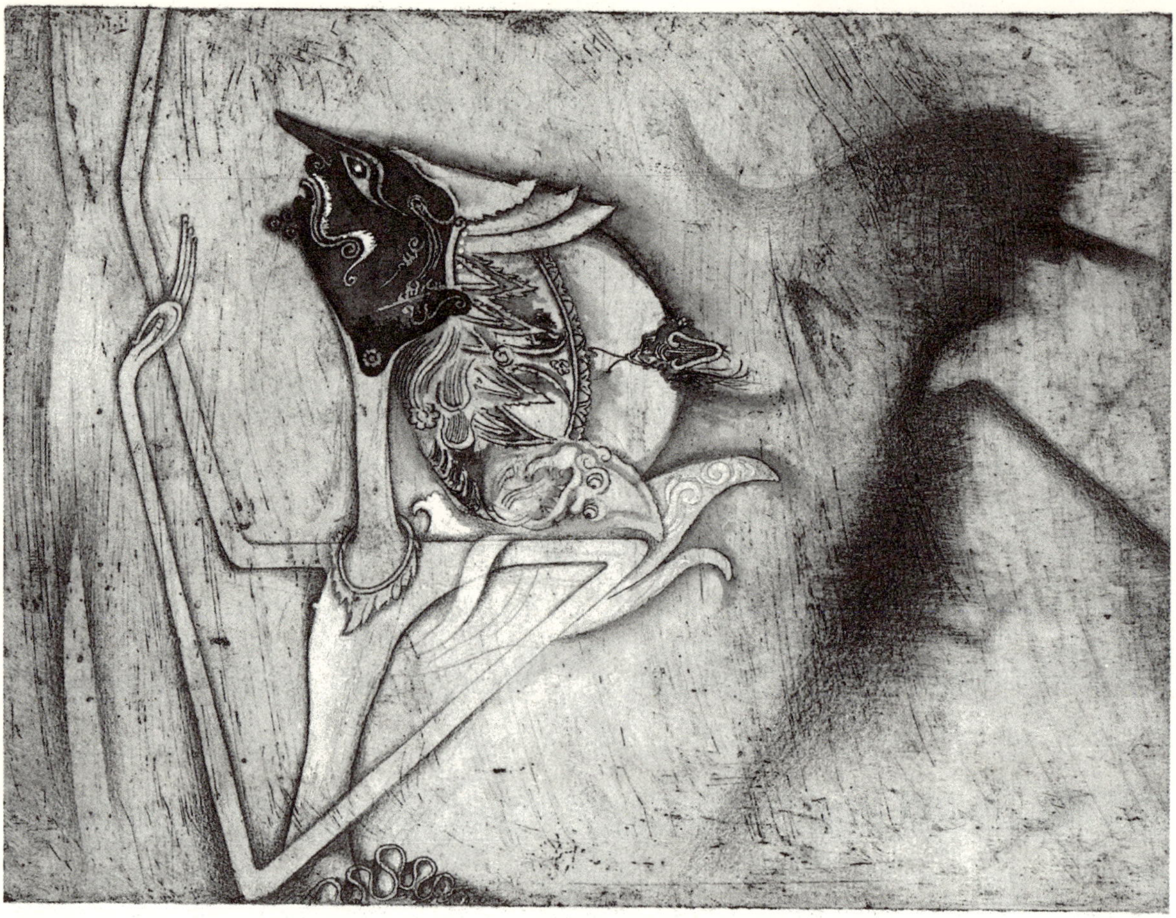

Vor langer, langer Zeit herrschte auf der Insel Bali der König Sri Tapolung, den man König Allwissend nannte. Er kannte viele außergewöhnliche Zaubersprüche, verstand die Geheimnisse des Wassers, der Erde und der Luft, und er vermochte es, sich mit den höchsten Göttern zu unterhalten. Häufig hielt er sich im tiefsten Dschungel auf, um hier im Reich der Stille und Erhabenheit seinen Gedanken nachzuhängen. Aus dem Innern der Erde schöpfte er Zauberkräfte, und er lernte, die Weissagungen aus dem Lauf der Sterne zu begreifen. Man berichtete von ihm, er könne seiner Seele befehlen, den Körper zu verlassen und sich auf die weite Reise ins Reich der Götter zu begeben. In solchen Zeiten schien der Körper des Königs tot zu sein. Er fühlte weder Schmerzen noch Kälte, und in seinen Adern stockte das Blut. Irgend jemand erzählte sogar, er hätte den König hoch oben auf dem Berg Batur ohne Kopf sitzen gesehen. In seinem Hals wäre eine giftige Schlange versteckt gewesen. Sie mußte den Körper des Königs so lange bewachen, bis sein Kopf wieder auf die Erde zurückgekehrt war.

Sri Tapolung, der König Allwissend, hatte an seinem Hof einen weisen Ratgeber, das war der Hüter des Tempelgeheimnisses. Auch dieser war ein

mächtiger Zauberer, doch mit den Zauberkräften seines Königs und Lehrers konnte er sich nicht messen. Als sie sich einmal gemeinsam auf den Berg Batur begaben, erinnerte sich der Hüter des Tempelgeheimnisses an die Geschichten, die man sich vom König und seinen wunderbaren Zauberkräften erzählte. Also sprach er zu seinem Herrscher:

„Allwissende Majestät, man erzählt sich große Wunderdinge von Eurem erhabenen Haupt, das angeblich vom Berg Batur aus in den Himmel hinauffliegt, um sich dort mit den Göttern zu unterhalten. Wenn das wahr ist, daß Ihr den Kopf vom sterblichen Leib zu trennen vermögt, so führt mir dieses Wunder einmal vor. Ich möchte gern vor dem Volk dieser Insel die Kraft Eurer Gedanken bezeugen."

Der Herrscher wollte die höfliche Bitte seines besten Ratgebers sogleich erfüllen. Deshalb setzte er sich in den Schatten und versenkte sich in sein Inneres. Der Hüter des Tempelgeheimnisses wartete geduldig in einiger Entfernung, um die innere Sammlung seines mächtigen Herrschers nicht zu stören. Ganz plötzlich erstrahlten die Augen des Königs in einer blauen Flamme. Wie durch Zauberhand löste sich sein Kopf vom Körper. Er flog höher und höher, bis er sich im Glanz des Sonnenlichts verlor. Gleichzeitig kroch eine giftige Schlange aus dem nahen Gebüsch und schlüpfte in den Hals des kopflosen Körpers.

„Sssst!" zischte die Schlange, und sie sprach:

„Hörst du den einsamen Tod
aus des Königs Körper zischen?
Hüte dich vor des Königs Leib,
sonst wird dich die Todesschlange erwischen!"

Der Hüter des Tempelgeheimnisses erschrak sehr, als er die Drohung der Schlange vernahm. Gern hätte er den Körper des kopflosen Königs in seinen Mantel gehüllt. Doch er wagte nicht, sich den Giftzähnen der furchtbaren Schlange zu nähern. Der todesstarre Leib entsetzte ihn. Deshalb streckte er die Hände zum Himmel empor und beschwor die Götter, das Haupt seines Herrschers zur Erde zurückzusenden. Seine Beschwörungen blieben jedoch ohne Antwort. Da setzte er sich in den Schatten eines Dornbusches und wartete geduldig.

Es vergingen viele Tage und Nächte. Der Kopf des Königs weilte noch immer im Reich der Götter. Der unbewegliche Körper saß leblos auf gekreuzten Beinen da, und aus dem offenen Hals züngelte unaufhörlich die Schlange mit ihrer gespaltenen Zunge. Danach begann die Regenzeit. Der Dschungel erblühte in den sattesten Farben, und eines Tages hörte der Regen wieder auf. Die Zeit verging, doch der Kopf des Königs kehrte nicht zurück. Der Hüter des

Tempelgeheimnisses war verzweifelt. Er fürchtete sich, vor das Volk der Insel
hinzutreten und ihm die traurige Nachricht vom Ausbleiben des Herrschers zu überbringen. Deshalb überlegte er angestrengt, wie er dem Reich seinen Herrscher wohlbehalten und lebendig zurückgeben könnte, bevor es zu Unruhen und Aufständen kommen würde.

Eines Tages verirrte sich ein Wildschwein auf den Berg Batur. Es schnüffelte am unbeweglich dasitzenden König herum und wühlte sogar dicht neben seinen Füßen nach eßbaren Wurzeln. Der Hüter des Tempelgeheimnisses bekam Angst, daß das hungrige Tier den todesstarren Körper des Herrschers anfallen könnte. Deshalb säumte er nicht lange, sondern schlug dem Tier mit einem einzigen Säbelhieb den Kopf ab. Danach befiel ihn in seiner Verzweiflung ein sonderbarer Gedanke. Was würde geschehen, wenn er dem bewegungslosen Leib des Königs den abgeschlagenen Schweinskopf aufsetzen würde? Wenn die hohen Götter den Kopf des Königs für ewige Zeiten in ihrem Reich behalten wollten, würde sich die mächtige Seele des Königs wenigstens in diesem Schweineschädel verkörpern. Und schon vereinigte der Hüter des Tempelgeheimnisses alle seine Wunderkräfte und besprach das tote Schwein mit heiligen Zauberformeln. Danach setzte er den Kopf des toten Tieres vorsichtig auf den Leib seines Herrschers. Dabei vergaß er allerdings völlig die Warnung der Giftschlange. Im selben Augenblick, als er sich dem erstarrten Körper näherte, schoß die Schlange böse zischend aus dem Hals des Königs hervor und schlug ihre Giftzähne in die Hand des hochgeborenen Ratgebers. So starb der Freund des erhabenen Fürsten, der Hüter des Tempelgeheimnisses, auf dem Berg Batur. Als Folge seiner Zauberbeschwörungen jedoch verband sich der abgeschlagene Kopf des Wildschweins mit dem Körper des Königs. Der starre Leib belebte sich wieder. Der wunderliche Radscha ließ sich sogleich auf alle Viere nieder und begann, alle möglichen Pflanzenwurzeln aus der steinigen Erde zu wühlen.

Gar nicht lange danach kehrte das Haupt des Königs mit seiner erhabenen Seele doch noch aus dem Götterhimmel zurück, um sich wieder mit seinem ursprünglichen Körper zu vereinigen. Aber er suchte vergebens nach seinem erstarrten Leib, bis er plötzlich im Gebüsch ein lautes Grunzen vernahm.

„Was ist das für ein eigenartiges Geschöpf?“ wunderte er sich. „Wer hat so etwas je gesehen, einen Schweinskopf auf einem menschlichen Körper?“

Das häßliche Tier grunzte, und der Kopf des Königs rief laut:

„He, unbekannter Bruder! Sahst du hier in der Gegend nicht irgendwo einen kopflosen König sitzen?“

Da antwortete das Schwein:

„Bruder, vernimm die traurige Kunde,
der Königsleib trägt einen Schweinekopf.
Willst du König sein zu dieser Stunde,
vertreibe die Tierseele aus dem Kopf!“

Als das Königshaupt diesen Vers vernahm, geriet es in große Wut. Der leiblose König wurde so jähzornig, daß er ohne zu überlegen die ganze Insel mit einem gräßlichen Fluch verwünschte.

„Oh, du undankbares Land,
du konntest den Körper
deines Königs nicht bewahren:
möge auch dein Volk, Bali-Aga,
ein fremdes Haupt erhalten
in zukünftigen Jahren!“

Kaum hatte er diese Worte fluchend ausgestoßen, verschwand er, und die ruhelose Seele des Königs verkörperte sich in dem Schweineschädel. Sofort gab der König hoch oben auf dem Berg Batur ein neues Gesetz heraus:

„Wer auch immer vor seinen König tritt, muß sich so weit zur Erde hin verneigen, daß sein Blick nicht höher als bis zum Gürtel des Herrschers gelangt. Derjenige, der seinem König ins Antlitz zu blicken wagt, bezahlt dies mit seinem Leben.“ So lautete das Gesetz.

Sein ganzes Leben lang saß der König danach auf seinem Thron, und seine Hand umschloß fest einen Bogen mit giftigen Pfeilen. Wer das Gesetz übertrat, mußte auf der Stelle sterben.

Seit jenen fernen Zeiten nannte man die königliche Stadt Batanyar den „Wildschweinkopf“. Auch der übereilte Fluch des wütenden Herrschers sollte sich erfüllen: Die Insel Bali wurde in späteren Jahren von dem mächtigen König der Insel Java bezwungen. Dadurch erhielt das Volk von Bali für lange Zeit ein fremdes Herrscherhaupt.

Nur Nani allein hatte schon einmal das heilige Schattentheater miterlebt. Sie erinnerte sich dunkel daran, daß es kurz vor der Geburt des kleinen Maman gewesen sein mußte. Der Vater hatte damals ein großes Festmahl ausgerüstet und den Schattentheaterspieler von der Krokodilsbucht gebeten, zu Ehren der Mutter und zur Versöhnung der guten und bösen Geister die Schatten aus ihrem Schlaf zu erwecken. Heute kam Nani das alles nur noch wie ein unwirklicher Traum vor. Es war eine sternklare Nacht gewesen, und Nani träumte in den Armen einer Dienerin. Sie erinnerte sich nur noch, wie die bunten Lederpuppen beim gelben Schein der heiligen Öllampe in den Fingern des großen Meisters zu leben begannen und wie die Schatten auf der durchscheinenden Leinwand tanzten. Der Meister des Schattentheaters flüsterte, sang und klagte in allen Tonarten dieser Welt. Dabei klopfte er mit zierlichen hölzernen Hämmerchen auf kleine Metallplättchen, die wie silberne Glöckchen erklangen und an der Seite der lederbeschlagenen Holztruhe des Puppenspielers befestigt waren. Eines dieser Hämmerchen ergriff der Schattentheaterspieler sogar mit den Zehen, das wußte Nani noch ganz genau, denn sie hatte es hinterher selbst probiert, wenn auch ohne rechten Erfolg. In der Hütte duftete Weihrauch, und es erklang die zarte Musik des Gamelans.

Es war schon gegen Morgen. Nani erwachte von der Kühle der Nacht. Der erhabene Meister richtete sich gerade auf und zog den verglimmenden Docht der Öllampe ein Stückchen höher hinauf. Das Licht erglänzte von neuem in seinem flackernden Schein. Da schien es, als befreiten sich die Puppen selbst aus den Fingern des Meisters, um ihr eigenes Leben zu leben. Die Schatten an der Leinwand wirbelten durcheinander, sie zerflossen und flogen wieder aufeinander zu wie Vogelschwärme am klaren Firmament. Das Gamelan dröhnte, es donnerte und sang. Die Menschen hielten mitgerissen den Atem an.

„Das ist alles, woran ich mich noch erinnern kann", bekannte Nani. „Ich weiß nicht einmal mehr, was damals gespielt wurde."

„Wenn sich der Vater vor der Geburt gewünscht hatte, einen stattlichen und starken Knaben zu bekommen, dann wählte er sicher das Spiel ‚Die Geburt des Bima'", meinte lächelnd der weise Greis. „Ihr könnt euch kaum vorstellen, wie wichtig es ist, zu einer bestimmten Festlichkeit das richtige Schattenspiel auszuwählen. Es muß genau zu der Festlichkeit passen. Wehe dem, der etwas Unpassendes wählt! Er trennt sich im Bösen von den Göttern, Geistern und den Zuschauern. Ich will euch das Märchen von einem König erzählen, der sich eine falsche Geschichte aussuchte."

Und der Meister hüllte sich noch enger in seinen schwarzen Mantel…

Der Dämonensohn

In jener Zeit, als auf der Insel Bali der König mit dem Schweinskopf herrschte, lebte auf Java in einer weltvergessenen Hütte ein frommes Ehepaar. Sie waren einige Jahre vorher in den Dschungel gezogen, damit sie durch Entsagungen und das einfache Leben von Einsiedlern bei den Göttern einen kleinen Sohn erbitten konnten. Sie ahnten nicht, daß sie ihre ärmliche Hütte aus Farnblättern auf dem Boden eines bösen Dämons errichtet hatten.

Als die Nacht auf die Erde herabgesunken war, schlich der Dämon um ihre Hütte herum und lauerte. Doch die Frömmigkeit und Demut der beiden Eheleute hinderten ihn an einer bösen Tat.

Eines Tages nahm der Mann von seiner Frau Abschied und begab sich auf eine lange Wanderung bis ans Ufer des Meeres, um ein wenig Kochsalz zu holen. Kaum war er gegangen, nahm der Dämon seine Gestalt an und schlich sich in die Hütte. Die Frau war überrascht, daß ihr Mann zurückkehrte, doch der Dämon beruhigte sie.

„Ich traf im Dschungel die erhabene Schlange der Kreuzwege. Sie warnte mich, heute sei kein günstiger Tag für eine Wanderung ans Meer. Die wachsame Schlange der Zeit lauere auf den Wegen, die der Sonne entgegenführen. Wer auf ihnen entlangzöge, würde ihr unweigerlich zum Opfer fallen. Ich muß jetzt warten, bis die Schlange der Zeit und die Schlange der Kreuzwege einen gemeinsamen Weg haben. Solange sich ihre Wege noch kreuzen, kann ich nicht ans Meer gehen."

Die Frau schenkte seinen Worten Glauben und lebte mit dem Dämon viele Tage und Nächte in der Hütte zusammen. Sie kochte ihm das Essen und schlief mit ihm auf einer Matte. Nach einiger Zeit verkündete der giftige Skorpion dem Dämon, daß der Ehemann vom Meeresufer zurückkehren würde. In diesem Augenblick verwandelte sich der Dämon sofort in eine schwarze Spinne und kroch in eine vertrocknete Baumrinde hinein.

„Ich bringe einen großen Beutel mit Salz und eine Schale mit gekochtem Reis von der Küste mit", sagte der Mann zufrieden, als er die Hütte betreten hatte. Die Frau war starr vor Überraschung.

„Aber du bist doch gar nicht fortgegangen", widersprach sie ihm. „Wir haben doch die ganze Zeit über gemeinsam unser Mahl aus Bananenblättern gegessen und unser Lager geteilt."

Als der Mann dies vernahm, erschrak er und wurde sehr traurig.

„Ach, gute Frau", klagte er, „du hast unbewußt eine schwere Sünde begangen. Jener, der mit dir in unserer Hütte lebte, war sicher ein böser Dämon. Er nahm meine Gestalt an, um dich zu täuschen und unser gemeinsames Glück zu vernichten." Wie zur Bestätigung seiner Worte ertönte in diesem Augenblick aus dem tiefen Dschungel ein teuflisches Gelächter.

„Deine Frau ist befleckt, der giftige Atem des Dämons hat sie berauscht gemacht. Sie gehört jetzt den unlauteren Mächten des Dschungels."

Um die Hütte herum begannen in diesem Augenblick feurige Luftgeister auf und nieder zu hüpfen, und im Gebüsch brüllte ein blutdürstiger Tiger. Das war der Dämon selber, der Tigergestalt angenommen hatte. Mann und Frau fielen mit dem Antlitz zur Erde nieder und flehten den Himmel an, ihnen eine Erleuchtung zu senden und sie von der Anwesenheit der Dämonen zu befreien. Ihr Klagen erhörte der Gott Batara Guru. Er ließ im alten Tempel ein steinernes Standbild lebendig werden und schickte es mit einer Botschaft zu den Eheleuten.

„Ihr sollt halbnackt und barfuß durch den dornigen Dschungel irren, bis die Frau ein Kind gebiert. Dieses Kind legt ihr unter den heiligen Waringin-Baum, denn es gehört den Dämonen. Danach erst dürft ihr wieder zu den Menschen zurückkehren. Euer Leiden wird euch von eurer Sünde reinigen." So sprach das steinerne Götterbild und blies mit seinem Atem die Geister aus der Nähe der Hütte fort.

Das Paar gehorchte. Lange Zeit irrten Mann und Frau durch das stechende Gebüsch der Dornsträucher und Lianen. Ihre Haut war zerrissen wie ein alter Sarong, und ihre wunden Füße brannten wie Feuer. Sie sahen selber fast wie Gespenster oder Dämonen aus und ähnelten kaum noch einem menschlichen Wesen. Nach einiger Zeit gebar die Frau einen Jungen. Er war häßlich wie ein junges Krokodil und borstig wie ein Wildschwein. Die Mutter wickelte das Kleine sorgfältig in große Farnblätter ein und legte es dann in den Schatten des heiligen Waringin-Baumes. Dann weinte sie leise vor sich hin:

„Ich wünsche, du armes Dämonenkind,
daß die Erde dir weich erscheint,
giftig sind oft die süßesten Früchte,
und deine Mutter bitter weint."

„Hör auf den Willen der Götter", sagte der Mann und führte seine Frau aus dem Dschungel heraus.

Der Knabe blieb allein zurück. Die mitleidigen Götter hatten es aber so eingerichtet, daß sich in jenen Tagen ein Büffel aus dem Dorf Mada im Dschungel verlief. Er blieb vor dem heiligen Waringin-Baum stehen und brüllte. Der Besitzer des Tieres ging der Stimme seines verirrten Büffels nach und fand unter den Zweigen des Waringin-Baumes einen häßlichen kleinen Knaben. Er hatte Mitleid mit dem verlassenen Kind und nahm es mit sich ins Dorf. Dort gab er ihm den Namen Tapa Mada, das heißt ungefähr ‚Scheusal von Mada'. Niemand ahnte natürlich, daß Tapa Mada der Sohn eines Walddämons war. Aber jeder staunte bald über seine Zauberkunststücke. Der Junge verstand es schon frühzeitig, Feuer zu schlucken und tote Vögel wieder zum Leben zu erwecken. Als in der Nachbarschaft einmal ein Kind schwer erkrankte, suchte Tapa Mada im Dschungel ein Wildkraut, das sehr bitter schmeckte. Er legte es dem kranken Kind unter die Zunge, und augenblicklich wurde es wieder gesund und lachte hell und fröhlich. Das ganze Dorf lief zusammen, um Tapa Mada anzustaunen, doch der Bengel löste sich auf einmal in Luft auf wie ein Morgennebel.

„Was sind das für absonderliche Zauberkünste?" fragten die Dorfbewohner einander erstaunt, und sie begannen mancherlei Geheimnisvolles zu raunen und zu flüstern. So erfuhr auch der König Kertarajasa, der Herrscher des Landes Majapahit, von dem Wunderkind. Er wurde neugierig und wollte sich von den Zauberkräften des Knaben selbst überzeugen. Zu jener Zeit gab es im Königreich Majapahit eine verheerende Dürre. Der König hatte die mächtigsten Zauberer des Landes vergebens um Hilfe in der Not gebeten. Der Reis auf den verdorrten Feldern wurde gelb wie verlöschendes Feuer, und die Mäuse vermehrten sich mit unheimlicher Schnelligkeit. König Kertarajasa versprach demjenigen eine große Belohnung, dem es gelingen würde, eine lebensspendende Quelle zu entdecken. Doch keiner der Zauberer und weisen Männer vermochte der Erde einen Tropfen Wasser zu entlocken.

„Vielleicht kann uns der Wunderknabe von dem Unglück befreien", dachte der König. Also machte er sich auf, um mit seinem Gefolge das Dorf Mada zu erreichen und den wundersamen Knaben mit eigenen Augen anzuschauen. Doch auf dem Dorfplatz empfing ihn ein häßlicher Dreckspatz.

„Ich weiß schon, daß du eine lebensspendende Quelle suchst, erhabener König. Doch die Erde gibt kein Wasser her, wenn du nicht eigenhändig die Palmbüschel am Anger hinter dem Dorf ausreißt."

Der König überlegte nicht lange, beherzigte die Worte des Jungen und machte sich an die Arbeit. Bis zur völligen Erschöpfung riß er am Anger die langen, festen Wurzeln aus dem steinharten, ausgedörrten Erdboden. Als sich die Sonne schon im Westen neigte, sprang auf einmal aus der Wurzel des letzten Busches eine mächtige Quelle hervor. „Wer bist du, Knabe mit dem häßlichen Antlitz? Du bist doch nicht von niederer Herkunft; vielleicht bist du ein verbanntes Götterkind?" fragte der König.

„Man nennt mich das Scheusal von Mada", entgegnete der Knabe. „Ich kam aus dem Dschungel, mehr weiß ich nicht."

Der König fand Gefallen an dem häßlichen Jungen. Deshalb entschloß er sich, das Kind noch einmal auf die Probe zu stellen.

„Sage mir, welche Frau ist die allerschönste auf der ganzen Welt?" fragte er den Jungen.

„Diejenige, welche dir in Liebe zugetan ist", erwiderte Tapa Mada ohne Zögern. Der König fand an dieser Antwort Gefallen und nahm den Burschen mit an seinen Hof. Als Tapa Mada herangewachsen war und den Kris handhaben konnte, ernannte ihn der König zu seinem Heerführer. Tapa Mada überwand durch seinen Mut und seine übernatürlichen Kräfte alle Feinde. Bald war er berühmter als der König.

Damals verliebte sich der Radscha Kertarajasa in eine liebliche Prinzessin. Er wollte sie zu seiner Gemahlin machen. Doch der Prinzessin gefiel – so erstaunlich es auch klingen mag – der schmutzige Tapa Mada viel mehr, und beide ließen sich heimlich vermählen.

„Welche Frau ist die allerschönste auf der ganzen Welt?" erinnerte sich der nichtsahnende König an seine schon einmal gestellte Frage, als er eines Tages mit Tapa Mada im königlichen Palastgarten spazierenging.

„Diejenige, welche ich liebe", antworte Tapa Mada.

„Nein, diejenige, welche ich liebe!" wetterte der König.

„Wir haben beide recht, erhabener König Kertarajasa", sagte da Tapa Mada unerschrocken. „Die Frau, die wir beide lieben, ist die allerschönste auf der ganzen Welt. Sie ist inzwischen meine Frau geworden." Und dann vertraute er dem überraschten König sein Geheimnis an. Der König geriet in Wut. In seiner Rachsucht schwor er alle dunklen Mächte auf das Haupt Tapa Madas herab. Aber der Waldgeist, Tapa Madas mächtiger Vater, befahl allen bösen Geistern, sich dem Willen des wütenden Herrschers zu widersetzen.

Da wandte sich Kertarajasa um Hilfe an die Götter. Doch den Gottheiten genügten die Opfergaben nicht, die ihnen der Radscha brachte. Deshalb erhörten sie seine Bitte nicht. Aber sie sandten einen alten und weisen Priester in das Königreich Majapahit, der sollte den Streit zwischen dem Radscha und Tapa Mada schlichten.

Der alte Priester, ein vornehmer Greis in einem schwarzen Zaubermantel, trat vor die beiden Gegner und sprach:

„Die Götter wünschen es nicht, daß im Reich Majapahit ein Krieg entsteht. Euren Streit soll das heilige Schattentheater, das Wayang, entscheiden. Wählt euch dazu zwei Stücke aus, die ein Spiegel eurer Seelen sind."

Der König wählte das Spiel vom vornehmen, doch verweichlichten Helden Lasem. Den Zuschauern, die sich zur Vorstellung eingefunden hatten, gefiel diese Geschichte gar nicht. Tapa Mada hingegen gewann ihre Gunst ebenso wie die Zustimmung der Götter, weil er das Spiel vom schönen, klugen und tapferen Helden erwählt hatte.

„Ihr habt selber entschieden", verkündete der Meister. „Eure Lieblingshelden sind die Schatten eures Inneren. Du, erhabener König, bist nur scheinbar mächtig. Tapa Mada aber besitzt eine großmütige Seele. Deshalb will ich sein Antlitz nach dem Willen der Götter verwandeln, damit es seiner schönen Seele gleicht. Er wird ein mächtiger Edelmann sein und soll deshalb ab heute den vornehmen Namen Großer Elefant Mada tragen. So wollen es die Götter. Du aber, König Kertarajasa, wirst deine Waffen nicht gegen ihn erheben. Befolgst du dieses Gebot nicht, dann trifft dich die Rache der Waldgeister und die Ungunst der Götter." Der Greis hatte gesprochen. Er verwandelte sich in einen blühenden Baum und schwebte so zum Himmel empor.

Wohl oder übel mußte sich der König dem Gericht des Himmels fügen, heimlich jedoch verbarg er die gefleckte Schlange der Rache in seiner Brust. Eines Tages faßte er den Nebenbuhler um die Schulter und sagte:

„Der alte Priester, der Gesandte der Götter, hat aus seinem Schattentheater geschlossen, daß du mutiger bist als ich. Begib dich deshalb mit einer Friedensbotschaft auf die Insel Bali, wo der König mit dem Wildschweinkopf regiert. Blicke ihm ins Antlitz. Kehrst du lebend zurück, will ich mit meinen Lippen deine Stirn berühren und dein Bruder sein!"

Großer Elefant Mada nahm nun von seiner schönen Frau Abschied und stach in See. Als er am Gestade der Insel Bali anlegte, vertrat ihm ein Geist den Weg. „Höre, o Sohn des Walddämons und einer Menschentochter! Dein Vater befahl mir, deine Schritte zu überwachen. Ich gebe dir einen nützlichen Rat. Blicke dem mächtigen Herrscher des Volkes von Bali nicht ins Gesicht. Du würdest deine Kühnheit mit dem Leben bezahlen. Der König hält einen Bogen und vergiftete Pfeile in seiner Hand!"

Doch der Jüngling erwiderte stolz:

„Über alle Dämonen herrschen die Götter. Sie allein will ich um Rat fragen." Und er rief den Mächtigsten aller Mächtigen an, daß er ihm die richtige Entscheidung eingeben möge. Da fiel sogleich ein Regen vom Himmel hernieder, und die Regentropfen flüsterten ihm zu:

„Auf Bali herrscht ein altes Gesetz: Wer auch immer bei einer Mahlzeit ein lebendes Wesen tötet, wird selber das Opfer der Götter. Tritt also ohne Furcht vor den Thron des erhabenen Königs, aber nähere dich mit gesenktem Haupt. Erst wenn dich der Herrscher zum Festmahl eingeladen hat, dann blicke ihm ins Antlitz."

Der Große Elefant Mada dankte den Göttern und verbrannte zu ihren Ehren duftende Räucherstäbchen. Dann betrat er kühn den Palast des Königs Sri Tapolung von Bali. Der Herrscher mit dem Wildschweinkopf empfing ihn mit allen Ehren. Seine Ratgeber umstanden den Thron mit gesenkten Häuptern. Auch der Jüngling erhob seinen Blick nicht. Er sah, daß die Hand des Königs auf der Sehne des Bogens einen giftigen Pfeil bereithielt. Erst als der König befahl, das Gastmahl aufzutragen, richtete sich der junge Mann auf, ergriff einen Tonkrug und tat einen tiefen Zug daraus. Dabei erhob er sein Haupt und blickte dem König in das ungeheuerliche Gesicht.

„Ehre das Gesetz, König!" rief er kühn, „beim Essen und Trinken darfst du mich nicht töten."

Der König entbrannte in großer Wut, doch es blieb ihm nichts übrig als abzuwarten, bis der Große Elefant Mada sein Mahl beendet hatte. Dieser jedoch war auf der Hut. Er bestellte eine Speise nach der anderen und aß so lange, bis der mächtige Herrscher müde wurde und schließlich einschlief. In diesem günstigen Augenblick gelang es dem Jüngling, aus dem Palast zu entkommen. Er kehrte lebend und gesund auf die Insel Java zurück und trat stolz vor seinen Herrscher, dem großen König Kertarajasa, hin.

„Tritt näher, Großer Elefant Mada", sprach der König. „Ich will erfüllen, was ich versprach. Ich will zum Zeichen unserer Freundschaft deine Stirn mit meinen Lippen berühren."

Der Jüngling gehorchte, und in diesem Augenblick schoß aus dem Mund des Königs die giftige Schlange der Rache hervor, um ihn zu beißen. Doch bevor sie noch ihren Giftzahn in seine Stirn schlagen konnte, verbrannte sie der wachsame Jüngling mit den Flammen seiner Zauberaugen. Daraufhin zogen die beiden Streiter ihre Krise hervor und schickten sich an, auf Leben und Tod miteinander zu kämpfen. Da aber trat, von den Göttern gesandt, der erhabene

Schattentheaterspieler in seinem schwarzen Gewand zwischen sie und sprach:

„Ihr widersetzt euch dem Willen der Götter. Wendet eure Krise nicht gegeneinander, sondern richtet sie gegen den König der Insel Bali. Aus Rache dafür, daß der Große Elefant Mada sein Antlitz sehen konnte, erklärte er dem Reich Majapahit den Krieg. Euer Land befindet sich in großer Gefahr."

König Kertarajasa schämte sich seiner Undankbarkeit und versöhnte sich mit dem Großen Elefanten Mada. Dann zogen beide an der Spitze ihrer Heere dem balinesischen König Sri Tapolung mit dem Wildschweinkopf entgegen. In einer grausamen Schlacht wurde sein Heer besiegt. Und so bekam das Volk von Bali ein fremdes Herrscherhaupt.

Maman war eine kleine Plaudertasche. Unaufhörlich plapperte er wie ein unruhiger Papagei und gab nicht einmal beim Essen Ruhe.

„Sprich nicht immer mit vollem Mund", ermahnte ihn der Greis eines Tages, aber er meinte es nicht böse, denn in seinen freundlichen Augen funkelte es verräterisch. „Die Leute könnten dich auslachen und denken, du wärst auf der Insel Nias geboren."

„Ich bin bei meiner Mutter geboren", prustete Maman ärgerlich heraus, den Mund voller Reis.

„Nein, nein!" rief Tuti und tanzte dabei wie eine wilde Hummel um den Jungen herum. „Maman stammt aus Nias, Maman stammt aus Nias!" neckte sie ihn, bis die älteste Schwester, Nani, sie böse anblickte. Es war auch höchste Zeit, denn Maman traten schon Tränen in die Augen.

„Warum verspotten wir eigentlich die Menschen von der Insel Nias, Vater? Ein böses Lachen ist doch schlimmer als ein böses Wort", sagte Nani. Der alte Meister betrachtete sie forschend. Schien es ihm nur so, oder spiegelte sich in den Augen des Mädchens ein großes kindliches Leid wider?

„Deine Worte stünden einem Weiseren besser an, mein Kind. Sage mir, hat dich schon einmal jemand ausgelacht?"

Aber Nani entgegnete nichts und senkte nur verwirrt den Blick. Der Alte strich ihr zart über das Haar und fragte nicht weiter.

„Die Einwohner der Nachbardörfer behaupten, die Bewohner der Insel Nias stammen von den Schweinen ab", erzählte der Schattentheaterspieler. „Ihre Urmutter sei eine Wildsau gewesen. Man sagt, ihre Sprache klinge gerade so, als wenn jemand mit vollem Mund spricht. Deshalb erkennt man die Bewohner der Insel Nias schon beim ersten Wort, das sie aussprechen. Ich will euch ein Märchen davon erzählen."

Die Kinder scharten sich erwartungsvoll um den weisen Meister, und Tuti schürte die glühende Holzkohle in der Schale.

Der Himmelsbräutigam

Vor langer, langer Zeit lebte auf einer grünen Insel im silbernen Meer eine stolze Prinzessin. Wenn sie lachte, schien die Sonne am Himmel. Wenn sie weinte, begann es zu regnen, und wenn sie zornig war, dann donnerte es im Gebirge. Alle hatten die Prinzessin sehr lieb. Sie konnte sogar zaubern. Wenn sie befahl: „Es sei Licht am Tag!“ dann wurde es augenblicklich hell. Und wenn sie gebot: „Bei Nacht sei es dunkel!“ dann wurde es sogleich finster wie im Innern einer Kokosnuß. Zu dieser stolzen Prinzessin kamen unzählige Freier, so viele, daß sich ihr königlicher Vater schließlich wunderte.

„Hab' ich aber eine Tochter, das ist ja kaum zu glauben! Sie hat ja mehr Verehrer, als ein Hund Flöhe hat.“

Und er lachte vergnügt sein königliches Lachen, daß es im ganzen Schloß widerhallte.

Der Prinzessin freilich war keiner der Freier gut genug. Der eine Prinz war ihr zuwider, weil er aus dem Mund roch. Ein anderer gefiel ihr nicht, weil er eine krumme Zehe hatte. Dieser dort sah aus wie ein Affe, meinte sie, ein anderer dagegen hätte Zähne wie ein Krokodil. Kurz und gut, an jedem fand sie einen Fehler. Und wenn sie keinen Fehler fand, dann dachte sie sich einen aus. So stolz, ja eigentlich eingebildet war die Prinzessin. Vor lauter Hochmut glaubte sie, nur ein Götterbräutigam vom Himmel wäre der richtige Gemahl für sie. Die Königin, ihre Mutter, bat sie vergeblich, sich dies aus dem Kopf zu schlagen, doch all die vielen Prinzen wandten vergebens alle Mühen auf, um ihr zu gefallen. So sprach es sich bald im ganzen Land herum, daß die Prinzessin auf einen Bräutigam aus dem Himmel warte.

Auch ein junger Mann von der Insel Nias hörte davon. Eine Muschel hatte es ihm erzählt, welche die Brandung an die Küste von Nias geschleudert hatte. Sie riet ihm, sich ein Gewand aus durchscheinender Seide zu nähen und so geschmückt in die Krone einer Palme zu steigen, die sich direkt über der Quelle wiegte, in der die stolze Prinzessin bei Tagesanbruch zu baden pflegte.

„Aber eines sage ich dir", rauschte die Zaubermuschel. „Laß dir nicht einfallen, vor der Prinzessin auch nur ein einziges Wort zu reden. Sonst erkennt sie sofort an deiner Sprache, daß du ein gewöhnlicher Jüngling von Nias, ein Bewohner der Schweineinsel bist!"

„Keinen Mucks werde ich reden", versprach der junge Mann. Dann bat er seine Mutter, ihm ein Gewand aus allerfeinster Seide zu nähen und einen weißen Turban ums Haupt zu wickeln, damit die stolze Prinzessin nicht gleich an seinen durchstochenen Ohrläppchen – einem alten Brauch der Leute von Nias – erkennen konnte, woher er käme.

Nachdem er so verkleidet war, bestieg er ein schlankes Boot und fuhr damit zur Insel der stolzen Prinzessin.

Eines Morgens ging die Prinzessin wieder bei Sonnenaufgang zu ihrer Quelle. Was aber erblickte sie! Im Wasser flimmerte das Bild eines wunderschönen Jünglings, der so vornehm aussah, daß ihr vor Bewunderung fast das Herz stehenblieb. Sie blickte nach oben und sah einen edlen Prinzen in einem Gewand, das wie der Schaum des Meeres schillerte, so daß ihr beinahe die Augen übergingen.

„Woher kommst du, erhabener Prinz?" wagte sie endlich zu fragen. Doch der Jüngling von Nias dachte wohl daran, daß er nicht antworten durfte. So wies er nur schweigend mit der Hand zum Firmament empor.

„Aus dem Himmel?" freute sich die Prinzessin. „Wirklich aus dem Himmel? Aber wie gelangtest du in die Krone unserer höchsten Palme?" forschte sie weiter.

Der angebliche Himmelsprinz wies auf die bleiche Mondsichel am Morgenhimmel. Der Prinzessin wurde vor Glück beinahe schwindlig.

„Ich verstehe dich, edler Herr! Du kamst mit dem Mondschiff auf dem Wolkenmeer zur Kokospalmeninsel gefahren. Sage mir nur, erhabener Prinz, zu wem dich der himmlische Wind sandte?"

Der Jüngling blickte ihr verliebt in die Augen und verneigte sich tief. Dabei wäre er fast aus der Baumkrone gestürzt. Die Prinzessin freilich merkte nichts von dem Schwindel. Sie lief eilig zurück zum Palast und erzählte unterwegs jedermann, daß aus weiter Ferne der wunderbarste Himmelsbräutigam zu ihr gekommen wäre.

„Woher nur kam der edle Jüngling?“ wunderten sich die Leute, und die Prinzessin trompetete stolz:

„Vom Thron der Götter kam er her, mit dem Mondschiff auf dem Wolkenmeer, und nun macht er mir den Hof.“

Als das der König vernahm, ließ er sogleich die große Festtrommel schlagen, damit das ganze Volk die freudige Nachricht erfahre.

„Bumm, bumm, bumm!“ dröhnte die Trommel. „Unsere Prinzessin wird heiraten. Aus weiter Ferne kam ein Freier. Woher er kam, darf ich nicht trommeln. Bumm, bumm, bumm!“

Die Prinzessin befahl ihren Untertanen, schnell eine riesengroße Leiter zu bauen und ihrem Auserwählten damit von der Palme zu helfen. Und dann gab es eine Hochzeit, von der die Inselbewohner noch lange sprechen sollten. Alle fragten den Götterbräutigam neugierig, wie es denn im hohen Himmel aussähe. Doch der Jüngling gab keinen Laut von sich. Er nickte nur freundlich lächelnd nach allen Seiten und sprach reichlich dem guten Palmwein zu.

„Na, ich werde dir das Sprechen schon noch beibringen“, dachte sich die Prinzessin, und laut erklärte sie allen Gästen, die Götter im Himmel wären schon immer so schweigsam gewesen, daran müsse man sich eben gewöhnen.

Es vergingen mehrere Tage in Saus und Braus. Doch der junge Gemahl hatte noch immer kein Wort gesprochen, sondern nur jeden Morgen früh im Dunkeln sein Jagdgerät ergriffen und sich ohne Abschied auf die Jagd begeben. Das verdroß die Prinzessin allmählich, und die Neugier ließ sie kaum noch schlafen. Sie wollte doch so furchtbar gern erfahren, was es im hohen Himmel wohl Neues gäbe. Doch ihr Gemahl grinste nur und nickte auf alle ihre Fragen brav wie ein kleiner Schuljunge.

„Warte nur, ich werde schon noch irgendein Wort aus dir herauslocken“, ärgerte sich die Prinzessin. Und als der Jüngling fest schlief, versteckte sie seinen Dolch. Vor dem Morgengrauen erwachte ihr Gemahl und griff nach seinem Kris. Doch wo nichts ist, hat der Kaiser sein Recht verloren.

„He, du! Prinzessin, wo ist mein Messer, mein Messer mit'm Horngriff inner Scheide?“ begann er näselnd zu schimpfen.

Das war eine schöne Überraschung! Die Prinzessin wollte ihren eigenen Ohren nicht trauen: an seiner Sprache erkannte sie gleich, was die Stunde geschlagen hatte.

„Du bist einer aus Nias, du Schweinehund! Du kommst von der Schweineinsel!“ kreischte sie, stürzte sich auf den armen Jüngling und kratzte und schlug ihn so erbost, daß er Hals über Kopf fliehen mußte und nie mehr zu seiner königlichen Braut zurückkehrte.

Nun lachte das ganze Volk die hochmütige Prinzessin aus, kein prinzlicher Freier interessierte sich mehr für sie, und niemand wollte sie jetzt noch haben, wirklich keiner!

„Wer lange wählt, greift oft daneben", sagte die Königinmutter sehr ernst, und die hatte recht.

Seit jener Zeit sagt man auch: Wer auf dem Feld das süßeste Zuckerrohr sucht, muß oft mit bitterem Unkraut vorliebnehmen!

Und mit diesem gescheiten Sprichwort beendete der Greis sein Märchen.

In der Gegend verbreitete sich ein Gerücht, daß das Schiff des Kapitäns Bincik am Gestade der Insel Sumatra gestrandet sei. Als Nani es dem Greis erzählte, konnte sie vor Mitleid kaum sprechen. Auf dem Schiff fuhr auch der Vater des kleinen Didi, den Nani von allen Jungen des Dorfes am liebsten mochte. Niemals hatte er sie geneckt oder beleidigt, und wenn das Reisfeld gepflügt wurde, erlaubte er ihr manchmal, hinter ihm auf dem breiten Rücken seines gutmütigen Wasserbüffels zu sitzen.

Alles war so unsagbar traurig: Didi und seine Mutter sollten an den Strand gegangen sein, erzählte man sich im Dorf. Über dem Hafen sollten sie bewegungslos auf einer Klippe sitzen und wie zwei verlassene Vögel einsam aufs Meer hinausstarren. Dann kehrten sie heim. Niemand wagte es, mit ihnen zu reden. Die Leute gingen ihnen scheu aus dem Weg. Nur einmal hatte Nani es gewagt, Didi in die traurigen Augen zu blicken. Doch sie wollte es nie wieder tun. Sein Blick war so tieftraurig gewesen, so schrecklich verlassen wie das windstille Meer.

Doch eines Tages eilte Nani über Stock und Stein fröhlich zur Hütte des Alten und rief schon von weitem ganz außer Atem:

„Didis Vater ist zurückgekehrt, Didis Vater ist wieder daheim!“

Und die guten Geister des Dschungels wiederholten wie ein Echo:

„Didis Vater ist wieder daheim!“

Der Greis war genau so froh wie die Kinder, alles war noch einmal wieder gut geworden! Er richtete ein festliches Mahl aus den Früchten des Regenwaldes für sie her, und dann erzählte er ihnen ein neues Märchen. Es war die Erzählung von der Entstehung der Korallenriffe vor der Insel Pagai.

Die Korallenprinzessin

Sie waren gerade so viele, wie Finger an einer Hand. Nicht, daß sie etwa Daumen, Mittelfinger oder Ringfinger geheißen hätten, nein, es waren Mädchen. Und weil es richtige Mädchen waren, hatten sie auch hübsche Mädchennamen. Die Mutter nannte sie: Morgentau, Pandanusblüte, Kokosmilch, Palmknospe und Jasminduft.

Die Mädchen hatten keinen Vater mehr. In einem Kampf mit einem wütenden Elefanten war der Vater im Dschungel getötet worden, und im Königreich Batang Muar mußte nun die Mutter der Prinzessinnen, die Königin, regieren. Sie war eine strenge Königin, und das Mundwerk saß ihr am rechten Fleck. Wenn sie sich etwas in den Kopf gesetzt hatte, konnte sie sogar einen krähenden Hahn übertönen, im Streit mit einem Affen blieb sie immer siegreich, und den faulen Büffeln machte sie Beine. Auf ganz Sumatra meinten die Leute:

„Unsere ehrwürdige Königin, die kann aber regieren!"

Und das stimmte haargenau. Denkt nur nicht, daß sie bei ihren Töchtern etwa schmutzige Fingernägel geduldet hätte. Oder daß sie übersehen hätte, wenn die Mädchen ihre Nasen nicht geputzt hatten oder mit zerzausten Haaren herumliefen. Nein, so etwas duldete sie keinesfalls. Ja, solch eine hervorragende Königin war sie. Natürlich war die jüngste Prinzessin auch die schönste von allen, anders darf es ja im Märchen überhaupt nicht sein. Prinzessin Jasminduft war also die Schönste. Wer in ihre Augen blickte, glaubte in zwei tiefe Brunnen zu schauen. Und jeder, der Lust hatte, schaute ihr gern in die Augen, erquickte sich an diesem Anblick, sagte artig dankeschön und wanderte weiter.

„Bei allen guten Affengeistern, die hat aber schöne Augen", meinten die Affenmütter. „Solche Augen würden unseren Affenkindern gut zu Gesicht stehen!" Und sie wollten sich die Augen der Prinzessin Jasminduft gern einmal ausborgen.

„Wo denkt ihr hin!" lachte die Prinzessin und wollte natürlich ihre schönen Augen nicht verborgen. Die Affenmütter schimpften, sie wäre sehr egoistisch, und die anderen Prinzessinnen hatten an solchen Neckereien immer ihre helle Freude.

Diese Prinzessinnen verliebten sich in Prinzen von den Nachbarinseln. Es waren gerade so viele, wie Finger an einer Hand. Natürlich hießen sie nicht etwa Daumen oder Zeigefinger oder Mittelfinger, sondern ganz anders. In ihrer Heimat nannte man sie Prinz Feuerschein, Prinz Edelstein, Prinz Einszweidrei, Prinz Fliegvorbei und den letzten, den die Prinzessin Jasminduft erwählt hatte, Prinz Bleibgetreu. Diesen Prinzen gefielen die fünf Prinzessinnen aus dem Königreich Batang Muar so sehr, daß es mit Worten kaum zu sagen ist. Doch die erhabene Königin wollte von solchen gewöhnlichen Freiern nichts wissen. Sie wünschte sich für ihre Töchter Prinzen aus fernen Ländern, die viel reicher waren.

Deshalb – und damit sie die fünf Prinzen mit Anstand wieder fortschicken konnte – dachte sie sich so schwere Aufgaben aus, die noch niemand je erfüllt hatte.

„Weißt du was?" sagte sie eines Tages zum Prinzen Feuerschein. „Wenn du meiner Tochter Morgentau am Meeresufer einen Altar aus dem Duft der Orchideen errichten kannst, bekommst du sie zur Frau."

Der Prinz baute und baute an diesem duftenden Altar. Doch es gelang ihm nicht, sein Werk zu Ende zu bauen. Da versank er vor Scham in den Erdboden. Die Königin aber wandte sich gleich an den nächsten Freier:

„Höre, Prinz Edelstein", sagte sie spöttisch. „Wenn dir meine Tochter Pandanusblüte gefällt, so bringe ihr aus dem Land unter der Erde ein Armband aus Mondstrahlen herbei. Dann bekommst du sie zur Frau."

Der Prinz forschte vergeblich nach einem solchen Armband. Auf dem Markt konnte man es nicht kaufen, und auf dem Kehricht lag es auch nicht. Da floh der Prinz vor lauter Scham und Schande in den Dschungel und ward nie mehr gesehen. Prinz Einszweidrei und Prinz Fliegvorbei warteten nicht, bis die

 Königin auch ihnen unerfüllbare Aufgaben stellen würde. Sie gingen gleich davon und heirateten andere Prinzessinnen. Prinz Einszweidrei nahm eine Büffelprinzessin zur Gemahlin, und Prinz Fliegvorbei vermählte sich mit einer Schmetterlingsfee. Nur Prinz Bleibgetreu ließ sich nicht abweisen.

„Ich will die Prinzessin Jasminduft zur Gemahlin und nie und nimmer eine andere", verkündete er, wo er ging und stand. Die Königin wurde darüber schließlich sehr ärgerlich.

„Also, gib gut acht, Prinz Dickkopf!" erklärte sie ihm eines Tages sehr aufgebracht. „Ich habe folgende Aufgabe für dich: Zerteile eine Kokosnuß, nimm die innere Dunkelheit aus ihr heraus und flechte daraus an der hellen Sonne eine Haarschleife für meine Tochter. Wenn dir das gelingt, bekommst du meine Tochter Jasminduft zur Frau."

Der Prinz machte sich an die Arbeit. Er zerschlug so viele Kokosnüsse wie er nur finden konnte. Doch niemals wollte sich die innere Dunkelheit daraus an der hellen Sonne zeigen.

„Verfluchte Arbeit", klagte der Prinz. „Wo hat sich die innere Dunkelheit aus der Nuß nur versteckt? Innen drin ist es immer finster. Das Dunkel muß dort bestimmt irgendwo versteckt sein. Ein Krokodil soll mich fressen, wenn ich es nicht irgendwie beim Schopf packen und herausziehen kann!"

Aber er mochte es anstellen, wie er wollte. Es gelang ihm nicht, das innere Dunkel aus der Nuß ans Licht zu bringen. Schließlich setzte er sich traurig in sein Boot und fuhr fort, bis hin zur Insel Pagai. Vorher bestellte er der Prinzessin Jasminduft, daß er dort bis ans Ende seiner Tage auf sie warten werde.

Die Prinzessinnen waren alle sehr traurig und weinten sich fast die Augen aus dem Kopf. Aber ihre Prinzen weinten sie sich nicht zurück. Am traurigsten allerdings war Jasminduft, die jüngste und schönste Prinzessin. Als sie die Botschaft von ihrem Liebsten erhalten hatte, ging sie in ihre Hütte. Dort schwor sie hoch und heilig, niemand anderen als den Prinzen Bleibgetreu zum Gemahl zu nehmen.

Dieses Gelübde vernahmen alle Götter, alle Dämonen und alle Geister, und sie schrieben es sich auf ihre Schrifttafeln. Sie drohten Jasminduft, wenn sie ihren Schwur brechen würde, sollte sie ganz und gar in Stein verwandelt werden. Die Prinzessin freilich entgegnete, wenn sie ihren Liebsten nicht zum Gemahl bekommen sollte, wolle sie gleich auf der Stelle zu Stein werden. Solch eine verliebte Prinzessin war das!

Die Königin hatte inzwischen vornehme Prinzen aus fernen Ländern in ihr Königreich geladen. Es waren wieder gerade so viele wie Finger an einer Hand. Doch sie hießen nicht etwa Daumen oder Zeigefinger oder so ähnlich. Auf dem Meer und auf dem Land nannte man sie Prinz von China, Prinz von Indien,

 Prinz von Persien, Prinz von Malakka und Prinz von der Türkei. Als ihre majestätischen Schiffe in die Bucht von Batang Muar einliefen, wollte die Bewunderung bei den Untertanen kein Ende nehmen.

„Schaut nur einmal hin", rief ein alter Seemann mit lauter Stimme. „Das viereckige Schiff dort – ja, gerade jenes, das wie eine trächtige Sau aussieht, das mit den Drachenköpfen an Heck und Bug, das ist sicher die Dschunke des Prinzen von China, des zukünftigen Gatten unserer Prinzessin Morgentau."

Und ein Fischer von der Mündung des Ameisenflusses wunderte sich:

„Habt ihr schon einmal einen Elefanten auf dem Wasser schwimmen sehen, Leute? Wenn so nicht das Schiff des Prinzen von Persien, des Bräutigams unserer edlen Prinzessin Kokosmilch, aussieht, mögen mir die Raubfische alle Netze zerreißen! Und seht nur, wie der Perser selbst aussieht! Der weiße Turban ist bestickt mit Gold, und die Nase ist lang wie ein Storchenschnabel. Und wie hochmütig er um sich blickt, wie stolz er bis an die Knöchel in kostbaren Teppichen watet."

Doch da zeigte schon ein Markthändler auf das indische Schiff. Hunderte von Sklaven plagten sich an langen Rudern, die an beiden Seiten des Schiffsrumpfes hervorstachen.

„Seht nur, seht, was für eine komische helle Gesichtshaut der Prinz von Indien hat. Was soll sich Prinzessin Pandanusblüte nur dabei denken? Sie wird ihn in der Sonne nachbräunen lassen müssen!"

Doch da schwamm schon der Prinz aus der Türkei mit seinem Schiff in die Bucht. Die roten Kappen mit den Troddeln, die rote Fahne am Mast, sogar das Meer leuchtete ringsum rot auf, als stünde es in Flammen. Der Prinz selber plusterte sich in einem roten Umhang auf wie ein Pfau. Der Mantel war über und über mit Edelsteinen besetzt, und an seiner roten Kappe leuchteten ein Halbmond und ein Stern aus Diamanten.

„Oho!" wunderte sich ein Vogelsteller. „Das soll ein reicher Fürst sein? Er sieht ja bei meiner Seele wie ein Zirkusprinz aus!" Und alle lachten, sprangen umher und winkten.

Nun aber kam seine hohe Majestät, der Prinz von Malakka. Oh, war das ein schöner Prinz! Er stand hochmütig am Bug seines Schiffes, und er trug ein Mäntelchen aus allerfeinster chinesischer Seide. Seine Mütze ragte höher als ein Schiffsmast, dazu trug er einen Rock mit Puffärmeln. Überall funkelten Silber, Gold und Edelsteine, wohin das Auge blickte.

„Einen herrlichen Bräutigam wird die Prinzessin Jasminduft bekommen, alles was recht ist!" sagten die Leute.

Auch die Prinzessinen selber konnten sich über ihre reichen Prinzen nicht genug wundern. Soviel Herrlichkeit hatten sie in ihrem ganzen Leben noch nicht gesehen, und sie hatten ihre früheren Verehrer schon völlig vergessen. Nur die Prinzessin Jasminduft weinte sich vor Kummer noch immer beinahe die schönen Augen aus, solch eine Sehnsucht hatte sie nach ihrem lieben Prinzen Bleibgetreu. Den neuen Bräutigam wollte sie nicht einmal anblicken. Als bei Hof schon alles für die Hochzeitsfeierlichkeiten gerüstet wurde, ging sie zu ihren königlichen Schwestern und bat:

„Liebe Schwestern, legt bei unserer Mutter ein gutes Wort für mich ein, damit sie mir erlaubt, zu meinem Liebsten auf die Insel Pagai zu ziehen.“

Doch die Prinzessinnen lachten sie aus.

„Zu diesem albernen Prinzen Habenichts möchtest du ziehen?“ kicherte Morgentau.

„Zu dem ungeschickten, verwirrten Toren?“ spottete Kokosmilch. Und Prinzessin Palmknospe dachte sich schnell einen Vers aus, mit dem sie die Prinzessin Jasminduft verspotten konnte:

„Auf allen Inseln spricht der Klatsch ja
nur noch vom schönen Maharadscha.
Doch unsere Schwester, darf das sein:
sie tauscht Gold für Messing ein!“

Die Prinzessinnen faßten sich an den Händen, tanzten um Jasminduft herum und sangen ihren Vers, bis die arme Prinzessin wieder zu weinen begann. Da dachte sich die vorwitzige Prinzessin Palmknospe schnell noch einen zweiten Vers aus:

„Vergessen hat den Maharadscha
auf allen Inseln bald der Klatsch. Ja,
versprochen muß erfüllt nicht sein:
ich tausch' für Messing Gold mir ein!“

Da es für die Prinzessinnen schon Zeit wurde, an der Seite ihrer zukünftigen Ehemänner Platz zu nehmen, liefen sie lachend davon, über Teppiche aus Edelsteinen und Perlen, bis zu ihren Zofen und Kammerdienerinnen, damit sie sich für die Festlichkeit ankleiden lassen konnten. Als die Königin abends im Glanz der Fackeln den festlich geschmückten Saal betrat, saßen schon vier Prinzessinnen neben ihren prachtvollen Bräutigamen. Nur der Platz neben dem hohen Prinzen von Malakka blieb leer. Die Königin begann sich sehr zu ärgern.

„Wo treibt sich wieder meine jüngste Tochter herum? Weiß sie etwa nicht, was sich schickt und was sich gehört?“ Und sie befahl ihren Dienerinnen, Jasminduft augenblicklich herbeizuholen, und wenn es sein müßte, an den Haaren, um sie ihrem Bräutigam zuzuführen. Doch man suchte die Prinzessin überall vergebens. Jasminduft war nicht zu finden, es schien, als hätte die Erde sie verschluckt. Sie guckten unter alle Sträucher im Park, suchten zwischen den Blumen, spähten in jeden Brunnen, schauten in die Reistöpfe, schütteten die Nußsäcke um, blickten sogar den Spinnen in ihre Netze und kehrten alle Ecken aus. Aber Prinzessin Jasminduft fanden sie nicht. Bis plötzlich der alte Fischer Pak Tege vom Ameisenfluß herangehumpelt kam. Der sagte:

„Wenn ihr die Prinzessin Jasminduft sucht, müht ihr euch vergeblich. Ich sah sie in einem kleinen Boot aufs Meer hinausfahren. Sie weinte sehr und bat mich, euch allen auszurichten, daß sie auf die Insel Pagai zu ihrem Liebsten rudern wollte."

Als die Königin das hörte, wurde sie fuchsteufelswild, und es war ein Wunder, daß sie nicht vor Wut platzte. Sie raufte sich die Haare, zerschlug das Tafelgeschirr und zankte die Dienerschaft gehörig aus, daß es im ganzen Palast widerhallte.

„Diese Schande! Nein, diese Riesenschande! Was wird wohl der hochedle Prinz von Malakka denken, daß meine Tochter vor ihm davonlief?"

Doch der Prinz dachte überhaupt nichts mehr. Fr war über die wütende Königin, die durch den Palast raste, so entsetzt, daß er sein Gefolge zusammenrief und eilig in See stach. Als das die anderen Prinzen erfuhren, zögerten sie nicht, spannten ihre Segel aus und fuhren auch wieder ab, ihrer Heimat entgegen. Die Königin lief ihnen bis ans Ufer nach und schrie in rasender Wut:

„Euch soll allesamt das Meer verschlingen! Die rasenden Wellen sollen euch zerschmettern! Die Seeigel sollen euch totstechen, und die Fische sollen eure Kadaver fressen, ihr undankbaren Prinzen! Und dich, du ungeratene Tochter Jasminduft, soll das furchtbarste Unglück treffen. Bevor noch der Morgenwind das Meer kräuselt, soll mein Fluch in Erfüllung gehen!"

Kaum hatte sie zu Ende gesprochen, da donnerte es, als wolle die Erde in Stücke brechen. Vom Meer her kam ein wilder Sturm auf und trieb alle Schiffe wie leichte, zerbrechliche Nußschalen vor sich her. Sie erreichten keinen Hafen mehr, und niemand hat sie je wieder gesehen. An jenem Tag aber tauchten unweit der Kabau-Bucht fünf kleine Inseln aus dem Meer empor. Man sagt, sie ähnelten gestrandeten Schiffen. Ihr fragt, wo die Prinzessin Jasminduft verblieben ist? Zu ihrem Liebsten, dem Prinzen Bleibgetreu auf der Insel Pagai soll sie nie gelangt sein. Der Fluch ihrer Mutter traf sie auf hoher See. Seit jener Nacht ragt nahe der Inselgruppe ein Korallenriff empor, vor dem sich die Seeleute fürchten. Man erzählt sich, daß dort eine schöne Jungfrau wohnen soll, die große Zauberkraft besitzt. Wer ihr ins Antlitz blickt, der verliert seinen Verstand.

Einmal fuhr auch die Königin aufs Meer hinaus. Als sie die Nixe erblickte, verwirrte sich ihr Sinn, und sie kam nie wieder zu Verstand. Wo sie auch später weilte: sie konnte nur noch weinen und rief immer wieder nach ihrer jüngsten Tochter Jasminduft. Doch die Seefahrer hatten die unglückliche Prinzessin inzwischen umgetauft. Sie hieß von nun ab nur noch die Korallenprinzessin.

Es war wirklich höchste Zeit, daß Maman ein wenig rechnen lernte. Wenn der Greis Nüsse zum Knabbern an die Kinder verteilte, behauptete der Kleine jedesmal, er habe wenig.

„Wieviel ist denn wenig?" fragte ihn der alte Erzähler, und Maman spreizte dann immer alle zehn Finger. Dabei setzte er eine wichtige Miene auf.

„Weißt du auch, wieviel Büffel wir daheim haben?" prüfte ihn Nani.

„Wenig", antwortete Maman.

„Wieviele Finger sind an einer Hand?"

„Wenig."

„Maman, du bist ein Wirrkopf", hänselte Tuti den kleinen Bruder. „Wieviele Haare hast du auf dem Kopf?"

„Wenig."

Deshalb führte der Meister den Jungen eines Tages an den Rand des Dschungels und pflückte einige rote Blüten von den Lianen.

„Zähle jetzt ordentlich mit mir an den Fingern ab", forderte er den Kleinen auf: „Eins, zwei, drei, vier, fünf, sechs, sieben..."

Doch Maman wollte das leidige Zählen nicht so recht gelingen, kein einziges Mal gelangte er bis zur Zahl 10. Er zerbrach sich fast die Zunge, runzelte die Stirn, doch es glückte ihm nicht. Wie sollte er sich auch konzentrieren? Ließ er doch seine Augen unaufhörlich hierhin und dorthin wandern, neugierig, was um ihn herum alles geschah.

„Also, noch einmal: wieviele Finger hast du an einer Hand?" fragte der weise Greis.

Maman zählte seine Finger sorgfältig ab, und dann strahlte sein kleines Gesicht vor Stolz.

„Wenig", antwortete er zufrieden.

Der alte Mann seufzte.

„Du könntest den Krokodilen das Zählen beibringen, mein Lieber!" Danach erzählte er den Kindern ein neues Märchen.

Das Zwergböckchen und die Krokodile

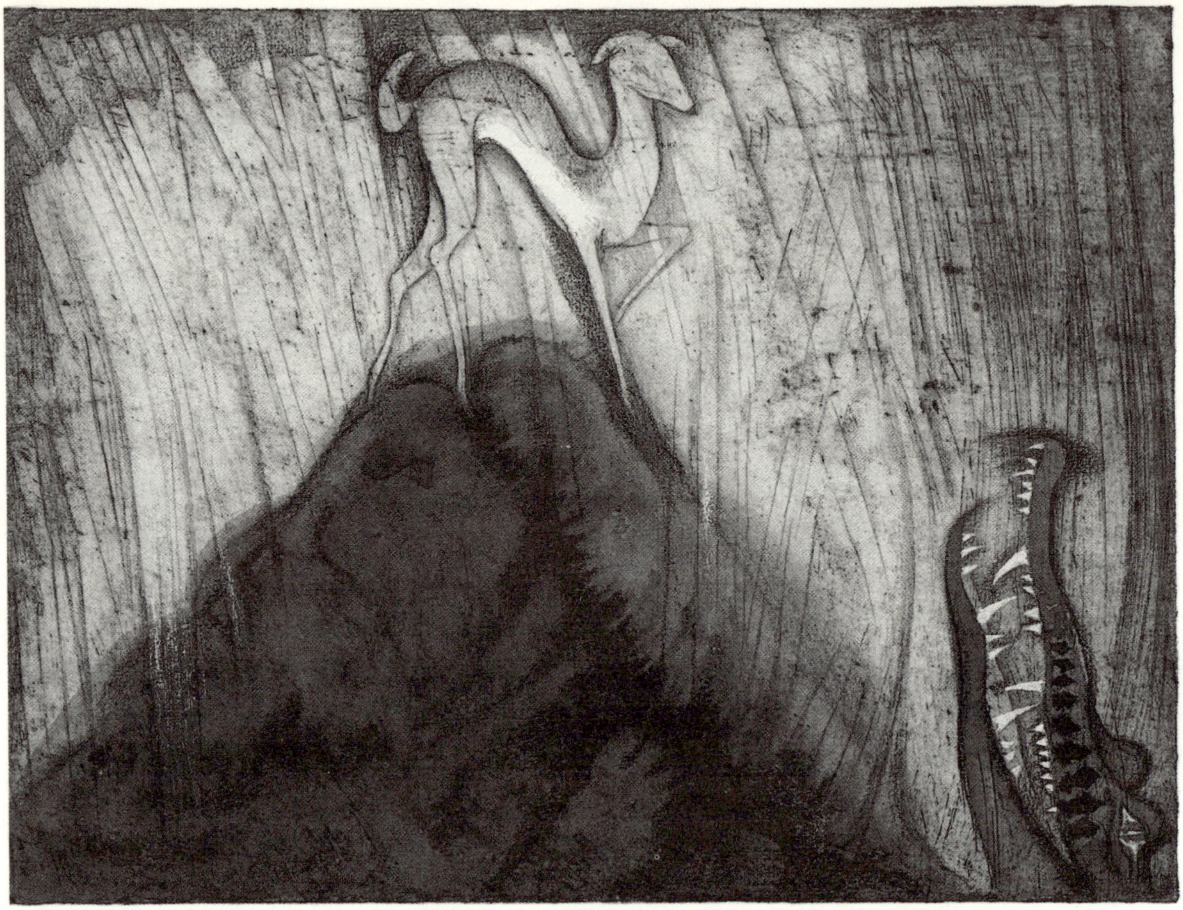

Das gab ein Geschrei, als das kleine Hirschferkel, dieser Schlingel, sich mit den Krokodilen zankte. Der ganze Dschungel lief zusammen, alle Vögel kamen herbeigeflogen, und alle Blüten öffneten ihre Augen so weit sie konnten und lächelten. Es gab aber auch etwas zu sehen! Der winzige Hirscheber hatte sich würdevoll am hohen Ufer niedergesetzt und spreizte sich, daß es schon fast unverschämt war. Wißt ihr, was er damals zu den Krokodilen sagte? Nun, er sagte:

„Hallo, ihr faulen Häute, ihr ein wenig zu groß geratenen Regenwürmer! Wie kommt es, daß ihr den edlen Zwergbock, den Herrn und König des Orchideendschungels, heute morgen nicht gegrüßt habt? Soll ich euch vielleicht hinterherlaufen und euch einen Knoten in den Schwanz binden, damit ihr euch an anständiges Betragen erinnert? Der Teufel soll euch holen, ihr lästerliches Gesindel! Beeilt euch, mir eure Aufwartung zu machen, sonst bringe ich eure schuppige Haut auf den Markt, und aus euren hohlen Zähnen mache ich Halsketten für die allerhäßlichsten Hexen!“

Es wirbelte und plätscherte, als ob ein Stein ins Wasser geplumpst wäre. Wie aus dem Nichts reckten plötzlich alle Krokodile ihre Köpfe aus dem

Wasser hervor, stierten mit ihren kleinen bösen Augen nach allen Seiten und klappten die zähnebewaffneten Kiefer auf und zu.

„Verzeih, erhabener Kantschil", sagte heuchlerisch der älteste Großvater unter den Krokodilen. „Wie konnten wir es nur vergessen, unseren allmächtigen Herrscher zu grüßen? Wir verdienen dafür eine Strafe. Komm zu uns in den Fluß hinein und mache mit uns, was dir gefällt. Ziehe uns ruhig die Haut vom Leibe, wir haben es wahrhaftig verdient. Komm schnell, erhabener König!"

Aber der gewitzte Kantschil ließ sich nicht überlisten.

„Das könnte euch so passen, ihr Ausgeburten der Hölle!" schrie er ihnen zu. „Fließt das Meer in den Fluß oder der Fluß ins Meer? Befiehlt der Schatten der Sonne, oder beherrscht die Sonne den Schatten? Wie kannst du es nur wagen, du Schlammfresser, den König des Dschungels in dein morastiges Reich einzuladen? Wenn du dich so sehr nach einer strengen Bestrafung sehnst, dann krieche unterwürfig zu mir ans Ufer herauf, und ich will dir mit Vergnügen in deinen vollgefressenen Wanst schauen. Was hattest du denn heute morgen Gutes zum Frühstück? Einen faulen Kürbis! Eine verendete Wildsau? Tote Kaulquappen? Oder gar meine ehrenwerten Kötel?"

So spottete der übermütige Hirscheber.

Alle Tiere ringsum hörten belustigt zu und wußten sich vor Lachen kaum zu halten. Gleich begannen sie in den Spott des Kantschils einzustimmen.

Den Krokodilen gefiel dieser Spott aber ganz und gar nicht, und sie platzten fast vor Wut.

„Na warte, du Frechdachs, du ungeratener Zwergbock! Wenn ich dich erwische, will ich dir Betragen beibringen, ich werde es in dich hineinprügeln", wütete der Großvater unter den Krokodilen.

Doch der Kantschil schlug nur einen übermütigen Purzelbaum und warf ihm einen Kieselstein ins geöffnete Maul.

„Hier, du häßliches altes Krokodil! Und vergiß nicht, diesen Leckerbissen mit deinen beschränkten Enkelkindern zu teilen! Ach, ihr seid ein dummes und faules Gesindel! Als ob ihr vergessen hättet, daß eure Kinder aus faulen Eiern schlüpfen!"

Und der Kantschil hörte nicht auf zu spotten.

Da kannten sich die Krokodile vor Wut und Verärgerung kaum noch selbst. Sie schwammen ans Ufer, rissen ihre ungeheuren Rachen auf und krach! klappten sie zornig ihre Kinnladen zu, daß es über die Berge donnerte, als erwache ein Vulkan. Und als sie so donnerten, begann es zu regnen. Der Regen verwandelte sich in einen Wolkenbruch, und der Wolkenbruch führte eine Sintflut herbei. Diese Sintflut wälzte sich über Stock und Stein ins Tal hinein. Der Kantschil, dieser ungeratene Spottvogel, war so sehr in seinen Streit mit den Krokodilen vertieft, daß er es nicht mehr schaffte, sich rechtzeitig in

Sicherheit zu bringen. Ehe er sich von seinem Schreck erholt hatte, trat der Fluß über seine Ufer und überschwemmte die Niederung, so weit das Auge reichte. Nun saß der freche Hirscheber in der Falle. Es gelang ihm gerade noch, auf einen kleinen Hügel zu springen. Um ihn herum wogte ein riesengroßer See, und in dem See wimmelte es von wütenden Krokodilen. Sie fletschten gierig ihre Zähne und lachten den armen Schlingel aus.

„Alleredelster Zwergbock, hochwohlgeborener König aller Maulhelden! Verzeihe den einfachen Krokodilen, daß sie sich die Frechheit herausnehmen, dich in ihr ärmliches, nasses Heim einzuladen. Gleich kommen wir herangeschwommen, dir unsere Aufwartung zu machen. Wir warten nur noch, bis uns das Wasser zu deinen ehrenwerten Füßen spült."

Dem Kantschil schlotterten vor Angst alle Knochen wie trockene Äste im Wind.

„Aber, aber, ihr ehrwürdigen Krokodile!" lenkte er zitternd ein. „Verzeihen wir uns doch gegenseitig unsere Scherze, um was geht es denn schon? Wir wollen doch nicht in den Krümeln suchen! Habt ihr mich heute nicht gegrüßt, so werdet ihr es vielleicht morgen tun, es ist ja noch nicht aller Tage Abend. Was mich betrifft, so habe ich euch eure kleinen Entgleisungen schon längst verziehen. Schwimmt schön eures Weges und grüßt mir eure lieben Kinderchen, diese niedlichen Kleinen. Ergebenster Diener, Herr Krokodil! Habe die Ehre, edle Krokodilsmutter! Welch ein heiterer Tag! Was hatten wir denn heute morgen überhaupt zum Frühstück, ihr tapferen Jäger?"

„Du magst es glauben oder auch nicht, erlauchter Kantschil", näselte das älteste Krokodil spöttisch, „ich kann mich gar nicht mehr recht an mein Frühstück erinnern. Aber wenn du mich fragen würdest, was ich heute zum Mittagessen speisen werde, könnte ich dir mit Freuden Auskunft geben!" Und es öffnete sein großes Maul so weit, daß man ihm beinahe bis in den Bauch hineinblicken konnte.

Der arme Hirscheber dachte bei sich, daß das Krokodil mühelos einen ganzen Stier verschlingen könnte, und so empfahl er dies der alten Echse. Das zähnebewaffnete Ungeheuer schüttelte nur höhnisch mit dem langen Kopf.

„Warum denn einen Stier, edler Kantschil? Rindfleisch ist allzu gewöhnlich. Es heißt, wir Krokodile bekommen darauf Sodbrennen. Weißt du denn nicht, daß wir heute einen hohen Feiertag haben? An einem so hohen Festtag müssen wir uns einen weit besseren Leckerbissen gönnen. Was würdest du zu einem gut durchwachsenen Kantschilrücken sagen? Ich glaube, den könntest du mir empfehlen."

„Das wäre das wenigste", erwiderte der Hirscheber listig. „Gern würde ich euch meinen Rücken aus Freundschaft zum Mittagsmahl anbieten. Aber wißt ihr denn nicht, daß mein Fleisch lebensgefährlich giftig ist? Neulich hat der edle

Tiger nur einmal an meinem Hinterteil gerochen, und ihr hättet sehen sollen, was geschah! Drei Tage lang wand sich der Ärmste in Höllenqualen, bevor er im Dschungel verstarb. Nicht einer der Würmer, die von seinem Kadaver fraßen, blieb am Leben. Nicht einer der Vögel, welche sich an den Würmern gütlich tun wollten, erblickte den nächsten Morgen. Ja, solch ein giftiges Fleisch habe ich.“

Den Krokodilen verschlug es die Sprache. Sie steckten die Köpfe zusammen und beratschlagten. Das älteste Krokodil ließ sich aber nicht bange machen.

„Unsinn, Kantschil! Du willst uns nur hinters Licht führen, aber uns machst du nichts vor. Wir werden dich gleich holen und kosten, du Lügner!“

Und die Krokodile begannen mit aufgerissenen Rachen den Hügel hinaufzukriechen. In diesem Augenblick schwamm ein toter Büffel vorbei, der bei dem Unwetter ertrunken war. Da rief der Kantschil betrübt:

„Verzeih, armer Bruder Büffel! Ich wollte dir kein Leid antun. Ich habe dich gewarnt, deinen Durst in dem Tümpel zu stillen, in dem ich meine Füße badete. Mein Körper ist doch sooo furchtbar giftig, das hättest du wissen müssen. Warum hast du nicht auf mich gehört, lieber Freund?“ Und der Kantschil vergoß ein paar scheinheilige Tränen.

Nun erschraken die Krokodile doch sehr. Der Hirscheber herrschte sie an:

„Hört zu, ihr faulen Stinker, ihr schuppigen Ungeheuer, ihr aufgeblasenen Dickwänste! Wenn ihr euch an meinem zarten Fleisch gütlich tun wollt, bitte schön! Nur zu. Ungern bringe ich euch um einen guten Bissen. Ich selbst komme dabei auch nicht zu kurz. Könnt ihr euch vorstellen, ihr Unholde, wie mich alle Tiere des Dschungels beneiden werden, wenn ich einen so rühmlichen Tod sterben dürfte? Gibt es etwas Ehrenvolleres, als im Rachen so vieler blutrünstiger Krokodile zu enden? Ich freue mich selber schon auf mein feierliches Begräbnis. Fürchtet euch nicht und kommt mich nur holen! Aber ruft zur Sicherheit vorher noch eure Verwandten herbei. Nur wenn ihr sehr viele seid, wird euch mein giftiges Fleisch nichts anhaben können.“

„Wieviel ist viele?“ fragte der Großvater unter den Krokodilen.

Der kleine Hirscheber schien erzürnt zu sein.

„Ihr unordentliches Gesindel, habt ihr etwa nicht einmal zählen gelernt? Wie komme ich dazu, euch vor meinem ruhmreichen Tod noch mein schwer erworbenes Wissen einzutrichtern! Aber weil ihr meine Freunde seid und weil ich mich selbst schon so sehr darauf freue, wie mich der ganze Dschungel beweinen wird, so will ich mir vorher noch diese Mühe mit euch machen.“

Und der Kantschil befahl den Krokodilen, daß sie sich alle, von dem kleinen Hügel, auf dem er saß, bis zum Ufer hin und dann wieder zurück nebeneinander hinlegen sollten, damit er sie schön einzeln zählen könne. Die törichten Krokodile gehorchten, und der freche Kantschil sprang fröhlich über diese lebende Brücke in die heiß ersehnte Freiheit.

„Sprecht mir schön laut nach: Eins, zwei, drei, vier, fünf, sechs, sieben..." zählte er flink von eins bis zehn, und die Krokodile wiederholten seine Worte wie Papageien: „Eins, zwei, drei, vier, fünf, sechs, sieben..."

„Ihr seid schon so viele wie die Fliegen", rief das freche Zwergböckchen, sprang vom Rücken des letzten Krokodils ans rettende Ufer und brachte sich lachend in Sicherheit.

„Das habt ihr davon, daß ihr nicht einmal bis zehn zählen könnt, ihr Schlammfresser! Es ist schon wahr, daß eure Kinder aus faulen Eiern schlüpfen, sonst könntet ihr nicht so dämlich sein", verspottete er sie und verschwand im Schatten des Dschungels, um dort seine überstandene Angst abzukühlen.

Doch der Teufel wollte es, daß sich am Rand des Dschungels ein kleiner Tümpel befand. In diesem hatte sich das allerfaulste Krokodil versteckt, das überhaupt keine Lust verspürte, sich mit Zählen den Kopf zu zerbrechen. Es krümmte sich wie eine Ratte im Wasser zusammen, damit es nicht von seinen Krokodilseltern gefunden wurde. Als es aber den Kantschil erblickte, dachte es bei sich:

„Na warte, jetzt kriege ich dich, du Schlaukopf! Aber schön auf unsere, auf Krokodilsart." Und schon riß es hungrig seinen Rachen auf.

Da erst merkte der Kantschil plötzlich, daß in der Mitte des kleinen Sees ein eigenartiges Ding stak, etwas spitzes, mit furchtbaren Zähnen bewehrtes. Es sah aus wie ein angespitzter Pfahl.

„He, du dort, was wie ein schlecht behauenes Holzscheit aussieht", rief er frech. „Ich habe gerade niemanden zum Spielen. Wenn du ein Krokodilskopf bist, dann bewege dich nicht von der Stelle. Bist du aber ein gewöhnliches Stück Holz, dann komm zu mir hergeschwommen!"

Das Krokodil schwamm eilig dem Ufer zu, um den Kantschil zu täuschen. Der aber begann laut zu lachen:

„Ach, du dummes, dummes Krokodil! Wer hat je vernommen, daß ein gewöhnliches Stück Holz auf den Kantschil hört? Kann ich vielleicht zaubern und totes Holz lebendig machen? Schnell, kehre zu deinen Verwandten zurück und erzähle ihnen, was für ein mächtiger Zauberer ich doch bin!"

Und das Zwergböckchen lief schnellfüßig in den Dschungel, um den Tieren von den törichten Krokodilen zu berichten.

„Bitte, noch ein Tiermärchen!“ bettelte Maman, weil er wohl fürchtete, sonst wieder zählen lernen zu müssen. Doch der Weise schickte die Kinder nach Haus. Der Abend war nahe, und was wäre, wenn die Kinder unterwegs dem Zauberer mit dem roten Mantel begegnen würden, der die kleinen Mädchen in den Dschungel lockt? Wenn der Abendhimmel im rotgoldenen Glanz der letzten Sonnenstrahlen leuchtet, kommt seine Zeit. Und so verabschiedete sich der Greis schnell von den Kindern und versprach ihnen für den nächsten Tag ein schönes Märchen.

Als er ihre Stimmen am anderen Morgen vor seiner Tür hörte, hatte er die Schale mit dem Feuer, die duftenden Räucherstäbchen und Kräuter, schon angezündet. Die Kinder stürmten in die Hütte. Nani trug eine Schale aus Stroh auf ihrem Kopf, darin saß ein niedlicher gefleckter Kater. Maman zog ihn hin und wieder am Schwanz, bis der kleine Kater zornig fauchte und seine scharfen Zähne zeigte.

„Das ist aber ein wunderschönes Tier“, bewunderte der alte Meister Nanis Liebling. „Ratet einmal, was für eine Geschichte ich euch heute erzählen werde. Ein Märchen von einem Katerprinzen!“

Prinz Miau

In einem riesengroßen Hain stand einmal auf hohen Pfählen ein Haus. Es war so riesengroß, daß in ihm ein ganzes Königreich Platz hatte. Darin wohnten alle Onkel und Tanten, alle Kinder, der Vater und die Mutter, fünf Schwestern, ein Bruder und dann noch die Großmütter. Denkt euch nur, in dieses Königreich gelangte man über eine Leiter hinauf! Und – ihr mögt es glauben oder nicht – um aus dem Königreich wieder hinauszukommen, stieg man über die Leiter auch wieder hinunter. Solch ein Königreich war das.

Eines Tages sprach die jüngste Schwester zur zweitjüngsten, sie möge ihrer älteren Schwester zuflüstern, daß sie der zweitältesten sagen solle, sie möge der ältesten ausrichten, ihr Bruder sollte sich verheiraten. Also schickten sie ihn ins Nachbarreich auf Brautschau. Er nahm als Brautgeschenk einen Büffel, drei Hühner und drei Kokosnüsse mit und bekam dafür eine Prinzessin. Dann zogen sie in jenes Königreich heim, in dem alle Onkel und Tanten, alle Kinder, der Vater und die Mutter und auch die fünf Schwestern wohnten, und betraten es, nachdem sie über die Leiter hinaufgestiegen waren.

Dem Bruder und seiner Prinzessin wurde ein kleiner Sohn geboren. Kaum öffnete er die Augen, da spitzte er das Mündchen und sagte zu seinen Eltern:

„Miau!“

Die jüngste Schwester erzählte der zweitjüngsten, sie möge ihrer älteren Schwester sagen, daß sie der zweitältesten zuflüstern solle, sie möge der ältesten ausrichten, daß der kleine Prinz, man glaube es oder auch nicht, ein Katzengesicht habe. So nannten sie ihn einfach Prinz Miau. Der Vater dieses Katerjungen schämte sich wegen seines Sohnes so sehr, daß er seiner Frau davonlief, um sich draußen in der weiten Welt nach einer neuen Braut umzuschauen. Er wollte keine weiteren Katzenkinder oder dergleichen haben. Das jedenfalls sagte die jüngste Schwester zur zweitjüngsten, und daß sie es ihrer älteren Schwester zuflüstern solle und so weiter und so fort.

Die Mutter des kleinen Katerprinzen weinte sehr. Niemand wußte, wie er zu seiner Katergestalt gekommen war, und auch der berühmte Zauberer aus dem Nachbarhäuschen vermochte ihm das Katzenwesen nicht wegzuzaubern. Dem Prinzen Miau aber machte seine Gestalt nichts weiter aus, und die Leute hatten ihn recht gern. Nur die Hunde konnten ihn nicht leiden, und so mußte er vor ihnen jedesmal bis in die Spitze der höchsten Palme klettern. Doch seine arme Mutter hörte nicht auf zu weinen, und der Sohn bedauerte sie deswegen sehr. Eines Tages schmiegte er sich dicht an sie an, schnurrte zärtlich, miaute und flüsterte ihr schließlich zu:

„Weine doch nicht, Mutter! Aus mir wird noch einmal ein mächtiger König werden.“

Dennoch konnte er die Mutter nicht trösten.

„Daß die Mäuse dich fürchten, du mein Katerprinzlein“, schluchzte sie, und ihre Tränen rannen wie ein kleiner Bach.

Als Prinz Miau zu einem erwachsenen Katermenschen – oder besser zu einem Menschenkater – herangewachsen war, ging er zu seiner jüngsten Tante, sie möge es bis zur alleräItesten Tante weitersagen, daß sein Vater eine neue Braut ins Dorf führe. Alle wunderten sich, woher der Katerprinz das wußte, doch der lachte nur und miaute:

„Das weiß ich nicht, das verrat ich nicht, miau, miau, miau!“

Dann befahl er, die Bewässerungsgräben auf den Feldern in Ordnung zu bringen, die Büffel, Schweine und Hühner heimzutreiben, die Säcke für den Reisdrusch auszubessern und dann dem Vater entgegenzugehen, denn er werde bald wieder hier regieren.

Sie gingen und gingen also, bis sie seinen Vater trafen, der eine neue Braut mitbrachte. Prinz Miau verbeugte sich vor ihr und miaute:

„Miau, miau, miau! Schäme dich nicht eines Katersohnes. Bald werden auch dir Kätzchen geboren, meine kleinen Schwesterchen, miau, miau, miau!“ Als der Vater diese Worte hörte, wurde er so furchtbar zornig, daß er seinen ungeratenen Sohn auf der Stelle umbringen wollte. Seine Freunde und Berater aber ließen das nicht zu, denn sie fürchteten, ein Unglück könne sie dafür treffen.

Als er wieder daheim war, feierte der Vater mit seiner neuen Braut ein prächtiges Hochzeitsfest. Dazu lud er alle Untertanen und auch alle Geister und Dämonen des Königsreichs zu Gast, nur seinen Katersohn und dessen Mutter lud er nicht ein, denn er schämte sich ihrer.

„Weine nicht, mein Mütterlein", flüsterte Prinz Miau der Königin zu. „Ich sage dir: aus mir wird einmal ein mächtiger König!"

„Ach, daß dich die Mäuse fürchten", erwiderte die Mutter und ging hinaus, die Büffel heimzutreiben. Dann setzte sie sich unter eine Palme und sang ein trauriges Lied:

„Er wär' ein Fürst, denkt sich der Kater,
wenn er die Milch vom Teller schleckt.
Hat er auch einen Menschenvater,
sein Menschenantlitz bleibt verdeckt."

Prinz Miau hörte ihr zu, sagte aber nichts und lächelte nur. Eines Tages sprach er zu seiner Mutter:

„Mutter, ich ziehe in die Welt hinaus, um mich zu vermählen."

„Wer wird dich denn schon nehmen wollen, du mein armes Katerkind", klagte die Mutter. „Der Fluß fließt nicht bergauf, und die Ananas wächst nicht, wo Maniokknollen gedeihen."

Der Katerprinz freilich miaute nur ausgelassen und machte sich auf die Reise. Er ging immer den Mäusen nach, die vor ihm davonstoben, bis er in ein anderes Königreich gelangte. Der König dort hockte neben seiner Leiter, regierte und seufzte aus tiefem Herzen:

„Wo kommen nur die vielen Mäuse bei uns her? Allen Reis haben sie aufgefressen, und in alle Speicher sind sie eingedrungen. Das ist aber eine Plage!"

Der Katerprinz bot dem fremden König an, die Mäuse zu vertreiben, wenn er ihm dafür eine seiner Töchter zur Gemahlin geben wolle.

„Welche von euch nimmt den Prinzen Kater zum Mann?" rief der König ins Haus hinein. „Aber schnell, eine sollte sich melden, sonst werden wir alle vor Hunger sterben!"

Die Prinzessinnen steckten ihre kleinen Nasen zur Tür hinaus und kreischten laut auf. Dann meldete sich die Jüngste, denn sie fürchtete sich vor den Mäusen am meisten. Der König war damit zufrieden. Der Katerprinz aber drohte den vielen Mäusen, miaute sie mit gräßlicher Katerstimme an und begann sie fortzuscheuchen. Da flohen sie nach allen Seiten, und keine einzige blieb im Land.

„Was soll ich nun beginnen, Schwiegermutter?" fragte darauf der Katerprinz die fremde Königin.

Sie schickte ihn zur Arbeit aufs Feld. Als alle Arbeit getan war, stieg er in den See, um zu baden. Die jüngste Prinzessin war ihm heimlich gefolgt, und nun sah sie, daß er sich die Katzenhaut vom Gesicht zog. Da stand plötzlich ein schlanker Jüngling von anmutigem Aussehen da. Er begann lustig zu singen und miaute dabei kein einziges Mal.

Als die Prinzessin genug gesehen und gehört hatte, eilte sie heim, so schnell ihre Füße sie trugen. Ihrem königlichen Vater versprach sie noch einmal ganz fest, daß sie den Katerprinzen bestimmt zum Mann nehmen werde. Das erzählte der König sofort seinem Trommler, und der trommelte es in die ganze Welt hinaus.

Dann gab es ein prachtvolles Hochzeitsfest, auf dem alle Welt tanzte. Nur die älteren Schwestern lachten heimlich ihre jüngste Schwester aus. So freite Prinz Miau die Tochter des reichen Königs. Dann zog er mit ihr heim in das Königreich seines Vaters, das auf hohen Pfählen im riesengroßen Hain stand. Sie stiegen dort über die Leiter hinein.

„Warum verbirgst du dein wahres Gesicht vor mir?“ fragte die Prinzessin eines Tages ihren Katergemahl. Der Prinz lächelte nur.

„Woher kennst du meine wahre Gestalt?“ forschte er.

„Unter mancher stacheliger Schale verbirgt sich doch ein süßer Kern“, erwiderte die Prinzessin ausweichend. „Quäle deine liebe Mutter nicht länger, mein herzensguter Mann. Sie hat deinetwegen schon genug Tränen vergossen.“

„Gut“, meinte Prinz Miau. „Nimm die Milch aus sieben Kokosnüssen, flechte sieben Palmbastmatten und entzünde sieben Feuer auf sieben Feuerstellen. Gieße die Milch in sieben Brunnen, auf den sieben Matten bereite ein Lager für sieben Eidechsen, das Feuer trage zu sieben greisen Frauen. Sie sollen mir die glühende Asche ins Gesicht werfen.“

Als die Greisinnen den Wunsch der Prinzessin erfüllten, fing die Katzenhaut Feuer. Aber der Prinz badete sein Gesicht in den sieben Brunnen mit der Kokosmilch. Im selben Augenblick verwandelten sich die Matten in Viehställe, die Eidechsen in Büffel und der Katerprinz in einen wunderschönen Jüngling.

„Die Geister gaben mir Katzengestalt, damit ich die menschliche Natur prüfen sollte. Wer immer gut zu mir war, dem wird es auch weiter gut ergehen. Wer aber böse zu mir war, den wird das Leid treffen“, sprach der Prinz.

Kaum hatte er geendet, da brannte das Königshaus seines Vaters ab. Die Büffel seines Vater starben, und seine Stiefmutter befielen Flöhe, die bissen und bissen so sehr, daß sie aus dem Dorf floh und nie mehr zurückkehrte. Da kam der Vater zu dem Katerprinzen und seiner Mutter. Demütig bat er um Wasser und Reis.

Der Prinz wollte kein Wort hören, doch seine Mutter sprach:
„Verzeihe ihm, mein Sohn! Du bist jetzt ein mächtiger König."

Und der Prinz verzieh seinem Vater. Seit der Zeit lebten alle zusammen wie früher, in dem Haus auf den hohen Füßen im riesengroßen Hain. Das Haus war so riesengroß, daß in ihm ein ganzes Königreich Platz hatte. Darinnen wohnten alle Onkel und Tanten, der Vater und die Mutter, eine Menge Schwestern und viele Großmütter. Dem Prinzen Miau und seiner hübschen Prinzessin wurden fünf Kätzchen – ich will sagen fünf kleine Prinzessinnen – geboren und dazu noch ein Brüderchen. Und wenn sie nicht gestorben sind, dann leben sie heute noch.

Tuti liebte die Vögel ihrer Heimat. Eines Tages trug sie einen kleinen grüngelben Vogel mit einem gebrochenen Bein in die Hütte des Greises. Sie sagte, er wäre aus dem Netz des Vogelstellers gefallen. Das stimmte wohl nicht ganz. Der weise Greis ließ sich nicht täuschen. Er ahnte, daß Tuti dem Vogel geholfen hatte, sich aus dem Netz zu befreien. Doch wurde er deswegen kein bißchen böse. Er renkte dem Ärmsten das gebrochene Beinchen wieder ein, legte ein Bambusstäbchen daran und umwickelte es fest mit Bast. Dann flocht er aus Blättern eine Art Nest, hängte es an die Decke und setzte den kleinen Vogel vorsichtig so hinein, daß seine Beinchen aus zwei Öffnungen herausguckten. Schließlich schüttete er in das eigenartige Nest ein wenig Reis. Auch schob er dem Vogel eine Nußschale mit klarem Quellwasser vor den Schnabel.

„Wird er fressen?“ fragte Tuti besorgt. Der Meister zuckte die Schultern.

„Ich verstehe die Sprache der Vögel nicht“, meinte er betrübt. „Ich kann ihn nicht fragen, ob er leben oder lieber sterben will. Das allein ist entscheidend. Wenn ein Geschöpf des freien Dschungels sich einmal zu etwas entschließt, kann niemand seinen Willen ändern. Wilde Tiere und Vögel sind anders als wir Menschen. Sie besitzen eine freie Seele. Vielleicht ist deinem kleinen Vogel der Tod lieber als menschliche Zärtlichkeit und Güte — wer weiß? Weine nicht“, fügte er dann hinzu. „Wir Menschen ändern die Gesetze des Dschungels nicht, wir stören sie höchstens. Wir wollen abwarten. Bevor sich dein kleiner gefiederter Freund überlegt, was er will, erzähle ich dir ein Märchen von jemanden, der die Sprache der Vögel verstand.“

Die Braut von der Vogelinsel

Auf einer kleinen Insel lebte einst ein junger Jäger. Als er einmal im Dschungel den wilden Tieren nachstellte, geriet ihm ein kleiner roter Vogel vor die Füße, der noch nicht fliegen konnte.

„Tue mir nichts zuleide", flehte der Vogel. „Ich lehre dich auch mein Lied."

„Warum nicht", sagte der Jüngling. „Ein Jäger lernt gern etwas Neues."

Und als er die Sprache des Vogel erlernt hatte, ließ er ihn wieder frei. Es dauerte nicht lange, da kannte er alle Lieder der Vögel seiner Heimat. Doch das genügte ihm nicht. Er baute sich ein Boot und wollte damit zur Vogelinsel fahren.

Kaum war er ein Stück vom Ufer entfernt, da erhob sich ein furchtbarer Sturm und trieb das Boot aufs weite Meer hinaus. Er glaubte schon, vor Hunger und Durst sterben zu müssen, da sah er über sich zwei weiße Vögel fliegen. Er verstand ihr Gespräch und erfuhr, daß sie zur Vogelinsel flogen. Also fuhr er ihnen nach, zwei Tage und zwei Nächte lang, bis er endlich aus der Ferne lautes Zwitschern hörte. An diesem Gezwitscher erkannte er, daß er die

 Vogelinsel erreicht hatte. Um Ufer stellte er sein Netz auf und legte sich still unter einen Baum. So hoffte er, seine Kenntnisse der Vogelsprache vervollkommnen zu können, wenn ein Vogel dieser Insel in sein Netz ging. Plötzlich hörte er jemand weinen.

„Wer weint denn da?“ fragte der Jäger leise.

Eine Antwort ließ sich nicht hören. So glaubte er schon, sich geirrt zu haben. Doch ein Weilchen später ertönte von neuem das Klagen. Der Jüngling erhob sich, bog das Gebüsch auseinander und sah, daß sich in seinem Netz ein wunderschöner silberner Vogel mit einem goldenen Schopf und einem Kokosring am rechten Bein gefangen hatte. „Tue mir nichts zuleide“, bat der Vogel, „ich will dich auch mein Lied lehren.“

Der Jäger war einverstanden. Aber das Lied des Vogels war unsagbar schwer, so daß es dem Jäger nicht gelingen wollte, es zu lernen. Deshalb beschloß er, den Vogel mit nach Haus zu nehmen. Er bestieg sein Boot und fuhr über das dunkle, nur vom Mondschein erhellte Meer zu seiner Insel zurück.

„Zieh mir den Ring vom Bein“, bat der Vogel. „Das Bein schmerzt mich sehr.“

Doch kaum hatte der Jüngling getan, um was ihn der Vogel gebeten hatte, da stand ein wunderschönes Mädchen vor ihm. Auf dem Kopf trug es eine goldene Schleife, und sein kleiner Mund war gespitzt wie ein Vogelschnabel.

„Wer bist du?“ fragte der Jäger.

„Ich bin die Tochter des Vogelhäuptlings von der Vogelinsel“, erwiderte das Mädchen. „Und wer bist du, tapferer Jäger?“

„Ich heiße Manimporok“, entgegnete der Jüngling. „Ich lebe mit meinen Eltern auf der Insel der roten Vögel. Ich kenne alle ihre Lieder.“

Das Mädchen lächte, und es klang wie das Zwitschern eines Vogels. „Ich werde dich Kokosring nennen“, kicherte es.

„Und ich dich Mondfee“, erwiderte der Jüngling. Doch das Mädchen widersprach, Mondfee wäre kein ordentlicher Vogelname.

„Es ist aber ein sehr schöner Name“, beharrte der Jäger auf seinen Einfall. „Ich habe dich beim Mondschein entdeckt, als wärst du vom Himmel gefallen. Wenn du willst, werde meine Frau.“

Das Mädchen zierte sich nicht lange, sondern war einverstanden. Als Kokosring sie seinen Eltern vorstellte, sprach die Mutter:

„Führe deine Braut nicht eher zum heimischen Herd, bevor ihre Füße nicht deine Schweine berührten, bevor ihre Hände nicht die Erde der Insel umschlossen und bevor ihre Zähne nicht die Rinde des heiligen Baumes zerkauten. Sonst verwandelt sie sich wieder in einen Vogel und fliegt davon.“

Kokosring folgte dem Rat seiner Mutter. Sein Vater aber legte ihm reiche Geschenke ins Boot, damit er dem Vogelhäuptling das Brautgeld für seine Tochter zahlen konnte.

Als der Jüngling zur Vogelinsel zurückfuhr, traf er unterwegs den Schmied Mololewo von einer Nachbarinsel.

„Wohin fährst du, Schmied?“ rief er ihm zu. „Dein Boot kommt ja kaum von der Stelle, so schwer beladen ist es. Du ziehst doch wohl nicht etwa in ein anderes Land?“

„Das nicht!“ rief der Schmied zurück. „Ich fahre zum Vogelhäuptling. Ich will um die Hand seiner schönen Tochter anhalten. Mein Boot ist so schwer von den Brautgeschenken.“

Kokosring wunderte sich.

„Kehre an deinen Amboß zurück, Schmied! Die Vogeltochter ist meine Braut, sie lebt bereits in der Hütte meiner Eltern“, rief er in den Wind.

Der Schmied freilich ließ sich nicht belehren. Die Spitze seines Bootes zeigte weiter zur Vogelinsel. Endlich breiteten beide ihre Geschenke unter dem Baum des Vogelhäuptlings aus und verlangten, er möge entscheiden, wem seine Tochter gehören solle.

Dem Vogelhäuptling gefiel das Brautgeld des Schmieds nicht. Deshalb war er einverstanden, daß seine Tochter die Frau des Jägers Kokosring wurde. Als der Schmied das hörte, zog er eine finstere Miene und schwor dem armen Kokosring furchtbare Rache.

Darüber erschrak der Jäger. Es war nicht nur in den Wind gesprochen, wenn der Schmied jemandem Rache schwor. Jedermann wußte, wie stark und grob er war. Außerdem stand er mit allen bösen Geistern und Walddämonen auf gutem Fuß, und alte Menschen erzählten, er könne auch zaubern. Deshalb beeilte sich Kokosring, so schnell er konnte, auf seine Insel zurückzukehren, um seine Vogelbraut vor dem bösen Zauber des Schmieds Mololewo zu beschützen.

Daheim war zum Glück alles in bester Ordnung, und so vergaß Kokosring bald die Drohung des Schmieds. Er lebte mit seiner jungen, schönen Frau glücklich am Ufer des Meeres und lernte alle ihre Lieder.

Dann kam der Tag einer großen Jagd. Alle tapferen Männer des Dorfes zogen in den Dschungel und schlugen mit Lanzen und Dolchen an ihre Schilde, um das Wild und die Vögel aus ihrem Dickicht zu scheuchen. Kokosring lachte an diesem Tag das Jagdglück. Er erbeutete eine Wildsau und noch viele andere Tiere. Nur den Vögeln erlaubte er, frei und ungehindert davonzufliegen, und er rettete sie auch vor den Schüssen seiner Gefährten.

„Warum läßt du uns keine Vögel jagen?“ fragten ihn die Jäger vorwurfsvoll. „Ihr Fleisch ist schmackhaft, und sie haben herrliche Federn.“

„Es sind meine Verwandten“, erwiderte er. „Ich verstehe ihre Sprache.“

„Wenn du ihre Sprache verstehst, dann erzähle uns, wem von uns der

Vogel dort den Tod verkündet", forderte ihn der Anführer der Jäger auf und führte Kokosring zu einem Platz, an welchem sich in den Lianen der Trauervogel schaukelte, jener Vogel, der den Menschen Unglück verkündet. Kokosring zwitscherte ihm in der Vogelsprache zu:

„Vogel im Dornennest,
wem singst du so laut?
Wer wird denn traurig sein,
wem stirbt die Braut?"

Der Vogel antwortete:

„Ich blicke auf dich,
für dich singe ich."

Dann flog er davon. Kokosring eilte geradewegs in sein Dorf zurück. Er benutzte nicht den ausgetretenen Pfad, sondern schlug sich mit seinem Messer durch das Unterholz des Dschungels, bis er endlich erschöpft sein Heim erreichte. Doch seine Frau trat ihm nicht entgegen. In der Hütte fand er nur den längst erkalteten Herd und seine weinende Mutter.

„Wehe dir, mein armer Sohn! Ein mächtiger Geist entführte deine Vogelbraut. Vielleicht war es sogar der böse Walddämon selber, solch eine Kraft lag in seinen Armen. Wer sich ihm in den Weg stellte, den drohte er zu vernichten."

Der junge Jäger lief nach diesen Worten wie von Sinnen an den Rand des Dschungels zurück. Dort forderte er den Geist mit lauten Worten zum Kampf heraus. Doch der Dschungel schwieg. Die Schlangen wurden starr vor Angst. Die Vögel duckten sich in ihren Nestern, die Raubtiere verstummten und krochen bäuchlings bis vor seine Füße. So gewaltig war der Zorn von Kokosring.

„Wir wissen nicht, wo sich Mondfee, deine edle Braut, aufhält", flüsterten die Lianen. „Das Wild hat ihre Spur nicht gewittert, die Vögel hörten ihre Lieder nicht, die Schlangen spürten ihre Lagerstatt nicht auf, und die guten Geister sahen sie auch nicht. Deine Frau verließ die Insel."

Kokosring war verzweifelt. Er fragte die Fische, doch die waren stumm. Er wandte sich an die Schildkröte, aber er verstand ihre Sprache nicht. Zuletzt bat er die Wellen des Meeres um Auskunft, doch konnte er ihre Botschaft nicht enträtseln. In seinem Kummer drehte er unwillkürlich an dem Kokosring, den ihm seine Vogelfrau geschenkt hatte. Da kam vom Meer her ein Kakadu geflogen und setzte sich auf seine Schulter.

„Mich schickt deine Frau Mondfee", flüsterte er ihm ins Ohr. „Der Schmied Mololewo hat sie auf seine Insel entführt. Beeile dich, wenn du sie noch retten willst!"

Kokosring zog darauf eine Wurzel mit betäubender Wirkung aus dem Boden und gab sie dem Papagei.

„Bringe diese Wurzel des Schlafes meiner Frau, der lieblichen Mondfee! Sie soll sie dem Schmied Mololewo zu kauen geben."

Der Kakadu flog davon, und Kokosring ließ sein schnellstes Boot zu Wasser. Es dauerte nicht lange, da trieb ihn der Wind vor Mololewos Insel. Schon von fern hörte er die Schläge des Schmiedehammers, und eine feurige Funkengarbe stob zum Himmel empor.

Kokosring ging an Land und zog sein Boot ans Ufer. Dann opferte er den Göttern des Meeres, des Dschungels und der Berge. Sobald sie seine Opfer angenommen hatten, schlich er durch das hohe Gras auf die Hütte des Schmiedes zu. Er sah schon von weitem, wie Mololewo das heiße Eisen schmiedete. Dabei hielt er Mondfee auf seinem Schoß, damit sie nicht fliehen konnte. Rotglühende Funken sprühten der unglücklichen jungen Frau dabei ins Gesicht und verletzten ihre zarte Haut. Doch den grausamen Mololewo rührte das nicht.

„Mich schmerzt mein Rücken", hörte Kokosring seine gefangene Frau klagen. „Zerkaue mir diese heilende Wurzel, damit du mir den Brei auf die schmerzende Stelle legen kannst."

Mololewo ahnte nicht, daß die Wurzel ihn einschläfern würde. Er kam dieser Bitte nach. Ein Weilchen später sank sein Kopf auf die Brust. Der Schmied begann über dem Amboß zu schnarchen. In diesem Augenblick zwitscherte Kokosring leise etwas in der Vogelsprache, und Mondfee lief schnell seiner Stimme entgegen. Er bat die Wellen, ihr Boot sicher über die Korallenriffe zu geleiten, und wandte sich heimwärts. Doch der Gott des Windes zürnte, weil Kokosring vergessen hatte, auch ihm ein Opfer darzubringen, und er sandte ihnen ungünstige Winde. Ihr Boot schaukelte schon Tag und Nacht auf dem Meer, und dennoch kamen sie nicht von der Stelle.

Inzwischen war der Schmied Mololewo aus seinem tiefen Schlaf erwacht und suchte nach seiner entflohenen Braut. Als er sie nirgends fand, blies er in die laue Asche und fragte das Feuer:

„Sage mir, du blaue Flamme, wohin verschwand Mondfee, meine Braut?"

Aus der Asche sprangen Funken, die flogen zum Meer, gerade dorthin, wo Kokosring mit seinem Boot kreiste. Mololewo nahm glühende Kohle in die Hand und warf sie ins Meer. Es brodelte und zischte, und aus dem Wasser erhob sich ein feuriges Boot. Das stürmte mit dem Schmied über die Wellen dahin und verfolgte die Fliehenden wie ein hungriger Hai.

Als die Vogelfrau die blendende Helle auf dem Meer erblickte, begann sie zu klagen:

„Wehe uns, Kokosring, der grausame Mololewo holt uns ein. Nun ist unser Ende nahe."

Doch Kokosring warf seinen reichverzierten Kris in die Luft und bat den Gott des Windes:

„Mächtiger Geist, nimm mein Geschenk als Opfer an! Kokosring von der Insel der roten Vögel bittet dich um günstigen Wind."

Kaum hatte er geendet, da erhob sich auch schon ein wilder Sturm, und das Boot mit den Fliehenden flog wie ein abgeschossener Pfeil über das Meer dahin. Als das der Schmied Mololewo sah, warf er sein kostbares Beil, das einen Schaft von Rosenholz hatte, in die Luft und schrie:

„Erhabener Dämon der Gewitter, erfülle meine Bitte: sende mir einen Orkan in den Rücken, der meinem Boot Flügel verleiht! Ich bin es, der Schmied Mololewo, der dich ruft."

In diesem Augenblick näherte sich ein rasender Sturm, ergriff das Boot des Schmiedes und trug es wie eine Feder hinter den Fliehenden her. Als Kokosring sah, daß der böse Mololewo sie einzuholen drohte, bat er den Gott der Berge, ihnen zu Hilfe zu kommen. Der Gott erhörte seine Bitte, riß einen himmelaufragenden Felsen aus der Erde und warf ihn vor den Bug von Mololewos Boot. Doch der Schmied umfuhr das Hindernis auf den Flügeln des Sturmwinds und war den Fliehenden im Nu wieder auf den Fersen.

„Geheimnisumwobener Gott des Dschungels, rette uns!" rief Kokosring in letzter Minute. „Es ruft dich jener, der dir opferte!"

Der mächtige Gott erhörte seine Bitte und befahl dem Dschungel, ins Meer zu fallen und dem Schmied den Weg zu verlegen. Doch Mololewo zerbiß mit seinen Raubtierzähnen das dichte Lianengestrüpp und war bald wieder hinter den Flüchtigen her. Sie hörten schon sein donnerndes Hohnlachen und spürten seinen glühenden Atem. Da richtete sich Kokosring am Bug seines Bootes hoch auf und wandte sich an das Meer:

„Allmächtiger Gott des Meeres, verlasse uns nicht! Es ruft dich jener, der dir Opfer brachte, es ruft dich Kokosring von der Insel der roten Vögel."

Aber der Gott des Meeres schlief fest und hörte nichts. Der böse Schmied brauchte nur noch seine gierige Hand nach den Fliehenden auszustrecken, um sie in seine Gewalt zu bekommen. Da zwitscherte Mondfee mit ihrer hellen Vogelstimme:

„Großer Gott des Meeres, ich lehrte dich mein Wiegenlied, das du am Ufer meiner Heimatinsel hörtest. Ich rufe dich! Ich, die Tochter des Häuptlings von der Vogelinsel. Rette uns vor dem bösen Mololewo!"

Der Gott des Meeres erwachte aus seinem tiefen Schlaf und hob den Meeresboden unter dem Kiel von Mololewos Boot. Er hob ihn hoch und immer höher, bis ein mächtiger Vulkan aus dem Meer ragte und das Boot mit dem bösen Schmied verschlang. So wurden Kokosring und seine Vogelfrau gerettet. Der Gott des Meeres wusch das Antlitz der kleinen Mondfee mit der heilenden

Brandung, und die häßlichen Narben in ihrem Gesicht verschwanden. Aus Dankbarkeit sang ihm das Mädchen ihr Vogelwiegenlied. Es gefiel dem Meeresgott so gut, daß er den feuerspeienden Bergen für immer verbot, ihre Asche auf die Insel der roten Vögel zu werfen, denn dort lebte der glückliche Jäger Kokosring mit seiner schönen jungen Frau Mondfee.

Tutis Vögelchen wollte sterben. Seine Korallenaugen wurden trüb, den Schnabel hatte es ergeben in die Brustfedern gesteckt. In Tutis Augen standen bittere Tränen. Der Meister des Schattentheaters tröstete sie umsonst, er wußte sehr wohl, daß keine Worte vermochten, das kindliche Leid zu heilen. Er wagte auch nicht, die Götter anzurufen, sie möchten den kleinen Vogel zu neuem Leben überreden. Niemand hatte das Recht, über die Seele eines anderen zu bestimmen, selbst wenn die Götter ihm die Macht darüber geschenkt hätten. So trat der Greis nur leise an das Nest aus Palmblättern heran und bat:

„Kleiner Vogel, der du sterben willst, tut dir das Mädchen nicht leid, das um dich weint? Wenn du es vermagst, so ändere deinen Entschluß! Lebe, damit du kindlichen Schmerz heilst."

Es herrschte eine bedrückende Stille im Raum. Nur das gleichmäßige Summen der Insekten war zu hören. Dann legte der alte Meister plötzlich seine Wange an das kleine Nest.

„Schaut!" rief er nur. Die Kinder stürmten in seine Arme. Er mußte sie eines nach dem anderen bis zur Decke der Hütte hochheben. Der Vogel schlug mit den Flügeln, blickte um sich, als suche er jemand Bekannten; dann pickte er fast verschämt ein Reiskorn.

Die Kinder jubelten und umarmten den Greis.

„Habe Dank, kleiner Vogel", flüsterte der Meister. „Du bist ein viel größerer Zauberer als ich."

Und Tuti vertraute ihm überglücklich an, daß sie recht gut bemerkt habe, wie der Vogel sie angelacht habe. Der Meister des Schattentheaters aber versprach, er werde ihr noch mehr Vogelmärchen erzählen.

Märchen von den Vögeln

Es war einmal ein König, der liebte von allen Märchen am meisten die Vogelmärchen. Wenn günstiger Wind aufkam und die schlanken Fischerboote aufs weite Meer hinausfuhren, befahl der König den Schiffern:

„Fahrt bis zu den entfernten Inseln, wo die besonderen Vögel leben. Seid freundlich zu ihnen. Laßt sie in euren Haaren nisten, füttert sie mit euren eigenen Händen und erlaubt ihnen, die Tränen aus euren Augen zu trinken, wenn ihr einmal weinen solltet. Wenn sie Junge haben, verlassen sie ihre Nester in euren Haaren nicht. Sie fahren mit euch in euren Booten in mein Königreich und werden mir Märchen erzählen."

Die Schiffer gehorchten dem König. Als sie vom weiten Meer in ihre Heimat zurückkehrten, nisteten in ihren Haaren zauberhaft schöne Vögel. Sie sangen Lieder aus fernen Ländern, und die Menschen am Ufer winkten ihnen zu und riefen:

„Kommt alle her und schaut, es kommen singende Boote gefahren!"

Der König dankte den Schiffern, daß sie ihm eine so große Freude bereitet hatten, und er begann gleich, die Vögel auszufragen:

„Wie heißt ihr denn? Wie nennt man euch in eurer Heimat? Könnt ihr mir ein Märchen erzählen?“

„Ich heiße Bubut“, meldete sich ein kleiner Hüpferling zu Wort und errötete bis in die letzte Schwanzfeder. „Meine Heimat ist die geheimnisvolle Insel der sumpfigen Flüsse und tiefen Urwälder. Aus dem Inneren des unzugänglichen Dschungels tönt das Brüllen der Raubkatzen, dröhnen die angsteinflößenden Trommeln der Kopfjäger. Diese Insel heißt Kalimantan. Dort nistet meine Familie. Wenn es dir gefällt, mein König, erzähle ich dir das Märchen von einem boshaften Vogel namens Ruwai und meinem Urahn, dem Urbubut.“

„Das ist sicherlich ein sehr schönes Märchen“, freute sich der König, nahm schnell auf seinem Thron Platz und lauschte aufmerksam.

„Weiß wohl jemand, warum wir Bubuts so einfache Federn ohne jeden Schmuck tragen? Habt ihr schon einmal darüber nachgedacht, warum ich immer nur am Rand des Dschungels in armseligen Nestern aus Dornen und Zweigen hause? Das war so: Vor langer, langer Zeit, als alle Vögel noch die gleichen grauen Federn trugen, kam den Vogel Bubut einst sein Vetter Ruwai besuchen.

‚So geht es nicht weiter, Bubut‘, zwitscherte der überschlaue Vogel. ‚Der ganze Dschungel leuchtet in den herrlichsten Farben. Nur wir, die Vögel, sind so häßlich, daß niemand auch nur einen Blick an uns verschwendet. Du magst es glauben oder nicht, mein Vetter, gerade heute bin ich im Regenwald an einer lieblichen Orchidee vorbeigekommen. Was meinst du wohl, was sie mir zuflüsterte?‘

Der Bubut wußte es nicht.

‚Kein Wort hat sie mir gesagt‘, ärgerte sich der Ruwai. ‚Ich war ihr nicht einmal einen Gruß wert. Sie wandte sich immer nur der hellen Sonne zu, blühte vor ihr auf wie eine Prinzessin vor der Hochzeit und duftete, daß mir ganz schwindelig im Kopf wurde. Das tut sie sicher nur deshalb, weil die Sonne so wunderbare und leuchtende Strahlenfedern hat, das kannst du mir glauben, Bubut.‘

Der Bubut dachte lange nach. Dann piepste er:

‚Sicher ist das der Grund, Vetter Ruwai. Orchideen sind sehr stolze Schönheiten, und wir einfachen Vögel sind ihnen sicher nicht gut genug. Weißt du was? Ich habe eine Idee. Wir tauchen unsere Schnäbel in die buntesten Blütenkelche des Dschungels und malen uns mit diesen Blumenfarben unser unscheinbares Federkleid hübsch bunt an.‘

Der Ruwai freute sich: ‚Du bist aber ein gescheites Köpfchen, Bubut! Sei so nett und bemale mich zuerst, damit ich mich der eingebildeten Orchidee in meinem neuen Putz zeigen kann. Die wird es aber bedauern, daß sie mich keines Blickes würdigte.‘

Der gutmütige Bubut ließ sich nicht lange bitten und begann seinen Schnabel in die schönsten Blumen und Blüten, in die farbigsten Kelche zu tauchen. So bemalte er sorgfältig seinen Vetter Ruwai. Er verlieh den Schwanzfedern seines Vetters einen so vielfarbig leuchtenden und blendenden Glanz, daß alle Blüten des Dschungels beim Anblick dieser Herrlichkeit vor Neid erblaßten. Der Ruwai war außer sich vor Glück und flog, so schnell ihn seine Flügel trugen, zur Orchidee, um sich in seiner neuen Pracht vorzustellen. Diese wippte voll Bewunderung mit ihrem Kopf und seufzte verliebt:

‚Ach, mein lieber Vogel Ruwai, du bist der allerschönste Vogel im ganzen Dschungel.'

Der Ruwai brüstete sich mit diesem Erfolg sogleich bei seinem Vetter, dem grauen Bubut.

‚Bist du auch nicht ein bißchen auf mich eifersüchtig?' fragte er danach mit munterer Piepsstimme.

‚Warum denn, Vetter Ruwai?' fragte der Bubut erstaunt. ‚Jetzt wirst du mich doch auch gleich bemalen, und ich werde so schön sein wie du.'

‚Was fällt dir ein, du Schwachkopf! Ich bin doch kein Narr. Am Ende könnte sich meine heißgeliebte Orchidee noch gar in dich verlieben! Es geht doch nicht, daß im Dschungel zwei Vögel die Allerschönsten sind. Wie sollte man uns auseinanderhalten?'

Kaum hatte er ausgezwitschert, goß er über dem Bubut einen vollen Becher Betelwasser aus, das bekanntlich blutrot gefärbt ist. Seit dieser Zeit sind nun alle Bubuts vom Schnabel bis zur Schwanzspitze rosarot, als würden sie sich unaufhörlich schämen und vor Scham erröten. Aber der unglückliche Bubut bekam damals auf den undankbaren Ruwai einen fürchterlichen Zorn.

‚Wehe dir, du boshafter Lügner! So also hast du mich betrogen? Du allein willst schön sein, damit du deine anderen Verwandten verspotten kannst? Nun gut! Aber ab heute wirst du deine Schönheit im dichtesten Dschungel verstekken. Im undurchdringlichen Regenwald sollst du leben, den kein menschlicher Fuß je betritt und kein menschliches Auge je erblickt. Zeigst du dich aber am Rand des Dschungels, wird man dich wegen deines bunten Federkleides verfolgen, und du wirst sterben!'

So verhängte der Bubut einen schrecklichen Fluch über den hinterhältigen Ruwai. Der erschrak zuerst, doch dann kam er schnell wieder zu sich und antwortete:

‚Auch ich verfluche dich, Bubut! Alle Menschen sollen für ewige Zeiten dein häßliches Federkleid sehen. Ständig sollst du wegen deines abscheulichen Aussehens vor Scham erröten. Solange die Schlangen des Waldes nicht alle Eier deiner niederen Sippe aus den Nestern gestohlen haben, wirst du am Rand des Regenwaldes im Dornbusch hausen und allen Spöttern sichtbar sein. Wagst du es, dich mit deiner Häßlichkeit im Innern des Waldes zu verstecken, wirst du elend im Dickicht umkommen!‘

Seit dieser Zeit haben der Bubut und der Ruwai einander nie wieder beachtet. Jeder lebt an einer anderen Stelle des Dschungels. Und das ist das ganze Märchen, mein König. So erzählen es sich wenigstens die Dajaken, die Kopfjäger von der Insel Kalimantan.“

„Ein sehr schönes Märchen“, lobte der König. Aber da wetzte schon ein anderer Vogel ungeduldig seinen Schnabel, um den erhabenen König ebenfalls erheitern zu können.

„Koak, koak!“ meldete sich dieser Vogel zu Wort. „So nennen mich die Menschen meiner Heimatinsel Roti, erhabener König. Ich werde dir erzählen, wie die Mondgöttin und der Sonnengott meinem Urahn das Leben retteten.“

„Erzähle nur gleich“, bat der König voll Neugierde. Der Vogel Koak schlug mit den Flügeln und begann:

„Unser Geschlecht lebte einst zufrieden und in Freundschaft mit allen anderen Vögeln auf unserer Insel. Bis mein Urahn eines Tages den mutwilligen Tainuk traf. So nennen die Inselbewohner jenen winzigen Zwergvogel, der gut und gern in einem Blumenkelch Platz hat. So klein ist dieser Nichtsnutz. Jener Tainuk, der nicht viel größer ist als ein Tautropfen, stellte sich damals vor meinen Urahn hin, warf sich in die magere Brust und sprach:

‚Zittere vor mir, edler Koak, ich habe Lust mit dir zu kämpfen!‘

Mein Urahn brach in ein solch stürmisches Gelächter aus, daß er fast daran erstickt wäre.

‚Das ist dir schon gelungen, daß ich vor dir zittere, du gefiedertes Nichts, du furchterregender Gespensterzwerg. Sei so freundlich und schlage nicht mehr mit den Flügeln, damit mich der Wind, den du machts, nicht ins Meer hinein treibt. Ich habe eine so schreckliche Angst vor dir, du Zwerg, daß mir das Samenkorn, welches ich gerade aufpickte, im Hals steckengeblieben ist!‘

Doch der Tainuk ließ sich nicht verspotten. Er gab keine Ruhe und zwitscherte im ganzen Wald aus, was für ein Angsthase der Koak sei, weil er nicht mit ihm kämpfen wolle. Dieses Geschwätz ärgerte meinen Urahn nun doch.

‚Was du willst, sollst du haben. Ich werde mit dir kämpfen, Tainuk! Du sollst dich nicht umsonst im ganzen Dschungel gebrüstet haben. Aber nimm vorher Abschied von allen deinen Freunden. Den morgigen Tag wirst du nicht mehr erleben.‘

‚Kommt Zeit, kommt Rat‘, lachte der Tainuk. ‚Ich werde mit allen meinen Freunden zu deinem Begräbnis erscheinen, Koak. Und wenn du dich nicht fürchtest, können wir uns gleich ohne weitere Vorreden in die Federn fahren.‘

Beide aufgeplusterten Vögel schossen augenblicklich hoch in die Luft empor und begannen, sich kampfbegierig zu umkreisen. Der zornig gewordene Koak verfolgte den kleinen aufgeblasenen Wicht mit seinem Schnabel wie ein Jäger das Wild mit seiner Armbrust. Doch vergeblich; es gelang ihm nicht, den flinken Tainuk zu erwischen.

‚Komm nur näher, du Schelm', zürnte er hitzig, ‚ich werde dir zeigen, wozu mein Schnabel nützlich ist!'

‚Komm du näher, du Angsthase!' reizte ihn der Tainuk, ‚oder fürchtest du, ich könnte dir deine Sonntagsfedern aus dem Schwanz ziehen?'

Und der Tainuk stürzte Hals über Kopf aus heiterem Himmel in einen Dornstrauch nieder. Der wutentbrannte Koak war ihm dicht auf den Fersen. Doch der falsche Tainuk hatte den Koak genau an jenen Ort gelockt, an dem die Vogelsteller ihre Netzt ausgelegt hatten. Der winzige Tainuk flog ungehindert blitzschnell durch die Maschen. Der unglückliche Koak aber verwickelte sich im Netz und brach sich beide Beine. Wenn ihm die anderen Vögel nicht geholfen hätten, wäre er sicher auf der Stelle umgebracht worden.

‚Ach, du boshafter Tainuk, was soll ich jetzt nur mit dir beginnen?' jammerte er.

Der freche Spötter machte sich aus den Klagen des anderen gar nichts. Er flog um den Ärmsten herum und zeigte ihm eine lange Nase. Doch da wurde schließlich der Vogelkönig selber auf diesen Tunichtgut böse. Er schalt ihn aus, daß es nicht schlimmer sein konnte, und er verbot allen übrigen Vögeln, mit dem frechen Tainuk weiterhin Freundschaft zu halten. Dem Koak aber riet der König:

‚Wende dich an die erhabene Mondgöttin und ihren Gemahl, den strahlenden Sonnengott. Bitte sie um ihre Hilfe. Vielleicht können sie deine Verletzungen heilen.'

So flog der unglückliche Koak hoch und immer höher, bis er schließlich das Haus der Götter erreichte. Die beiden hohen Gottheiten erbarmten sich seiner, verbanden ihm die wunden Füße mit ihren heilenden Strahlen, und als er wieder ganz gesund war, schickten sie ihn zurück in sein heimatliches Nest. Seit jener Zeit singen alle Nachfahren des Koaks nicht nur wie alle anderen Vögel am Tag, sondern auch noch in der tiefsten Nacht. Das tun sie aus Dankbarkeit für die Mondgöttin, die ihre Lieder so gern hat."

„Oh, ihr Vögel, ihr seid mir rechte Schelme!" sprach der König vergnügt. „Ihr streitet ja untereinander gerade so wie – nun, gerade so wie wir Menschen! Wer will mir jetzt noch ein Märchen erzählen? Vielleicht du dort, Nackthals?" Und er zeigte auf einen rätselhaften Vogel. Der sah wirklich eigenartig aus. Er hatte kurze, gedrungene Beine und ein Horn auf dem Kopf. Seine Flügel besaßen keine schönen Federn, der Hals war kahl wie die faltige Haut eines Greises, und am ganzen Körper trug er statt Federn nur Flaum.

„Schaut euch diese Gestalt an, sie ist ja behaart wie ein Pelztier", zwitscherten die Vögel, so daß der Unglückliche vor Scham fast in die Erde versinken wollte. Dann freilich faßte er Mut und begann zu reden.

„Man nennt mich Kasuar, Majestät", sprach er und verneigte sich höflich. „Meine Heimat sind die fernen Inseln, wo vormals dunkelhäutige Jäger mit langen Blasrohren vergiftete Pfeile aus dem Dickicht schossen. Wehe dem, den sie trafen! Ihn erreichte der sichere Tod. Wenn aber abends die Sonne ins Meer versinkt und über der Insel würzige Dunkelheit herrscht, erzählen die Jäger ihren staunenden Kindern ein Märchen über mich. Ich weiß nicht, ob etwas Wahres daran ist: vielleicht solltest du jenen buntscheckigen Kakadu dort fragen."

Doch der Kakadu in seinem farbigen Federkleid lehnte es ab, etwas zu berichten.

„Was der Kasuar erzählen will, ist nur Geschwätz", brummte er. „Ich bin nicht zu Euch gekommen, König, um ebenfalls zu schwätzen. Mag meinetwegen dieser Narr unsere Sippe verleumden, ich werde es ihm noch einmal heimzahlen!"

Er hörte nicht auf, den Kasuar zu beschimpfen. Der König mußte einschreiten, sonst hätten sie sich gar noch gehackt.

„Schnell, erzähle, Freund Kasuar! Wir werden die reine Wahrheit wohl noch herausfinden", forderte er den kahlen Vogel auf.

„Das war so", nickte der arme Vogel. „Einst konnte der Kasuar genau so gut wie die anderen Vögel fliegen. Er hatte ein schönes, sehr dichtes Federkleid und herrliche Schwingen, um die ihn der ganze Dschungel beneidete. Einmal jedoch begab er sich mit dem Kakadu auf eine Nachbarinsel, um Obst zu schmausen. Sie ließen sich in der Krone des Baumes mit den saftigsten Früchten nieder und begannen, das Obst auf die Erde zu werfen. Nach alter Vogelsitte gehört jede Nahrung dem, der sie geerntet hat. Das gilt auch für alle Früchte, die auf Bäumen wachsen. Der Kasuar war größer und stärker als sein Begleiter, deshalb ging ihm die Arbeit leichter und schneller von der Hand. Für den kleinen Kakadu blieb nicht mehr viel übrig. Als dann auf der Erde jeder seinen Teil verspeiste, wandte sich der neidische Kleine an den Kasuar:

‚Das ist nicht gerecht, Bruder Kasuar! Wir haben beide fleißig gearbeitet, und dennoch muß ich hungrig ausgehen. Was hälst du davon, wenn wir einen Wettstreit veranstalten? Jeder soll dem andern die Federn ausrupfen, und wer es schneller schafft, bekommt den Rest vom Obst.‘

Das war ein seltsamer Vorschlag. Doch der Kasuar hatte nichts dagegen einzuwenden, denn ihm kam in keinem Augenblick der Gedanke, daß dieser kleine Nichtsnutz etwa flinker sein könnte. Der Kakadu aber war nicht so töricht, wie der Kasuar vermutete.

‚Weißt du was, Brüderchen?' schlug er vor. ‚Wir gehen schön ordentlich der Reihe nach vor. Zuerst werde ich dich rupfen, weil du der Stärkere bist, und hinterher rupfst du mich. Wem es schneller gelingt, der ist Sieger!'

Der einfältige Kasuar ließ sich überlisten.

‚Wie du meinst, mein Freund', stimmte er zu, und dann zählte er langsam von eins bis zehn: Ehe er bis zehn gekommen war, hatte der Kakadu ihn auch schon kahlgerupft!

‚Jetzt bin ich an der Reihe', beeilte sich der Kasuar zu sagen. ‚Es sollte doch mit dem Teufel zugehen, wenn ich dich nicht schneller rupfen könnte, als du mich!' Doch der schlaue Kakadu erhob sich hoch in die Lüfte und rief dem armen Kasuar spottend zu:

‚Komm, beeile dich, Bruder Kasuar, ich warte hier auf dich!'

Der Kasuar versuchte wütend aufzufliegen, aber er hüpfte nur ein wenig in die Höhe. Die gerupften Schwingen wollten ihn nicht mehr tragen! Seit dieser Zeit läuft der Kasuar nur noch auf der Erde herum und sammelt das faule Obst unter den Bäumen ein. Die Jäger behaupten, daran sei nur der boshafte Kakadu schuld."

„Das sind mir vielleicht verlogene Geschichten", fuhr der Kakadu den Kasuar an. „Ihr werdet so etwas doch nicht etwa glauben, erhabener König?"

Der Kasuar aber blieb bei seiner Behauptung und forderte, der König möge selber entscheiden, wer recht habe.

„Wißt ihr was?" sprach der König. „Ein Narr ist, wer sich rupfen läßt!" Dann gähnte er herzhaft und ging zu Bett.

So endeten die Vogelmärchen.

Didis Vater, der mutige Seefahrer, brachte Nani eine kleine Figur von der Insel Bali mit. Nani lief mit dem Geschenk sofort zu dem Märchenerzähler, um es ihm zu zeigen. Das Mädchen sehnte sich nach der Ferne. Gern hörte sie Geschichten von unbekannten Inseln. Der Greis verstand sie gut, und er erzählte…

„Herrlich und rätselhaft ist die Insel Bali, ein Kleinod im Meer. Sie hat viele Namen, und dennoch ist keiner der richtige. Unser Volk nennt sie in der Sprache der Ahnen die ‚Insel der Götter'. Sie ist die Heimat der Geister und Dämonen, ein Ort geheimnisvoller Zeremonien und Menschenopfer. Die zierlichen Tempeltänzerinnen bewegen sich, getragen von Jünglingen, im Kreis, um die bösen Geister und die grausame Zauberin Leyaki zu vertreiben. Man sagt, vor Zeiten sei eine Himmelsfee erschienen. Damals tanzten die Mädchen mit nackten Füßen auf scharfkantigen Kokosnußschalen und glühender Kohle, ohne Schmerz zu empfinden. Die Insel Bali ist voller Wunder und Geheimnisse. Dem Diesseits entrückte Männer tanzen mit gezogenem blanken Kris den heiligen Tanz um Leben und Tod. In vergessenen Dörfern, zu denen niemand mehr den Weg kennt, weben weise Greisinnen das heilige, mit Menschenblut gefärbte Opfertuch."

Wehmütig versenkte sich der alte Meister des Schattentheaters in seine Erinnerungen.

„Erzähle uns ein Märchen von der Insel Bali", bat Nani, und der Greis ließ sich nicht lange bitten.

Von der Himmelsfee und der bösen Stiefmutter

Himmelhoch ragt der drohende Vulkan Agung auf, der Sitz der balinesischen Götter. Sein Gipfel schwebt unsichtbar über den Wolken wie eine Insel im uferlosen Meer. Dort ruht die Sonne aus, wenn sie von Horizont zu Horizont gewandert ist, und die Himmelsfeen tanzen im Mondenschein.

Vor langer, langer Zeit ruhte am Fuß des Berges Agung ein fremder Jüngling. Niemand wußte, woher er kam und wohin sein Weg führte. Die Wege der Menschen sind geheimnisvoll wie der Wille der Götter. Vielleicht wollte er nur ein wenig ausruhen, vielleicht hatte er kein Plätzchen, um sein müdes Haupt zu betten. Als er nun in der Stille inmitten der Blumen saß, zog ihn der heilige Berg in seinen Zauberbann, und der Jüngling schlief fest ein. Da träumte er von einem See voller flinker Fische und von einem zauberhaften Garten voller blühender Jasminsträucher. Auch eine trauliche Hütte aus Bambus und Palmstroh erblickte er im Traum. Als er erwachte, dankte er den Göttern und den guten Geistern seiner Heimat für den schönen Traum und machte sich froh an die Arbeit. Er schlug eine tiefe Grube in den Felsen und füllte sie mit klarem, durchsichtigen Wasser. So entstand ein kleiner See. An seinem Ufer erbaute er eine Hütte, und ringsum rodete er die Dornsträucher. Dann pflanzte er

Jasminbüsche und Rosensträucher, die bald erblühten und einen süßen, betäubenden Duft verbreiteten. Als alle Arbeit getan war, ruhte der Jüngling abends in seinem Blumengarten und lauschte der Stille.

Der Blütenduft war so betäubend, daß er in einer mondhellen Nacht die himmlischen Feen in seinen Garten lockte. Sie streiften ihre durchsichtigen Gewänder aus Sternenglanz ab und stiegen in den See, um zu baden. Als sie gebadet hatten, pflückten sie im Garten viele, viele Blumen, wanden Kränze daraus und schmückten sich damit. Dann flogen sie wieder in den Himmel zurück. Am nächsten Morgen wollte der Jüngling seinen Augen kaum trauen: sein wundervoller Garten war geplündert! So blieb ihm nichts anderes übrig, als neue Blumen und Sträucher zu pflanzen. Als die Blüten aufsprangen, nahm sich der Jüngling vor, besser aufzupassen. Er wollte die Nacht über wach bleiben. Doch als es auf Mitternacht zuging, überwand ihn der Schlaf. Am nächsten Morgen freilich hatte ihm wieder jemand die schönsten Blumen abgepflückt. Da kam er auf den Gedanken, sich eine Matte aus dornigen Kletterpalmen zu flechten. Darauf legte er sich nieder, um in der Nacht wach zu bleiben. Jedesmal, wenn ihm die Lider zufallen wollten und er zur Erde niedersank, stachen ihn die trockenen Palmblattspitzen in die Haut, und er schreckte hoch. So verging die Zeit bis Mitternacht. Da gewahrte er, daß vom Gipfel des Berges Agung ein Schwarm von Irrlichtern herniederschwebte. Es waren jedoch keine Irrlichter, sondern die Himmelsfeen. Wie gewöhnlich legten sie ihre Gewänder ab, um im See zu baden. Der Jüngling war hellwach. Er zögerte nicht lange und versteckte das Gewand der schönsten Fee unter einem Haufen Reisstroh. Als die Fee merkte, daß ihr Gewand verschwunden war, begann sie kläglich zu weinen.

„Es ist ungewöhnlich, daß ein junges Mädchen im Dunkeln ganz nackt umherstreift. Wer bist du, vorwitzige Jungfrau?“ rief der Jüngling ihr zu.

„Man nennt mich Supraba, ich bin eine Himmelsfee“, schluchzte das Mädchen. „Wenn du ein gutes Herz hast, dann gib mir meine Kleider wieder, damit ich meinen Schwestern nachfliegen kann.“

Doch der Jüngling log, daß er ihre Kleider nicht gesehen habe.

„Nähe dir einen einfachen Rock, wie ihn die Menschen tragen“, riet er ihr. „Das ist nun einmal dein Schicksal.“

Dann aber bat er das Mädchen, seine Frau zu werden. Die Fee rief nach ihren Gefährtinnen, doch diese kehrten nie mehr an den See zurück. So stimmte sie schließlich zu, bei dem Jüngling auf der Erde zu bleiben und seine Frau zu werden. Sie lebten fortan gemeinsam in ihrem Blumengarten und hatten sich sehr lieb.

Im Lauf der Jahre gebar die junge Frau drei Töchter. Die erste hieß Götterblüte, die zweite Götterknospe, und die dritte und jüngste nannten sie Schöner Edelstein.

Als die Zeit wieder einmal gekommen war, wollte der Mann Reis säen. Supraba aber flüsterte ihm zu:

„Geh und arbeite in deinem Garten, kümmere dich nur um unsere wunderschönen Blumen. Wir haben Reis genug bis ans Ende unserer Tage und brauchen nicht zu säen und zu ernten. Schließlich bin ich doch Supraba, eine Himmelsfee."

Der Mann wunderte sich zwar über ihre Worte, doch er folgte ihrem Rat. Supraba legte jeden Morgen nur ein einziges Reiskorn in den Topf. Danach zündete sie das Feuer im Herd an. Wenn ihr Mann mittags aus dem Garten zurückkehrte, war der Topf immer randvoll mit den schmackhaftesten Speisen gefüllt. Im Speicher nahm der Reis aber trotzdem nicht ab. Über dieses Wunder zerbrach sich der Mann unaufhörlich den Kopf und konnte vor Neugier kaum noch schlafen. Eines Tages bat ihn Supraba, das Feuer in der Küche zu hüten, da sie selber nach den Kindern sehen müsse.

„Laß dir aber nicht einfallen, den Deckel zu heben!" ermahnte sie ihren Gatten. Der Mann versprach es, doch er war so neugierig, daß er sich nicht bezähmen konnte. Er hob den Deckel ein ganz klein wenig hoch, um darunterzuschauen. Sofort verlor der Zauber seine Wirkung. Als Supraba zurückkehrte, fand sie am Boden des Topfes nur ein einziges Reiskorn. Es war das Korn, welches sie am Morgen hineingelegt hatte, und sie wußte gleich, was geschehen war. Dennoch machte sie ihrem Gatten keine Vorwürfe.

„Wir werden jetzt Reis säen müssen, wie alle anderen Inselbewohner auch", forderte sie ihn auf, und sie half ihm selbst, das Feld zu bewässern.

Von nun an trug sie jeden Morgen ein paar Garben mit Reis aus dem Speicher. Sie trocknete die Bündel in der Sonne, drosch den Reis aus, verlas ihn und kochte ihn. So nahmen die Reisvorräte rasch ab.

Eines Tages lag nur noch eine einzige Garbe auf dem Vorratsboden. Als die Himmelsfee sie aufhob, fand sie darunter ihr himmlisches Gewand aus Sternenglanz. Daran erkannte sie, daß ihr Mann sie damals betrogen hatte. Doch sie verzieh ihm, weil sie ihn lieb hatte. Allerdings konnte sie der Versuchung nicht wiederstehen, ihr Gewand aus Sternenglanz noch einmal überzustreifen. Kaum jedoch war dies geschehen, wurde sie von dem Gewand in die Höhe getragen, dem Gipfel des heiligen Berges Agung zu. Mann und Kinder hörten ihr Rufen und liefen vor die Hütte. Da sahen sie Supraba wie einen kleinen, verlassenen Stern am Himmel kreisen und hörten aus weiter Ferne ihre Stimme:

„Die Götter entführen mich in ihr Reich. Sie holen mich zurück! Wirst du, mein guter Mann, einmal meine Hilfe brauchen, so zünde ein duftendes Räucherstäbchen an und hauche meinen Namen in den Rauch."

Dann verlor sich die Fee in der weiten Bläue des Himmels. Der Vater und

 die Kinder kehrten traurig in die Hütte zurück und weinten lange. Eines Tages kam eine neidische Witwe an der Hütte vorbei. Sie hörte das Klagen der Kinder und warf deshalb einen neugierigen Blick in die Behausung.

„Du hast keinen Menschen, der sich um deine Kinder kümmert?" fragte sie scheinheilig. Daraufhin erzählte ihr der Mann ausführlich, welches Unglück ihn und die Kinder betroffen habe.

„Deine Himmelsfee wird nie mehr zurückkehren. Ein zweites Mal erlauben ihr die Götter nicht, auf der Erde zu wandeln. Weißt du, was am besten ist? Nimm mich zu deiner Frau, ich werde deinen Kindern eine gute Mutter sein."

Der vom Schicksal geschlagene Mann überlegte nicht lange und nahm sie um der Kinder willen zur Frau. Die Stiefmutter aber war böse und haßte die Kinder. Sie gab ihnen nur trockene Kleie zu essen und quälte sie, wo sie nur konnte. Nachts weinten die Mädchen heimlich, doch sie wagten nicht, sich bei ihrem Vater zu beschweren, denn die Stiefmutter hatte ihnen strenge Strafen angedroht. Nur die Jüngste hielt ihre Zunge nicht im Zaum und beklagte sich hier und da beim Vater. Der wurde sehr zornig auf die Stiefmutter, doch das üble Weib stritt alles ab und verleumdete die Kinder noch mit böser Zunge. Da begannen noch schlimmere Zeiten für die armen Kinder. Die Stiefmutter gönnte ihnen keinen Augenblick Ruhe. Sie mußten vom frühen Morgen bis in die späte Nacht arbeiten und ohne Matten auf der nackten Erde schlafen. Am schlimmsten aber erging es Schöner Edelstein, der jüngsten Tochter. Vor Tränen konnte sie kaum noch aus ihren Augen blicken, und alle ihre Klagen beim Vater waren vergebens, denn er glaubte ihr nicht mehr. Einmal bekam die böse Stiefmutter eine solche Wut auf die jüngste Tochter, daß sie beschloß, sie umzubringen. Deshalb ging sie mit den Kindern an den Fluß zum Baden.

„Warum nimmst du das lange Messer mit?" fragten die Kinder ängstlich.

Die Frau log ihnen vor, sie wolle Bananenblätter zum Kochen von Reistäschchen schneiden. Kaum aber hatten sie den Fluß erreicht, stach sie der Jüngsten die Augen aus und warf sie in den Fluß. Den beiden Schwestern drohte sie, es werde ihnen genau so ergehen, wenn sie dem Vater etwas verrieten.

„Wo ist denn meine jüngste Tochter, mein Schöner Edelstein?" wunderte sich der Vater am Abend. Die Stiefmutter redete ihm ein, daß ihre rechte Mutter zu dem Mädchen in den Wald gekommen wäre und sie zu sich in den Himmel geholt hätte.

Der Vater glaubte ihr und fragte nicht weiter nach den näheren Umständen. Die armen Schwestern aber fürchteten sich so sehr, daß sie nicht wagten, auch nur mit einem einzigen Wort anzudeuten, was geschehen war.

Kaum aber war die böse Stiefmutter am nächsten Morgen auf den Markt gegangen, um einen Korb voll Bananen zu verkaufen, liefen die Mädchen zum Fluß und suchten nach ihrer Schwester. Von einer kleinen Insel mitten im Fluß drang Weinen zu ihnen herüber.

„Bist du es, Schwester Schöner Edelstein?" riefen sie. Und das unglückliche Mädchen antwortete leise mit weinender Stimme:

„Sagt mir, liebe Schwesterlein,
wird's Morgen oder Abend sein?
Habt ihr, o Schwestern, mein gedacht?
In meinen Augen wohnt die Nacht!"

Die Mädchen trugen die unglückliche Kleine ans sichere Ufer. Dann gaben sie ihr zu essen und zu trinken, spielten ein wenig mit ihr und versuchten, sie zu trösten:

„Auf deine Augen legen wir Kräuter und Klee,
dann tut dir bald nichts mehr weh.
Ehe am Berghang reift der Wein
heilen deine Äugelein
und du wirst wieder sehen!"

Danach aber mußten die älteren Schwestern nach Haus zurückkehren, denn sie fürchteten den Zorn der bösen Stiefmutter. Deshalb sagten sie zur jüngsten:

„Kleine Schwester, wir müssen nun heim, die böse Stiefmutter wird uns schon suchen."

Aber Schöner Edelstein klammerte sich mit aller Kraft an ihrer Schwester fest und flehte, sie nicht zu verlassen. Da schrie die ältere Schwester unvermittelt auf:

„Oh, das tut weh! Ein Blutegel hat sich in meinen Fuß verbissen. Gib mich einen Augenblick frei, damit ich ihn entfernen kann."

Als Schöner Edelstein gehorchte, liefen die beiden älteren Schwestern schnell davon und ließen die blinde Kleine allein am Fluß zurück. Kaum aber war am nächsten Morgen die Sonne aufgegangen, schlichen sie wieder heimlich aus dem Haus und eilten zum Fluß, um die arme Blinde zu trösten.

Später wollten sie sich wieder mit dem Blutegel herausreden, aber Schöner Edelstein ließ sich nicht mehr überlisten. Die Kleine hielt sich an den Haaren der Mädchen so fest, daß sich diese nicht befreien konnten. Schließlich weinten alle drei bitterlich und blieben am Ufer des Flusses zusammen.

Als am Abend auch die beiden älteren Schwestern nicht nach Haus zurückkehrten, weckte der Vater alle Leute im nahen Dorf, und sie halfen ihm, die ganze Umgebung abzusuchen. Als sie ganz zuletzt auch zum Fluß kamen, fanden sie dort unter einem Dornstrauch die drei kleinen verweinten Mädchen.

 Nun konnte die böse Stiefmutter dem Vater nicht mehr ins Gesicht lügen und neue Ausreden erfinden. Als die Bauern erkannten, was sie der jüngsten Tochter angetan hatte, ergriffen sie sie, banden ihr einen schweren Stein um den Hals und warfen sie in den Fluß.

Der Vater der Mädchen war sehr traurig. Er machte sich große Vorwürfe, daß er seiner jüngsten Tochter keinen Glauben geschenkt hatte. Dann aber erinnerte er sich an die Worte seiner ersten Frau, der Himmelsfee. Unverzüglich entzündete er ein duftendes Räucherstäbchen und hauchte inbrünstig ihren Namen in den weißen Rauch. Da spürte die Himmelsfee in ihrem Götterhaus plötzlich ein leises Frösteln. Sie rief einen weißen Raben zu sich und schickte ihn auf die Erde hinunter, um zu erfahren, wer sie rufe.

„Koak, koak, koak", krächzte der Rabe schon von fern, als er von der Erde zurückkehrte.

„Deine jüngste Tochter ruft dich mit Macht,
in ihren Augen ist tiefschwarze Nacht,
koak, koak, koak!"

Die gute Himmelsfee Supraba legte dem Raben nacheinander drei Palmstengel in den Schnabel und befahl ihm:

„Der Gott des Feuers verbrennt die Nacht in den Flammen,
beim Gott des Wassers laufen alle Tränen zusammen,
der Gott des Lichtes gibt dem Blinden ein Zeichen."

Dann fügte sie den Palmstengeln noch eine kleine gelbe Frucht hinzu und flüsterte:

„Die Hand, die dich zerteilt, läßt alle Schmerzen weichen."

„Koak, koak, koak", krächzte der Rabe und ließ sich zur Erde niederfallen. Dann berührte er mit den geweihten Palmstengeln dreimal die Augen des blinden Mädchens. Er streifte sie einmal, da flammte in ihnen ein heller Schein auf. Er berührte sie zum zweiten Mal, da floß ein Strom von Tränen. Und er streichelte sie sanft ein drittes Mal, da klagte Schöner Edelstein leise:

„Vater, mir scheint, es blitzt. Meine Augen schmerzen unerträglich."

Der Vater nahm ein Messer, zerteilte die kleine gelbe Frucht und tropfte dem Mädchen in jedes Auge drei Tropfen ihres heilenden Saftes, wie es ihm der Rabe zuvor geraten hatte.

„Du bist es, Vater!" schrie die Tochter auf. „Ich kann wieder sehen! Ich kann dich sehen."

Da nahm der Vater seine Kinder an den Händen und stieg mit ihnen über den Hang zur Spitze des Berges Agung hinauf, um der guten Himmelsfee Supraba zu danken und sich vor ihr zu verneigen. Seit jener Zeit aber lebten die drei Mädchen mit ihrem Vater glücklich und zufrieden in ihrer Hütte, und ihre himmlische Mutter besuchte sie nachts in ihren Träumen.

Nani, Tuti und Maman stiegen Hand in Hand den Hügel hinauf. Sie waren an einem verlassenen Tempel mit seinen starr lächelnden Götterstandbildern vorbeigekommen und gelangten nun an eine Stelle, wo sich der enge Pfad nur mühsam durch den dichten, gründunklen Tropenwald schlängelte. Nani erinnerte sich an die Erzählungen der alten Leute, daß hier das Dschungelgespenst mit den feurigen Augen umgehe. Jedesmal, wenn sie an diesen Ort kamen, lief es ihnen kalt über den Rücken. Ein grünfunkelnder Dämmerschein lag auf den taufeuchten Blättern, und unter den glitschig nassen Steinen wimmelte es von großen, schwarzen Spinnen. Tuti fürchtete sich am meisten vor den fleischfressenden Pflanzen, die mit gierig geöffneten Mäulern unbeweglich auf ihre Beute lauerten. Voller Ekel ging sie ihnen so weit wie möglich aus dem Weg. Maman freilich gefiel es hier. Er achtete nicht auf die Warnungen der furchtsamen Schwestern und schlenderte mit erhobener Nase den Pfad entlang, wobei er den lustig springenden Affen zuwinkte, welche die Kinder den ganzen Weg entlang aus den Kronen der Bäume beobachteten. Und wenn es ihm gelang, eine der großen Regenbogeneidechsen von einer vermoderten Baumrinde aufzuscheuchen, schrie er jedesmal vor Begeisterung laut auf.

Da wurde es im Dschungel auf einmal so still, als wäre er plötzlich verzaubert. Die Kinder blickten erschrocken um sich. Es schien ihnen, als starrten gespenstisch glühende Augen aus dem Dickicht zu ihnen herüber. Sie hörten das Brechen von Ästen, und gleich darauf erscholl aus der Tiefe des Waldes ein wildes Brüllen. Es klang, als weine ein Tier.

„Der Harimau!“ schrie Nani erschrocken auf. Dann liefen sie wie besessen davon. Als sie endlich die Hütte des Greises erreichten, mußten sie nach Atem ringen, und es dauerte lange, bis der Meister ein Wort aus ihnen herausbekam.

„Ein Tiger?“ wunderte er sich, als ihm die noch immer zitternde Nani endlich sagte, was sie im Dschungel so erschreckt hatte. „Die Stimme des Tigers vernahm ich hier schon lange nicht mehr“, fügte der Alte beruhigend hinzu. Doch Nani glaubte fest daran, im Gebüsch glühende Augen, so groß wie die untergehende Sonne, gesehen zu haben, und Tuti wollte beschwören, den heißen Atem des Tigers auf ihrer Haut gespürt zu haben. Der kleine Maman schluchzte herzzerreißend und ließ sich kaum beruhigen.

„Das kann kein Tiger gewesen sein“, schüttelte der Meister des Schattentheaters den Kopf. „Vielleicht habt ihr im Waldesdunkel den Tigerdämonen getroffen?“ Und dann erzählte er den Kindern ein neues Märchen.

Vom Fürsten, der ein Dämon wurde

Wenn das Lagerfeuer brennt und der Rauch in die Nasen steigt, kommt es vor, daß einer der ältesten Jäger nachdenklich wird und sagt: ,,Hört, ihr Jäger, wie der gefällte Baum stöhnt? Brüder, hört ihr das Rauschen seiner Blätter? Haltet euch auf den rechten Pfaden, ihr tapferen Freunde! Es ist der Dämon der Jäger, der euch ruft.“ Und er erzählte die alte Geschichte.

Einmal lebte in unserem Land ein Fürst, der von der Jagd besessen war. Ganze Tage verbrachte er in den Dickichten des Dchungels. Er folgte der Spur des Tigers, und wenn es ihm nicht gelungen war, das Wild zu treffen, kehrte er ermüdet und mißmutig heim. Eines Tages nahm er sich vor, den allergrößten Tiger zu erlegen, den je ein menschliches Auge erblickt hatte. Es kümmerte ihn nicht, daß seine Frau daheim ein Kind erwartete. Unablässig lauschte er nur den Stimmen der Wildnis, und begab sich wieder auf die Jagd. Die Gier nach dem Blut des Tigers hatte ihn so verblendet, daß er sogar vergaß, den Göttern ein Opfer zu bringen. Die Alten warnten ihn deswegen, doch der Fürst lachte nur und zerschnitt ein starkes Palmblatt mit der scharfen Klinge seines Messers.

,,Dieser Dolch allein ist mein Freund und Beschützer!“ prahlte er. ,,Mag sich nur jeder melden, der seine scharfe Klinge nicht fürchtet.“ Dann warf er sich ins Dickicht der Kletterpalmen und folgte begierig den Stimmen der wilden Tiere.

Wenn er erfolglos von der Jagd zurückkam, betrank er sich am Lagerfeuer mit Palmwein, und mit lallender Zunge verlästerte er den Dschungel:

„Ich rufe euch, ihr feigen Herrscher des Waldes! Dich rufe ich, du blutrünstiger Tiger! Ich lade euch ein, meinen Dolch aus der Nähe zu betrachten. Kommt nur her, um mich zu holen.“

Da tönte von nahe ein furchtbarer Tigerschrei, und am Rand des Dschungels war ein riesiger Schatten zu sehen.

„Wir werden dich holen“, flüsterte der Dschungel, und im Dickicht glühten die Lichter von wilden Augen. Der Radscha stutzte. Doch dann lief er unerschrocken in den dunklen, geheimnisvollen Regenwald. Seine Freunde folgten ihm zögernd. Sie riefen jedoch vergebens nach ihm, der Herrscher meldete sich nicht mehr. Er schlug sich einen Pfad durch das Bambusdickicht und das Netz der Kletterpalmen. Er riß den wilden Farn aus dem feuchten Erdboden und stolperte über morsche Baumstämme. Der Schatten des riesigen Tigers schien zum Greifen nahe zu sein. Als er aber schon zum Todesstoß ausholen wollte, schlangen sich die federnden Lianen um seine Füße und fesselten ihn, so daß er kaum noch gehen konnte.

„Sei willkommen, Brüderchen“, ertönte da plötzlich eine spöttische Stimme aus nächster Nähe, und über sich erblickte der entsetzte Radscha den Kopf des blutrünstigen Tigers. Er wollte sich aus der Umschlingung der Lianen befreien, doch das Raubtier knurrte:

„Du mühst dich vergebens, törichter Mensch! Du bist dem Dschungel verfallen.“

„Wer bist du?“ fragte der Fürst beklommen. „Dein Tigerfell täuscht: du bist in Wirklichkeit kein Tier!“

„Ich bin der Dämon, der über die Geister des Waldes herrscht. Du hast mein Volk beleidigt, den Dschungel verlästert. Deshalb nehme ich dir auf ewig deine menschliche Gestalt. Du sollst solange eine Tierhaut tragen, bis ein tapferer Jäger mit seinem Messer dein Herz durchbohrt. Dann aber wirst du dich in einen Dämonen verwandeln. Ich nehme dich dann in mein Volk auf. Ein Mensch kannst du niemals mehr werden!“

Der Tiger verstummte und verschwand. Vergeblich rief der Herrscher nach seinen Freunden. Seine Stimme ähnelte bereits dem Brüllen des Tigers, und sein Körper bedeckte sich nach und nach mit einem abscheulichen Fell. Da begann der hohe Fürst vor Schrecken zu weinen.

In jener schicksalsschweren Nacht aber wurde seiner Frau ein Sohn geboren. Als ihm die Mutter zu trinken gab, hörte sie aus dem Dschungel die

 Stimme eines Tigers. Es klang wie ein Klagegesang, und so ging die Frau vor die Schwelle und lauschte.

„Habt ihr es auch gehört?" fragte sie die Dorfbewohner, die vorbeikamen. „Der Tiger weint." Doch die Leute im Dorf lachten sie heimlich aus oder hielten sie, so kurz nach der Entbindung, für fieberkrank. Wer hatte auch je gehört, daß ein Tiger weinen konnte? Der Radscha aber kehrte nie zurück.

Es vergingen Tage, Wochen, Monate und Jahre. Schon viele Male hatten die Bauern Maniok und Betel geerntet. Der kleine Junge wuchs heran und spielte mit den anderen Kindern des Dorfes. Doch hinter seinem Rücken flüsterten sich die Leute zu, er habe keinen Vater. Das machte den Jungen sehr traurig.

„Mutter, wo ist mein Vater geblieben?" fragte er eines Tages. „Alle lachen mich aus."

Die Mutter führte ihn an den Rand des Dschungels und erzählte ihm die Geschichte von dem Jäger, der sich vorgenommen hatte, den größten Tiger der Welt zu erlegen.

„Er wird nie mehr von der Jagd zurückkehren, der Dschungel läßt ihn nicht mehr los", sagte sie traurig. „Hörst du, mein Sohn, das Weinen des Tigers? Es klingt wie die Stimme deines Vaters."

Der Sohn lauschte ein Weilchen, dann erwiderte er:

„Mein Herz sagt mir, daß mein Vater lebt. Die Klage das Tigers lockt mich auf den Pfad der Jagd. Mutter, der Dschungel ruft auch mich!"

„Ich fürchte, dein Vater weilt nicht mehr unter den Menschen, mein Sohn! Mir scheint, das Tigerweinen ähnelt dem Wimmern der Dämonen in mondlosen Nächten. Doch darf ich dich nicht von deinem Vorhaben abhalten. Die Stimme des Blutes ist stärker als die Liebe einer Mutter. Folge dem Pfad deines Vaters, mein Sohn."

Und sie gab ihrem Jungen einen kostbaren Kris mit auf den Weg, den einst ein Waffenschmied geschaffen hatte, der über Zauberkräfte verfügte. Dieser Kris war in der Familie von Geschlecht zu Geschlecht vererbt worden.

„Wenn du im Dschungel deinen Vater treffen solltest, so gib ihm seine liebste Waffe zurück! Aber reiche sie ihm mit der Klinge gegen sein Herz gerichtet, sonst wird dich ein Unglück treffen. Dies sagt mir eine innere Stimme", ermahnte sie ihn.

Der Sohn ging in den Dschungel. Er folgte dem Klang des Tigerweinens, und er betrat verschlungene Pfade, welche die Jäger sonst mieden. Im dunkelsten Gebüsch traf er auf ein sonderbares Geschöpf, das mit Lianen an den Stamm eines hohen Baumes gefesselt war. Es war weder Mensch noch Tier. Seinen Körper bedeckte ein widerlich gelbes Fell, seine Hände waren zu Raubtierkrallen verformt, und aus seiner Kehle kam das jämmerliche Weinen eines Tigers. Nur sein Antlitz trug menschliche Züge. Der Junge faßte Mut und sprach das unbekannte Wesen an:

„Wer bist du, unglücklicher Mann?"

„Ich bin jener, der den Dschungel lästerte", antwortete das Ungetüm und erzählte seine Geschichte, die Geschichte des unglücklichen Jägers.

„Dann bist du mein Vater", rief der Sohn freudig aus und wollte ihm mit dem Zauberkris die Lianenfesseln durchschneiden. Doch der Mann bat ihn einzuhalten und gebot ihm, erst ins Dorf zurückzukehren und dort vor seiner Hütte eine Zwergpalme zu pflanzen.

Der Junge gehorchte. Als er am nächsten Morgen in den Dschungel zurückkehrte, bat ihn der Vater:

„Gib mir meinen Kris zurück! Aber wenn dir dein Leben lieb ist, so denke an den Rat deiner Mutter."

Der Sohn zerschnitt mit einem kräftigen Hieb die Fesseln des Vaters. Dann legte er ihm den Kris mit der Klinge gegen des Vaters Herz gerichtet in die Hand. Da drang die Spitze der Zauberwaffe in das Herz des Ungeheuers, und sofort verwandelte es sich in einen Dämon. Mit befreitem Lachen flog er in die Spitze eines gespaltenen Baumes, den die Leute als Geisterfalle bezeichneten.

„Du hast gut getan, auf meinen und den Rat deiner Mutter zu hören", rief er. „Wenn du mir den Kris so gereicht hättest, wie die Menschen ihn einander geben, würde die Klinge dein eigenes Herz durchbohrt haben. Möge dich nun die Zwergpalme, die du vor deiner Hütte gepflanzt hast, bis zu deinem Tod vor meiner dunklen Macht schützen. Kehre heim in Frieden, mich rufen die Geister, meine neuen Freunde!"

Durch den Dschungel grollte plötzlich wieder das Brüllen des Tigers, und zu den Füßen des Knaben fiel ein lebloser Tierkörper nieder. Es war das größte Raubtier, welches ein Mensch je erblickt hatte. Der Jüngling zog ihm das gestreifte Fell ab und trug es in sein Dorf. Für seinen Mut und seine Tapferkeit wurde er zum ersten Jäger der Insel gewählt. Seit jener Zeit aber hörte niemand mehr in der Nacht das Weinen des Tigers. Doch noch heute pflanzen die Menschen Zwergpalmen vor ihre Hütten, um sich vor den Dämonen des Dschungels zu schützen.

Der alte Märchenerzähler machte sich Vorwürfe, daß er die Kinder mit seiner Geschichte erschreckt haben könnte. Nun würden sie sich vielleicht fürchten, allein nach Haus zu gehen. Sie glaubten sicher, von allen Zweigen herab würden ihnen die feurigen Augen der Walddämonen entgegenglühen. Deshalb entschloß sich der Greis, sie ins Dorf zu begleiten. Er scheuchte den Ziegenbock Aki in die Hütte, versperrte den Eingang mit Dornenzweigen, um jedem ungebetenen Gast aus dem Dschungel den Eintritt zu verwehren, und riet Tuti, für jeden einen Zwergpalmstrauß zu brechen, den sie mit auf den Weg nehmen sollten. Bevor das Mädchen zurückkehrte, hatte der Greis schon mit einem Palmstengel magische Zauberformeln in den Sand vor der Hütte gezeichnet. Dann lächelte er den Kindern freundlich zu.

„Die Tagesschlange verrät mir, daß die Kreuzwegschlange heute nicht das Tal durchkriecht. Wir können ohne Furcht fortgehen, ich werde euch begleiten. Die guten Geister werden uns beschützen." Dann brachen sie auf.

Viele Jahre lang hatte sich der Greis nicht weiter von seiner Hütte entfernt, als der Schatten des heiligen Waringin-Baumes am Morgen reichte. Nun glaubte er, an einen Ort zurückzukehren, an dem er nichts mehr zu suchen hatte. Deshalb schritten sie lange Zeit schweigend vorwärts. Der alte Mann fühlte sich bald müde, und er dachte daran, daß es wohl zum letzten Mal sein würde, daß er ins Reich der Menschen zurückkehrte.

Leise sprach er wie zu sich selber:

„Die Götter wollen, daß ich noch einmal von den Reisfeldern Abschied nehme und noch einmal den Rauch über den Hütten der Menschen erblicke. Vielleicht sind diese schönen Kinder, die mich begleiten, drei Götterboten, die mir sagen sollen, daß meine Zeit sich noch nicht erfüllt hat. Was bleibt mir aber noch zu vollbringen?"

So überlegte der Greis. Die Schatten wurden länger und länger, und auf den Blüten der Lianen zauberte die Sonne ein flimmerndes Licht. Da begann der Greis, um den Kindern die aufkommende Angst zu vertreiben, ein lustiges Märchen von der Insel Sumatra zu erzählen.

Vom Tiger, der auf Brautschau ging

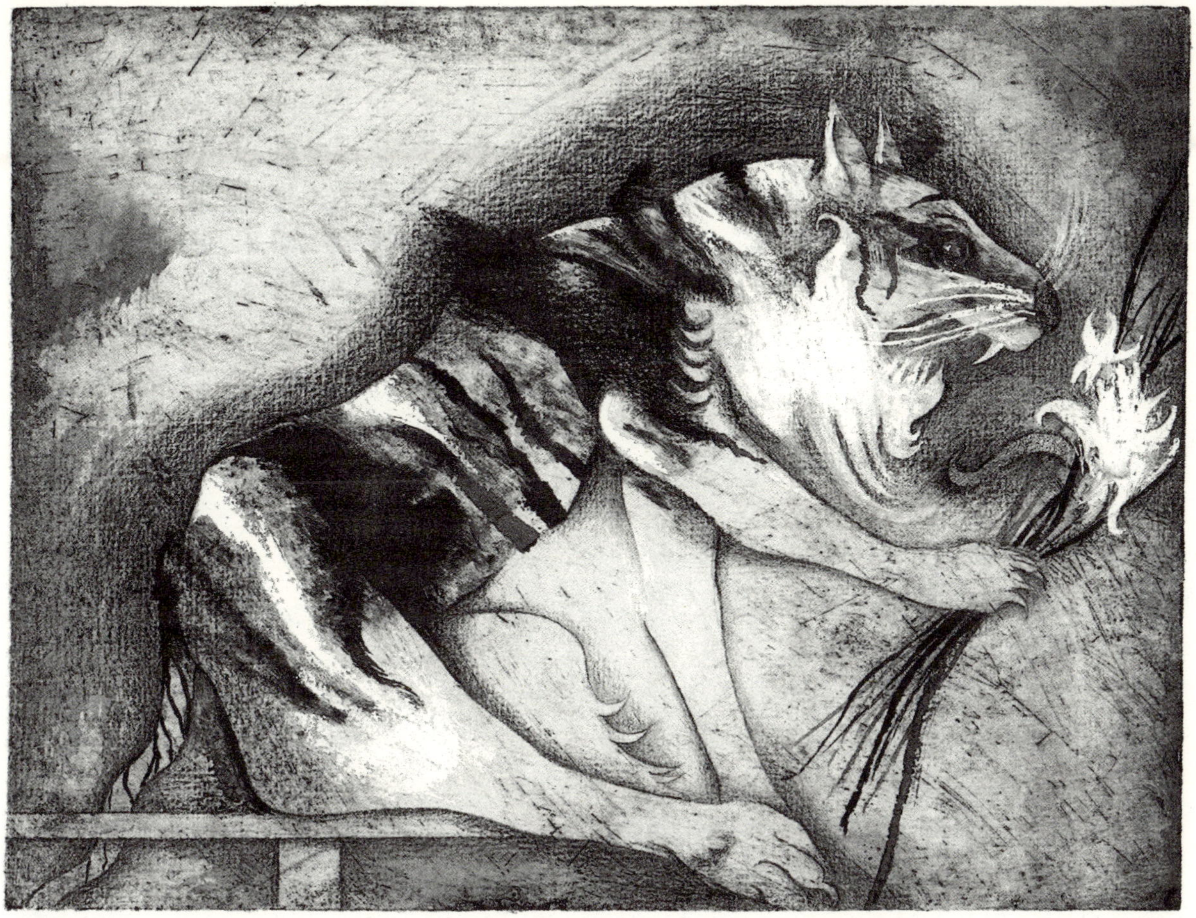

Heute will ich euch von einem Mädchen erzählen. Solange die Welt besteht, streichelte die Sonne noch keine solche Schönheit! Solch ein anmutiges Mädchen wusch zuvor noch kein Regen. Einem so lieblichen Wesen linderte zuvor noch kein Wind mit seinem Hauch den kindlichen Schmerz. Ach, wie wunderschön war dieses Mädchen! Es hätte auch euch bestimmt gefallen. Wenn es nur nicht so anders als alle anderen gewesen wäre! Es war so – nun, wie soll ich es nennen – so märchenhaft! Nie mehr wird es solch ein Mädchen geben. Das ist wirklich schade.

Bei diesem wunderschönen Mädchen fanden sich Jünglinge von nah und fern ein. Sie brachten ihm die saftigsten und süßesten Früchte und vermochten sich vor ihm mit ihren Kräften zu brüsten. Einer sagte dem Mädchen, daß er einen Elefanten verprügeln könne. Ein anderer wollte einen wilden Wasserbüffel mit den bloßen Händen erwürgen. Ein dritter schwor hoch und heilig, er könne ein lebendiges Krokodil in Stücke zerreißen. Dann aber kam ein Hund, der sie anbellte, und alle sprangen vor Schreck in den Dorfteich. Ach, das war wirklich zum Lachen.

Einmal kam auch einem wilden Tiger etwas von dem schönen Mädchen zu

 Ohren. Es war ein prachtvoller Tiger, das kann ich euch verraten! Er hatte einen Bart so groß wie ein Reisbesen. Seine Augen glichen glühenden Kohlen, und seine Krallen und sein Schwanz, wenn ihr die erst gesehen hättet! Wenn der Tiger am Morgen erwachte, dauerte es eine halbe Stunde, bis es hinten in seiner Schwanzspitze zuckte, so lang war die! Ja, solch ein Tiger war das.

Dieser Tiger also sprach einmal zu seiner Mutter:

„Mutter, ich will auf Brautschau gehen. Im Dorf wohnt ein wunderschönes Mädchen, das ist so schön, wie noch keines vor ihm auf der ganzen Welt. Das haben mir die Affen erzählt, und die wissen darüber Bescheid."

Die alte Tigermutter winkte gleich mit der Tatze ab. Aber dann brummte sie, er möge tun, was er für richtig hielte, denn er sei dafür schon groß und alt genug.

„Wenn wir dann einmal nichts zu fressen haben, tun wir uns an deiner Braut gütlich", sagte sie schließlich und leckte sich genüßlich die dicken Lippen. Solch eine alte Tigerin solltet ihr euch lieber nicht zur Schwiegermutter wünschen!

Als der Tiger lange genug überlegt hatte, kämmte er sich den Bart, trank sich mit Büffelblut ein wenig Mut an und verkleidete sich, daß er wie ein Mensch aussah. Ihr könnt mir glauben, daß ihm sein neuer Anzug wirklich gut stand. Nur seinen langen Schwanz konnte er nicht so recht verstecken. Deshalb nahm er ihn einfach in die Pfote und versteckte diese hinter seinem Rücken. So eilte er ins Dorf. Dort stieg er frech über die Leiter in die Pfahlhütte hinauf, in dem die Schöne wohnte. Er grüßte höflich und sagte zur Mutter des Mädchens, daß er auf Brautschau wäre. Dann stellte er sich schnell mit dem Rücken zur Wand, damit man seinen langen Schwanz nicht sehen konnte.

„Oh, nehmen Sie doch bitte Platz, Herr Bräutigam", begrüßte ihn die Mutter geschmeichelt und breitete mitten im Raum ihre schönste Matte aus. Doch der Tiger zierte sich noch und sagte, er würde lieber stehen. Dabei blickte er sich unauffällig um, ob nicht irgendwo im Fußboden eine breite Ritze zu sehen wäre. Erst als er entdeckt hatte, was er suchte, ließ er sich auf dem Fußboden nieder und hängte den langen Schwanz durch die Dielenritze.

Ihr könnt euch wohl denken, daß die Jünglinge, die schon früher dagewesen waren, von dem neuen Ankömmling nicht gerade begeistert waren. Er war stattlicher und vielleicht sogar hübscher als alle anderen. Seine Augen blitzten wie feurige Diamanten und seine Lippen waren so rot, daß sie leuchteten. Das kam aber nicht vom Betelkauen, wie alle glaubten, sondern vom Blut. Die eifersüchtigen Jünglinge begannen zu schimpfen. Sie verspotteten sogar den neuen Freier und brüsteten sich mit ihren Heldentaten. Auch wollten sie mit ihm ihre Kräfte messen, wenn sich nur eine Gelegenheit dazu bot. Der Tiger oben im Haus ließ sich von diesen Prahlereien nicht beeindrucken. Er warf dem schönen Mädchen verliebte Blicke zu, welche dieses von ganzem Herzen erwiderte. Als die Jünglinge aber keine Ruhe gaben, wurde der Tiger schließlich doch zornig. Anfangs saßen die jungen Männer im Vorraum des Hauses. Als sie aber immer frecher wurden und dem Tiger sogar auf den Pelz rücken wollten, holte der kurz mit der Tatze aus und versetzte ihnen allen solch einen Schlag, daß sie zur Tür hinaus und über die Leiter unsanft zur Erde hinunterflogen, daß die Affen in den Kronen der Palmen laut über sie lachten.

„Dieser Jüngling ist ja stark wie ein Tiger", bewunderte ihn die Mutter des schönen Mädchens.

Als der Tiger dann am Abend fortging, sprach die Tochter zur Mutter:

„Dieser junge Mann gefällt mir am besten von allen, ihn will ich zum Gemahl haben."

„Hoffentlich ist er auch so reich wie stark", sorgte sich die Mutter, und dann gingen sie zur Ruhe.

Von diesem Tag an ging der Tiger jeden Tag zu seiner Braut. Aber er setzte sich niemals auf die Matte, sondern wählte immer die Stelle mit der Ritze in der Fußbodendiele, um seinen langen Schwanz verstecken zu können. Als man schon langsam damit begann, über die Hochzeit zu feilschen, wieviel Büffel etwa, wieviel Hühner und Enten der Bräutigam für die Braut zu zahlen gedachte, ging einer der abgewiesenen Freier zufällig wieder einmal am Haus vorbei. Wehmütig blickte er zum Pfahlhaus hinauf und — wollte seinen eigenen Augen nicht trauen! Zwischen den Dielenbalken hing ein Tigerschwanz bis fast zur Erde hinab, pendelte hin und her, peitschte um sich und schlug an die Hauspfähle.

„Also solch einen Bräutigam hat unsere Schöne!" dachte der Jüngling und rannte so schnell er konnte zum Dorfplatz, um den anderen jungen Männern diese Neuigkeit brühwarm zu servieren. Das war ja auch wirklich eine unerhörte Sache! Im ganzen Land konnte sich niemand erinnern, je davon gehört zu haben, daß ein Tiger ins Dorf auf Brautschau gekommen war.

„Was aber werden wir tun?" schnatterten die erschreckten Dorfbewohner durcheinander, und dann hockten sie sich alle im Kreis nieder, um zu beraten.

„Ich hab's schon!" schrie einer. „Wir schicken jenen Jüngling aus, der einen Elefanten verprügeln wollte. Er soll jetzt den Tiger verprügeln."

Aber der betreffende junge Mann lehnte dieses Ansinnen dankend ab, ein Tiger sei kein Elefant, und er wolle sein Leben nicht für nichts und wieder nichts wegwerfen.

„Soll doch jener den Tiger vertreiben, der mit seinen eigenen Händen einen wilden Büffel erwürgen wollte", sagte er, und das war eine feine Ausrede.

„Aber wo denkst du hin!“ wehrte dieser Held entrüstet ab. „Ist ein Tiger vielleicht mit einem starken Büffel zu vergleichen? Einen Büffel würde ich schon zurichten, liebe Leute. Aber einen Tiger? Den würdige ich keines Blickes! Soll sich doch der mit ihm befassen, der ein ganzes Krokodil mit bloßen Händen in Stücke zerreißen wollte.“

„Ich? Warum gerade ich?“ fragte jener und tat sehr erstaunt. „Ist ein Tiger vielleicht ein Krokodil? Liebe Leute, haltet mir nur ein Krokodil schön fest, und ich will ihm mit meinen bloßen Händen den Schwanz abbrechen. Aber mit einem Tiger kommt mir ja nicht: ich schlage mich nicht mit Schwächeren!“

Nun war guter Rat teuer.

„Wenn ihr weiter nur leeres Stroh dreschen wollt, ihr tapferen Helden, dann entwischt euch der Tiger samt der schönen Braut in den Dschungel“, kicherte da die älteste Großmutter des Dorfes. „Wißt ihr was? Kommt alle mit mir zum Haus der Schönen. Hängt euch an seinen Schwanz, und ich werde ihm mit Hilfe der Götter einen solchen Knoten hineinbinden, daß er ihn nie mehr aus dem Loch herausziehen kann. Danach dürft ihr ihn verprügeln, was das Zeug hält.“

So gingen sie los und taten, was ihnen die alte Frau geraten hatte.

Der Tiger warf der lieblichen Braut gerade wieder verliebte Blicke zu. Das Mädchen bewirtete ihn mit Palmwein, und die Mutter verhandelte mit ihm über die Hochzeit und über die Höhe des Brautgeldes. Da brüllte der Tiger plötzlich auf, als ob er am Spieß stecken würde.

„Au! Oh! O weh! Liebe Schwiegermutter, jemand zieht mich am Schwanz. Das werde ich meiner Mutter sagen, au, au!“ Und eilig versuchte er, seinen Schwanz aus der Ritze im Fußboden herauszuziehen. Doch er mochte ziehen wie er wollte: der Schwanz rückte und rührte sich nicht mehr! Er hatte aber auch einen Knoten in seinem Schwanz, wie ihn nur die ältesten und weisesten Greisinnen zu binden vermögen. Der bedauernswerte Tiger jammerte und klagte. Er bat um Verzeihung und fluchte zur gleichen Zeit. Doch da stürmten schon die abgewiesenen Freier ins Haus und schlugen ihn, wohin sie nur trafen.

„Mama, Mama, hörst du denn nicht! Die Menschen schlagen deinen Sohn, einen Tiger, aufs Haupt!“ brüllte der Unglückliche laut um Hilfe.

Er brüllte so laut, daß es die Tigermutter im Dschungel hörte. Mit großen Sprüngen setzte sie über Stock und Stein. Bald hatte sie das Dorf erreicht und auch das Haus, in dem die Braut ihres Sohnes wohnte.

„Fürchte dich nicht, mein Sohn: ich helfe dir!“ brüllte sie. Und dann sah sie zwischen den Dielenbalken der Pfahlhütte einen langen Tigerschwanz zur Erde herabhängen. Ach, wenn es nur ein Schwanz gewesen wäre! Es war ein total verknoteter Schwanz, und der Knoten war so groß und rund wie ein Schlangennest. So verknotet waren noch nicht einmal die ineinander verschlungenen Lianen! Die Tigermutter wußte sich mit diesem Prachtknoten keinen Rat. Vergeblich versuchte sie ihn aufzuknüpfen, doch er wollte und wollte nicht nachgeben. Weil ihr armer Sohn aber nach wie vor ganz erbärmlich schrie und brüllte, zögerte sie nicht, sprang in die Höhe und biß ihrem geliebten Sohn den Schwanz gerade dort ab, wo er begann. Nun, den Rest der Geschichte könnt ihr euch schon denken!

Der Tiger purzelte aus der Hütte und die Leiter hinab, als würde er von einem wilden Bienenschwarm verfolgt. Er floh und floh und stürmte davon, bis er schließlich mit heraushängender Zunge zu einem klaren Waldsee gelangte. Da hinein setzte er sich und blieb dort so lange sitzen, bis sein Hinterteil gekühlt war und die Wunde nicht mehr blutete. Nach und nach verheilte sie bis auf eine kleine Narbe. Das dauerte aber sehr, sehr lange, und es lohnt sich nicht, davon zu sprechen! Die Tigermutter mußte allen Bekannten und Verwandten aus der großen Tigerfamilie weismachen, ihr Sohn befinde sich in der weiten Welt auf Wanderschaft, um nicht im ganzen Dschungel vor Schande vergehen zu müssen. Ein neuer Schwanz ist ihm nie mehr gewachsen, und deshalb interessierte sich auch kein Tigermädchen mehr für ihn. Und so wurde aus dem törichten Tiger schließlich ein alter, äußerst mürrischer Junggeselle.

Falls ihr ihm einmal allein und einsam im Dschungel begegnen solltet, so erzählt ihm nur, im Dorf warte noch immer seine schöne Braut auf ihn. Wenn er das hört, wird er euch nichts tun! Er wird sich nicht einmal die Zeit nehmen, sich höflich von euch zu verabschieden, so schnell wird er davonspringen! Solch eine Angst hat der Tiger noch immer vor der Brautschau. Nun ja, er ist ein törichter Tiger! Was soll man noch weiter zu dieser Geschichte sagen?

Am fernen Horizont zogen sich Gewitterwolken zusammen. Der Donner grollte. Im Dschungel bewegte sich kein einziges Blatt. Die Erde dürstete nach Regen, und die Luft war schwül und schillerte fast wie ein Regenbogen. Die Kinder hasteten eilig vorwärts, damit sie unterwegs nicht von dem nahenden Wolkenbruch eingeholt würden. Maman und Tuti blickten jeden Augenblick besorgt zum Himmel empor. Das war kein Wunder, denn beide trugen über ihren Köpfen voller Stolz aus Baumrinde geklopfte, wunderschön bemalte Drachen. Die Rinde war durchsichtig wie feinstes Pergament und glänzte wie eine Froschhaut. Mamans Drachen ähnelte dem sagenhaften Adler Garuda. Tuti dagegen hatte ihren Vater gebeten, ihrem Drachen das Gesicht des erhabenen Königs Prabu Siliwangi aufzumalen, von dem sie in der Schule gehört hatte.

Der Greis blickte schon ungeduldig nach den Kindern aus. In der Hand hielt er zwei Knäuel einer dünnen Schnur, die er einige Tage lang geduldig in Eiweiß, Zuckerwasser und anderen geheimnisvolleren Flüssigkeiten eingeweicht hatte. Nun war der Faden fester als ein Tigerbarthaar und hart und scharf wie eine Haifischflosse.

„Das sind aber wirklich herrliche Drachen", empfing der alte Märchenerzähler die Kinder und nickte anerkennend. Dann wog er das Spielzeug leicht in der Hand, um zu prüfen, wie es sich im Wind halten würde, befestigte die Schnüre an den beiden Drachen und murmelte einen geheimnisvollen Zauberspruch. Da zerstreuten sich die drohenden Gewitterwolken, und vom Meer kam ein leichter Wind auf. Der alte Zaubermeister und Nani faßten sich einander bei der Hand. Lächelnd schauten sie zu, wie Tuti und Maman am Berghang entlangliefen und ihre federleichten Drachen steigen ließen. Die beiden Kleinen hatten bereits ihre Erfahrungen im Drachenspiel und wetteiferten nun miteinander, wessen Drachen siegen würde. Aber Tuti war doch schon ein wenig geschickter als Maman. Zuerst schien es allerdings, als ob der Junge gewinnen würde. Er bedrängte Tutis Faden mit seiner scharfen Schnur so wild, daß es dem Mädchen nicht mehr gelang, rechtzeitig auszuweichen. Aber dann kam ein Windstoß. Mamans Drachenschnur wickelte sich um Tutis Leine, und es genügte ein einziges heftiges Zucken, um sie zu durchtrennen. Schon flog der befreite Drachen hoch hinauf in die Lüfte.

„Ich habe gewonnen!" jubelte die glückliche Tuti ganz überrascht. War es doch nicht leicht, beim Spiel mit dem Drachen über einen Jungen zu siegen, auch dann nicht, wenn er nur erst ein halbes Knäblein war, wie Mamans Mutter oft scherzhaft zu sagen pflegte. Der Kleine freilich brach in Tränen aus und war nur schwer zu trösten, bis Tuti versprochen hatte, den Kindern im Dorf nichts von diesem ungleichen Kampf zu verraten. Der alte Meister streichelte Maman zärtlich und sprach:

„Weine nicht, mein Kleiner! Ich werde euch allen ein Märchen erzählen. Habt ihr schon einmal vom Sternendrachen gehört, den der Prinz Mundinglaja dem Geist des unabsehbaren Himmelsrandes stahl? So hört denn die Geschichte!

Prinz Mundinglaja

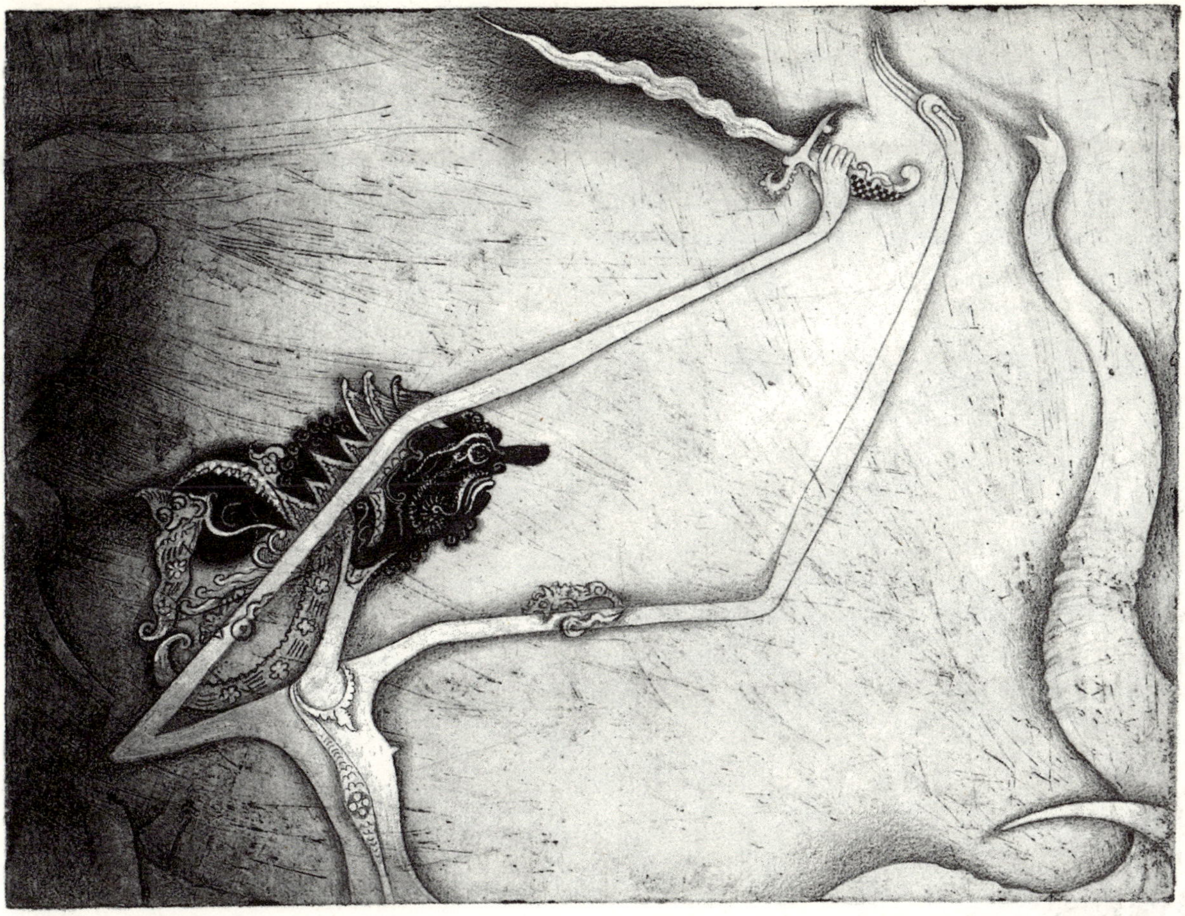

Am Anfang aller Zeiten, an der Schwelle der Zeitalter, regierte im Märchenreich Pajajaran der erhabene Herrscher Prabu Siliwangi. Wenn er auf seinem hohen Thron Platz nahm, ging am morgendlichen Firmament die Sonne auf und küßte den Zauberkris wach, die von Geschlecht zu Geschlecht vererbte heilige Waffe der Könige von Pajajaran. Vom spiegelnden Widerschein der Klinge wurde das Gold schwarz, und die Menschen auf den entferntesten Inseln mußten ihre Augen schließen, um nicht geblendet zu werden.

„Verneigt euch, ihr Edelleute des Inselreichs!" rief die Sonne. „Prabu Siliwangi, der König der Könige, vertrieb die dunkle Nacht."

Mächtig und weise war Prabu Siliwangi, und an Reichtum konnte sich niemand mit ihm messen. Sein Palast gleißte so licht wie das Himmelsgewölbe, und er duftete geheimnisvoll wie der Garten der Götter. Hinter seinen Umzäunungen aus versilberten Palmstämmen trompetete furchteinflößend die hundertköpfige Herde seiner Kriegselefanten. Sie hatten mit purem Gold beschlagene Stoßzähne, und auf ihren mit Diamanten besetzten Stirnbändern glänzten in Perlen ausgelegte Bilder von schrecklichen Dämonen. Seine königlichen Schiffe durchfurchten das Meer und quollen über von seltenen Gewürzen, feinsten Gewändern und Edelsteinen. Wenn der mächtige König einmal seinen Sklaven aus Langeweile befahl, in das aufgewühlte Meer zu steigen, entstand eine unendlich große Insel aus menschlichen Körpern, auf der Prabu Siliwangi mit seinen zahlreichen Gemahlinnen spazierenging. Diese schenkten einhundertfünfzig Königssöhnen das Leben. Jeder dieser Söhne hatte einhundertfünfzig Kinderfrauen, und jede Kinderfrau hatte einhundertfünfzig Dienerinnen. Jede Dienerin aber besaß einhundertfünfzig Mägde, und jede Magd einhundertfünfzig Sklavinnen. Die Sklavinnen trugen Gewänder aus Schmetterlingsflügeln, die mit Regentropfen durchwebt waren. So mächtig war Prabu Siliwangi, der König der Könige.

Und dennoch war der allerärmste Untertan seines Reiches reicher als er. Der König war unglücklich! Er erfreute sich weder am Gesang der Palastvögel, noch am Duft der Orchideen, denn die allererste seiner Frauen, die göttliche Lotoskönigin, hatte ihm bisher noch keinen Sohn, keinen würdigen Thronfolger, geschenkt. Vergeblich rief Prabu Siliwangi die mächtigsten Zauberer zu sich, umsonst opferte er den Göttern. Die schwebende Wiege für den Kronprinzen, die aus zarten Morgenwolken geflochten war, blieb leer.

„Was ist mir die Liebe und Ergebenheit meiner vielen Söhne wert, wenn in ihren Adern nicht das Blut einer königlichen Mutter kreist. Wozu nützen mir halbwilde Blumen am Fuß des heiligen Throns?“ wehklagte seine Majestät in schlaflosen Nächten. Da erschien ihm inmitten eines Gewitters unverhofft ein feuriger Dämon.

„O König aller Könige!“ redete er ihn mit verstellter Freundlichkeit an, „duftet nicht die wilde Rose betäubender als die künstlich gezogene? Bezwingt die wilde Pflanze nicht viel leichter den Dschungel? Warum zögerst du, den erhabenen Königsthron mit einfachen Blüten zu schmücken? Im Glanz deiner göttlichen Macht erblüht auch der wilde Strauch zu Ruhm und Ehren. Erhöhe ohne Bedenken, o erhabener König, den Sohn zu deinen Füßen, den dir die Gemahlin gebar, die gleich nach der erhabenen Königin folgt, jene Gemahlin, die du den ‚Schatten ihres Lichtes‘ nennst.“

Der König vertraute diesen Worten. Er ahnte nicht, daß seine im Rang zweithöchste Frau dem feurigen Dämon eine Herde fetter Büffel geopfert hatte, damit er dem Herrscher diesen Plan einflüsterte. So schien der Rat des feurigen Dämons dem König weise zu sein, und er ließ deshalb seine zweite Frau zu sich rufen und befahl ihr, zu seinen Füßen Platz zu nehmen.

„Du, der du der Schatten meiner lieblichen Herrscherin, der Lotoskönigin, bist, der auserwählten unter allen Frauen, höre jetzt meine Worte: Ich habe mich entschlossen, nach königlichem Willen und göttlichem Ratschlag, deinen und meinen Sohn Guru Gantang auf den heiligen Thron des Herrschers zu erheben. Er soll Kronprinz und Erbe des Reiches Pajajaran werden. So lautet mein königlicher Wille!“

Die listige Frau fiel vor Glück fast in Ohnmacht, als sie merkte, daß ihr Plan gelungen war. Sie fiel vor dem König auf den Boden nieder und küßte seine Füße. Dann geleitete sie ihren ältesten Sohn vor den Thron. Er war ein schöner und stolzer Jüngling, ein tapferer Krieger und mitleidloser Eroberer, doch tief in seinem Herzen verbargen sich Bosheit und List. Schweigend trat er vor den erhabenen Thron des Herrschers und hörte mit verstellter Unterwürfigkeit die väterliche Entscheidung an.

„Du, mein Sohn, der du nicht aus dem Schoß einer königlichen Mutter entsprossen bist, höre aus meinem geheiligten Mund die Absicht der unsterblichen Götter", sprach Prabu Siliwangi feierlich zu ihm. „Ich, dein Vater und König, erhebe dich aus dem Staub der Alltäglichkeit zum heiligen Thron der Herrscher von Pajajaran. Wenn meine Seele ins Reich der Götter eingehen wird, wirst du der Beherrscher eines mächtigen Reiches, das weder die Ufer des Meeres noch die Ketten der Berge begrenzen können. Dein Auge wird so weit reichen als das der Sonne blickt. Dein Arm wird dorthin greifen, wohin der Wind weht. Von Horizont zu Horizont wird der Zauberkris der Könige von Pajajaran gleißen, den deine Herrscherfaust fest umschließt. Einstweilen gehe und herrsche in meinem Namen und nach meinen Gesetzen im fernen Land der drei Inseln, damit deine unerfahrene Jugend von der Weisheit eines Königs erleuchtet wird. Wenn meine Zeit erfüllt ist, berufe ich dich statt meiner auf den allerhöchsten Königsthron."

An jenem Abend betrank sich Guru Gantang vor Freude, und gleich am nächsten Morgen zog er mit einem Gefolge von Getreuen stolzerfüllt in das Land der drei Inseln. Er segelte dahin wie ein rasender Orkan, und seinen Spuren folgten Feuerbrände. Die Hufe seiner wilden Kriegselefanten zermalmten den Dschungel, zertrampelten die himmelaufragenden Berge und zerstampften den Boden des Meeres.

„Platz für den Kronprinzen! Platz da für den zukünftigen König!" donnerte Guru Gantang und tötete und raubte auf seinem Weg zum Ruhm. Das Volk des Inselreiches floh vor ihm voller Grauen in die Berge.

Am selben Tag, als der ehrgeizige Guru Gantang die Grenze des Reiches Pajajaran verließ, zog auch der alte König mit einem unübersehbaren Heer gegen einen aufständischen König der weit entfernten wilden Inseln aus. Sein Kriegszug dauerte viele Wochen und Monate. Als er nach siegreicher Schlacht heimkehrte, erblickte er eines Abends ein wunderbares Himmelszeichen. Am südlichen Firmament erschien ein reizender weißer Fisch. Er wuchs und wuchs, bis aus seinem Mund ein Büffel herausbrach, der mit Perlmuttblüten bekränzt war. Zur selben Zeit erschien am nördlichen Firmament ein rosa Stern.

Der König fragte seine weisen Zauberer und Sterndeuter, was diese rätselhaften Zeichen bedeuteten, aber niemand konnte ihm eine befriedigende

 Erklärung geben. Von einer eigenartigen Vorahnung befallen, mahnte er sein Gefolge zur Eile. Als sie sich dem königlichen Palast näherten, hörten sie Jubelrufe und sahen nächtliche Freudenfeuer. Die jubelnden Stimmen riefen den Namen der göttlichen Mutter des Reiches Pajajaran, den Namen der Lotoskönigin, aus. Dann vertrat ein uralter Weiser dem König den Weg.

„Hast du die himmlischen Zeichen verstanden, mächtiger König?“ raunte er mit blassen Lippen. Der König schüttelte nur schweigend den Kopf.

„Wisse, Mächtigster der Mächtigen, daß die erhabene Lotoskönigin durch die Gnade der Götter um Mitternacht den Thronerben von Pajajaran geboren hat. Guru Gantang, jener Jüngling, den du zu Unrecht aus dem Staub der Alltäglichkeit erhoben hast, darf den heiligen Thron der Könige von Pajajaran nicht mehr besteigen. Wenn die Zeit gekommen ist, wirst du nach göttlichem Gesetz und menschlichem Recht den Zauberkris weitervererben und ihn in die Hand deines Sohnes aus königlichem Geblüt legen. Er soll nach dem Willen der Götter den Namen Mundinglaja, bekränzter Büffel, tragen. So lautet das Gebot der Götter.“

Die Freude des Königs war riesengroß.

„Weiser Greis, der du die Sprache des Himmels verstehst, sage mir, was der leuchtende Stern bedeuten soll, der am nördlichen Firmament aufgestiegen ist?“ fragte er den Gelehrten. Der Greis lächelte nur.

„Am selben Tag, als die Lotoskönigin den Thronerben gebar, wurde im Reich des endenden Flusses eine Königstochter geboren. Die Götter gaben ihr den Namen Rosa Stern. Verbinde die Quellen des Flusses mit ihrer Mündung, erhabener König der Könige! Die Götter wünschen, daß du die Hand deines Sohnes auf das Haupt dieser Königstochter legst. Sende deshalb ohne Säumen eine Botschaft ins Reich des endenden Flusses, sein Herrscher und König möge seine Tochter dem künftigen Herrscher von Pajajaran, dem hochgeborenen Mundinglaja, verloben. So lautet der Befehl der Götter.“

„Wer bist du, alter Mann, der du in die Seelen der Menschen das Glück bringst wie Reiskörner in fruchtbare Erde?“ fragte der König.

„Ich heiße Namenlos“, erwiderte der Greis und verschwand wie Nebel.

Der König besann sich nicht lange und schickte eine Gesandtschaft mit reichen Geschenken ins Reich des endenden Flusses. Dann eilte er so schnell er konnte in seinen Palast, um seinen jüngsten Sohn und Thronerben in den Armen wiegen zu können.

Zwei Sonnenwenden lang dauerten die Feierlichkeiten zu Ehren des kleinen Prinzen. Das ganze Volk jubelte, und vor den Toren des königlichen Palastes häuften sich die Geschenke der dankbaren Untertanen. Ein alter Fischer brachte dem kleinen Mundinglaja einen Goldfisch, der singen konnte. Ein Vogelsteller schenkte ihm einen goldenen Käfig mit einem blauen Vogel darin, der unter Wasser fliegen konnte. Und ein Gärtner pflanzte im Palastgarten einen Baum, der unter der Erde blühte. Der älteste der Jäger aber brachte aus dem Dschungel einen Affen, der redete in der Sprache der Menschen. Das ganze Reich jubelte und sang vor Glück und ließ die erhabene Lotoskönigin, die Mutter des kleinen Prinzen, hochleben.

Nur die Mutter Guru Gantangs haßte Mundinglaja aus tiefster Seele, weil er ihren eigenen Sohn um den begehrten Thron gebracht hatte. Heimlich opferte sie wieder den Dämonen, damit sie dem Kleinen eine tödliche Krankheit schicken und ihn mit einem bösen Zauber bannen sollten. Sie bat auch bestechliche Zauberer, seinen Sinn zu verdunkeln. Sie beschwor die giftigen Drachen und Schlangen, Mundinglaja nach dem Leben zu trachten. Aber der junge Prinz wuchs und gedieh allen bösen Absichten zum Trotz zusehends, seine Glieder waren gerade und gesund, und sein Sinn blieb rein und klar. Die Götter waren ihm gutgesonnen. Es dauerte nicht lange, da konnte sich niemand an Schönheit und Mut mit ihm messen.

Als er zu einem stolzen Jüngling herangewachsen war, besuchte er oft seine Auserwählte, die Prinzessin im Reich des endenden Flusses. Dann saßen sie zusammen im Kelch einer großen Wunderblume, erzählten einander Märchen und fingen Schmetterlinge mit Regenbogenflügeln in ihren goldenen Netzen. Eines Tages aber war die Prinzessin sehr traurig.

„Ich hatte einen bösen Traum, mein Prinz! Wenn du in dein Reich zurückkehrst, meide das Gemach einer Frau, die nicht deine Mutter ist. Sonst werden uns die Götter trennen."

Der Prinz lachte bei ihren Worten.

„Fürchte nichts, meine beste Freundin! Mundinglaja spielt nicht in den Kammern geschwätziger Frauen. Er kost nur mit dem Bild deines Antlitzes, das die Götter tief in seine Seele eingebrannt haben."

Nach diesen blumigen Worten nahm er Abschied von der Prinzessin. Die neidische Mutter des falschen Kronprinzen, Schatten ihres Lichts, hatte ihm jedoch eine Falle gestellt. Sie schickte ihm eine junge Frau seines Vaters, die anmutige Rubinblüte, entgegen.

„Komm mit mir, erhabener Prinz", lockte ihn Rubinblüte. „Ich will dir auch ein großes Geheimnis verraten." Der Prinz wollte anfangs nichts davon wissen. Doch schließlich siegte seine natürliche Neugier, und er betrat ihr Gemach.

„Hier ist mein Geheimnis!" rief Rubinblüte aus, umarmte den Prinzen und küßte ihn. Im selben Augenblick aber trat Mundinglajas Vater, König Prabu Siliwangi, mit seiner zweiten Frau, Schatten ihres Lichts, in das Gemach.

„Wie kannst du es wagen, meine angetraute Frau zu berühren!" donnerte der alte König voller Empörung. „Wie kannst du es dir erlauben, die Ehre des

Herrschers von Pajajaran zu beflecken! Wehe dir, du ungeratener Sohn!" Wutentbrannt zückte der König seinen Zauberkris, um dem Prinzen das Herz zu durchbohren. Nur das Weinen der Lotoskönigin, die das Wüten des Königs gehört hatte, hinderte ihn an seiner grausamen Tat. Aber der verwirrte Mundinglaja verteidigte sich vergebens, der König versteifte sich nur noch in seinem Ärger.

„Du bist nicht würdig, den Thron von Pajajaran zu besteigen! Vor dem Antlitz der Götter verwerfe ich dich, Mundinglaja! Wenn die Zeit gekommen ist, setze ich deinen älteren Stiefbruder Guru Gantang, den Statthalter im Reich der drei Inseln, auf den erhabenen Königsthron. Du aber, der mit schändlicher Schmach mein Herz durchbohrt hat, wirst dein unwürdiges Leben als Verräter bis ans Ende deiner Tage im Kerker fristen. So lautet mein königlicher Wille!"

Und der König befahl den bewaffneten Wächtern sogleich, seinen Sohn zu ergreifen und einzusperren.

Es halfen weder die Klagen der Lotoskönigin, noch die Erbitterung des hellsichtigen Volkes, das Mundinglaja fast wie einen Gott verehrte. Der König strafte jeden Widerstand hart und grausam. Blind glaubte er den boshaften Einflüsterungen seiner zweiten Frau, Schatten ihres Lichts, und rüstete sich, ihrem ehrgeizigen Sohn die Regierung zu übergeben.

Eines Tages jedoch überwand den König auf seinem erhabenen Thron der Schlaf. Da träumte Prabu Siliwangi, dem König der Könige, etwas sehr Sonderbares: Ihm erschien ein Drachen, wie ihn die Jungen an goldener Schnur zum Himmel aufsteigen lassen. Es war ein sehr eigenartiger Drachen. Er glänzte wie ein Stern am Himmel, und aus seinen fünfundzwanzig silbernen Schwänzen schlugen blendende Strahlen, die aussahen wie kleine blitzende Regenbogen.

„Was bedeutet dieser merkwürdige Traum?" fragte der König seine weisesten Sterndeuter, aber niemand vermochte ihm darauf vernünftig zu antworten. Bis eines Tages ein unbekannter, fast durchsichtiger Greis an ihn herantrat.

„König aller Könige", richtete dieser das Wort an den Herrscher. „Weißt du denn nicht, daß dir im Traum der Sternendrachen des ewigen Glücks erschien, den der mächtige Geist des unabsehbaren Himmelsrandes zu seiner Freude am Firmament aufsteigen läßt? Welcher Sterbliche auch immer diesen Drachen gewinnt, der lebt bis ans Ende seiner Tage in Glück und Frieden mit seinen Brüdern und selbst mit seinen Feinden."

„Diesen Drachen möchte ich gern haben", wünschte sich der König.

„Schicke deinen tapfersten Sohn zum Geist des unabsehbaren Himmelsrandes", riet ihm der Geist und war auf einmal wie Nebel verschwunden.

Der König vertraute diese Aufgabe gleich dem stolzen und wilden Sohn seiner zweiten Frau an, doch dieser versteckte sich feige im Dschungel. Erst nach Jahren kehrte er völlig abgemagert zurück und erzählte dem König seine erdachten, schrecklichen Abenteuer. Niemand seiner Brüder hatte nun noch den Mut, sich mit dem mächtigen Geist zu messen. Da bat die Lotoskönigin den König, seinen eingekerkerten Sohn Mundinglaja nach dem Sternendrachen auszusenden.

„Wenn du mir den Zauberdrachen bringst, wirst du den Thron der Könige von Pajajaran besteigen. Ich, dein Vater und Herrscher, verzeihe dir dann großmütig deine schwere Schuld", sprach Prabu Siliwangi und legte den Zauberkris der Könige von Pajajaran in die Hand des Prinzen Mundinglaja.

In der Einsamkeit seines Gefängnisses hatte Mundinglaja die Zauberkräfte der weisen Priester erlernt. Er befahl deshalb einem Farnblatt, sich in ein schlankes Boot zu verwandeln, das zu Wasser und auf dem Land segeln konnte, und ohne weitere Verzögerung begab er sich auf die Reise. Er reiste viele Tage und Nächte, begleitet von seinem treuen Gefolge, doch der Himmelsrand blieb immer gleich weit von ihm entfernt. Unterwegs begegneten sie vielen Gefahren, litten Hunger und Durst, und fast pausenlos mußten sie mit riesigen Haifischen kämpfen. Nur der Zauberkris der Könige bewirkte, daß sie das nackte Leben retten konnten.

Eines Tages erblickten sie eine eigenartige Insel. Sie schwamm mitten im weiten, verlassenen Meer. Sie stand auf Schildkrötenbeinen und spie aus einem Vulkan Feuer und glühende Lava zum Himmel empor.

„Wehe uns!" schrie einer der Schiffer. „Wir sind zur Insel des mitleidlosen Meeresriesen gelangt. Nun müssen wir unser Leben lassen."

Da wurden sie auch schon von einem mächtigen Wasserwirbel ergriffen und geradewegs vor die Füße des Meeresriesen geschleudert. Das Ungeheuer sah sie jedoch überhaupt nicht. Es schichtete sich ganze Palmstämme wie einen riesigen Scheiterhaufen auf, nahm sie gebündelt ins Maul und spie sie wie Felsbrocken gegen den Himmel. Sein Kopf reichte bis zu den Wolken. An Stelle von Haaren schlängelten sich giftige Vipern um seine Schläfen, welche mit ihren Hexenaugen die Korallenriffe versengten.

„Hallo, erhabener Meeresriese!" rief der Prinz beherzt. „Kannst du mir verraten, wie ich dorthin gelange, wo der Geist des unabsehbaren Firmaments sein liebstes Spielzeug, den Sternendrachen, zum Himmel aufsteigen läßt?"

Doch der Riese hörte seine schwache Stimme nicht. So blieb Mundinglaja nichts anderes übrig, als am Körper des Ungeheuers hinauf bis zu seinem riesigen Ohr zu klimmen. Dort zog er dem Riesen eine Giftschlange aus dem Haarschopf.

„Wer hat mich hier gekitzelt?" ärgerte sich der Riese und kratzte sich erbost in den Haaren. Dabei blieb Mundinglaja unter seinem Fingernagel hängen.

„Schau einmal an, was für ein wunderlicher Floh", lachte der Riese laut heraus, als er den Prinzen mit seinen kurzsichtigen Augen betrachtete. Noch ehe sich Mundinglaja versah, warf ihn das Ungeheuer in seinen aufgesperrten Rachen. Als das die Gefährten des Prinzen erblickten, flohen sie Hals über Kopf zu ihrem Boot, um dem König von Pajajaran zu berichten, wie sein Sohn im feurigen Schlund des Meeresriesen ums Leben kam.

Der tapfere Prinz jedoch ergab sich nicht ohne Widerstand. Er zückte den Zauberkris der Könige von Pajajaran und bahnte sich damit im Bauch des Riesen einen Weg, immer höher und höher hinauf, bis er das unförmige Herz erreichte. Das Ungeheuer stöhnte vor Schmerzen. Es wand sich in Krämpfen und bat um Erbarmen. Als es dem Prinzen endlich gelungen war, sich bis in den Rachen des Ungetüms zurückzukämpfen, spie ihn der Riese in seine Hand, fiel auf die Knie und versprach, ihm jeden Wunsch zu erfüllen, wenn ihn der Prinz mit seiner scharfen Waffe nur in Ruhe ließe.

„Sag mir, wie ich zum unabsehbaren Himmelsrand gelange", befahl ihm der tapfere Prinz.

Der eingeschüchterte Riese holte tief Luft und blies mit seinem starken Atem Mundinglaja von seiner Hand geradewegs in den Himmel hinauf. Drei Tage und drei Nächte lang flog der Prinz durch das Reich der Sterne, bis er plötzlich unter sich den Geist des unabsehbaren Himmelsrandes erblickte. Er saß dicht unter dem Horizont auf einem goldenen Stuhl und schlummerte behaglich. Um einen seiner Finger war ein Mondstrahl gewickelt, und an diesem Mondstrahl schwebte der Sternendrachen. Der Prinz zögerte nicht, ergriff den Sternendrachen an seinem silbernen Schwanz und durchhieb mit seinem Zauberkris den Mondstrahl. Da erwachte der Geist des unabsehbaren Himmelsrandes aus seinem Schlummer, blickte um sich und begann furchtbar zu fluchen.

„Wo ist mein Sternendrachen geblieben?" schrie er in alle Himmelsrichtungen, und als er den Prinzen sah, der wie ein goldener Pfeil am Himmel entlangflog, verwandelte sich der erzürnte Geist in eine schwarze Gewitterwolke und stürmte ihm hinterdrein. Vergebens versuchte der Prinz zu entkommen. Der mächtige Geist holte ihn bald ein, und ehe Mundinglaja seinen Zauberkris ziehen konnte, um sich zu verteidigen, stieß ihm der Geist den giftigen Dolch der Nachtdämonen mitten ins Herz. Da entschwebte dem Mund des Prinzen eine winzige weiße Fee. Doch es war keine echte Fee, sondern seine Seele. Sie umarmte den Körper des Prinzen und wusch mit ihren Tränen seine blutende Wunde.

„Ermanne dich, Königssohn, du einziger unter allen! Erhebe dich, o Erbe des Thrones von Pajajaran, und ergreife beherzt deinen Kris", sang seine Seele leise und behauchte die Lider des Prinzen mit ihrem duftenden Atem. Da öffnete der Prinz wie schlaftrunken die Augen, und seine Seele kehrte auf Zehenspitzen in seine Brust zurück. Als der böse Geist des unabsehbaren Himmelsrandes das sah, schickte er sich zu einem neuen tödlichen Stoß an, doch nun zog Mundinglaja blitzschnell seinen Zauberkris und stieß dem Dämon die scharfe Klinge in die Brust.

„Erbarmen, erhabener Prinz!" jammerte der Dämon. „Ich will dein Sklave sein und dir treu dienen, wo immer du auch weilst."

Mundinglaja erbarmte sich des Geistes und wusch seine Wunde mit kühlem Mondtau aus. Dann flogen sie wie Freunde zusammen auf dem Sternendrachen ins Königreich Pajajaran. Ihre Reise führte an märchenhaften, nach Nelken und Zimt duftenden Inseln vorbei. Sie hörten die Stimmen des dunklen Dschungels und das Lied des glasklaren Meeres.

Eines Tages erblickten sie in der Ferne einen festlich geschmückten Palast und hörten die feierliche Musik eines Gamelan-Orchesters. Um den Palast herum drängte sich eine Menge betrübter Menschen.

„Das ist das Königreich des endenden Flusses, die Heimat meiner Braut, Rosa Stern", rief der Prinz überrascht aus und flog zum Palast hinunter.

„Was geht hier vor sich?" fragte er einen traurig dreinblickenden Türsteher. „Die Blumen verraten, daß euer Land vom Glück begünstigt wurde. Warum freust du dich nicht?"

„Wer sollte sich wohl freuen?" fertigte ihn der Mann im Tigerfell kurz ab. „Weißt du denn nicht, daß unser König seine liebliche Tochter Rosa Stern an den grausamen Prinzen Guru Gantang, den Statthalter im Land der drei Inseln, vermählen will? Wenn dich meine Worte erfreuen sollten, durchbohre ich dein Herz! Unser Volk haßt den grausamen Prinzen aus tiefster Seele."

„Hat denn die Prinzessin ihren Bräutigam Mundinglaja vergessen?" fragte der Prinz erschrocken. Doch der Mann seufzte nur traurig.

„Hörtest du nicht, daß Mundinglaja, der bekränzte Büffel, der Liebling des ganzen Volkes, im feurigen Rachen des Meeresriesen starb?"

Und dann berichtete er dem Prinzen traurig, daß der wilde Nebenbuhler eines Tages mit seinem Heer ins Königreich des endenden Flusses eingefallen wäre und gedroht hätte, das Land auf den Stoßzähnen seiner wilden Elefanten davonzutragen, wenn ihm der König nicht seine Tochter zur Frau gäbe. Die Prinzessin freilich habe sich ausbedungen, daß ihr der ungeliebte Freier solche Brautgeschenke bringen müsse, die noch kein menschliches Auge je erblickt habe: einhundert Schiffe voll Mückenflügel, einhundert Schiffe voll Ameiseneier und einhundert Schiffe voll Teeduft.

„Es geschah das Wunder aller Wunder", seufzte der ehrliche Mann. „Der mächtige Prinz erfüllte mit Hilfe seiner ihm ergebenen Dämonen und Zauberer alle die unerfüllbaren Wünsche der Prinzessin. Als die arme Rosa Stern davon erfuhr, floh sie in den tiefsten Dschungel und versteckte sich in der Stachelschale einer Seifenbaumfrucht. Sie läßt niemanden zu sich, sitzt nur dort und weint pausenlos", fügte er bitter hinzu.

Kaum hatte er seinen Bericht beendet, da flog der Prinz auch schon mit dem Sternendrachen in den Dschungel und rief nach seiner Braut. Sein lautes Rufen hörte auch der verräterische Prinz Guru Gantang, und er erblaßte vor Angst.

„Das ist die Stimme meines Stiefbruders Mundinglaja!" schrie er böse. „Zückt eure Dolche, meine tapferen Kämpfer: ich will sein Haupt zu meinen Füßen sehen!"

Die wilden Krieger stürmten allsogleich auf ihren schnaubenden Elefanten in den Dschungel hinein und ließen die tödlichen Dolche über ihren Köpfen kreisen. Da aber vertrat ihnen der Geist des unabsehbaren Himmelsrandes den Weg.

„Ich bin der treue Diener meines erhabenen Herrn Mundinglaja. Wehe euch, ihr treulosen Krieger! Ihr seid dem Tod verfallen."

Nach diesen Worten verwandelte sich der Geist in ein donnerndes Gewitter und vernichtete Guru Gantangs Heer mit tödlich zuckenden Blitzen.

„Erbarmen, Prinz Mundinglaja, mein erhabener königlicher Bruder!" wand sich der entsetzte Prinz Guru Gantang auf dem Erdboden. Da befahl Mundinglaja dem strafenden Dämon einzuhalten. Er verband dem bösen Stiefbruder die blutenden Wunden. Dann zerschnitt er mit seinem Zauberkris vorsichtig die stachelige Schale der Seifenbaumfrucht. Die Prinzessin Rosa Stern trat unverletzt hervor und fiel ihrem Bräutigam in die Arme.

„Nichtswürdiger Verräter", sprach Mundiglaja zu seinem Bruder. „Ich lade dich vor den heiligen Thron des Königs von Pajajaran. Mag der edle Prabu Siliwangi unsere Taten beurteilen."

Dann sandte er den hilfreichen Geist des unabsehbaren Himmelsrandes mit einer Botschaft nach Pajajaran, um den königlichen Eltern seine Ankunft zu melden. Prabu Siliwangi, der König der Könige, freute sich unermeßlich und ließ die gute Nachricht von der glücklichen Heimkehr seines Sohnes im ganzen Land verkünden. Seine erhabene Gemahlin, die Lotoskönigin, konnte vor Glück keinen Schlaf mehr finden. Die ganze Nacht über schaute sie nach dem Firmament, ob der Prinz nicht schon auf seinem Himmelsdrachen angeflogen käme, und sie dankte den Göttern für seine Rettung.

Überaus feierlich war die Rückkehr des Prinzen Mundinglaja und seiner lieblichen Braut Rosa Stern ins Königreich Pajajaran. Niederschmetternd hingegen war das Ende des treubrüchigen Prinzen Guru Gantang und seiner

Mutter. Als der König erfahren hatte, daß der echte Kronprinz durch die Schuld dieser Frau so ungerecht leiden mußte, befahl er, sie in einen schimpflichen Zug durch die Straßen der Hauptstadt zu führen und dann in den Dschungel zu jagen. Niemand hat sie je wieder gesehen.

Als Prabu Silliwangi alt geworden und von der Welt Abschied nehmen mußte, bestieg Prinz Mundinglaja den heiligen Thron der Könige von Pajajaran und lebte mit seiner lieblichen Gemahlin Rosa Stern glücklich bis ans Ende seiner Tage. Über ihren Häuptern glänzte der Sternendrachen des Glücks in den schönsten Regenbogenfarben. Ihr treuester Sklave und Freund aber blieb der hilfreiche Geist des unabsehbaren Himmelsrandes, der den Sternendrachen an einem Mondstrahl steigen ließ.

Maman hatte sich entschlossen, zaubern zu lernen. Er wollte seiner Schwester Tuti einen Bart ans Kinn zaubern, weil sie ihn immer hänselte.

„Dann müßtest du ein Amulett aus der Zauberwurzel Akar Bahar haben, die nur im Meer zu finden ist", belehrte ihn Nani altklug. Maman jedoch genügte ein dünner, biegsamer Bambustrieb. Er wand ihn um seine Faust, machte ein geheimnisvolles Zeichen und besprach das biegsame Holz mit sonderbaren Verwünschungen.

„Larifari, Geisterspeise,
dreh dich wie ein Hund im Kreise.
Larifari, Zuckerhut,
mit vollem Bauch, da schläft's sich gut.
Larifari, Entenbraten,
Maman weiß sich schon zu raten."

„Das gilt nicht!" sprudelte Tuti hervor. „Wenn du übernatürliche Kräfte erlangen willst, mußt du zuvor weit, weit in den Dschungel hineingehen und dort ganz, ganz allein und furchtbar lange ausharren. Das stimmt doch?" fragte sie den weisen Greis.

Der Meister des Schattentheaters nickte ernst:

„Du dürftest weder essen noch trinken. Du müßtest in der Stille der Waldeseinsamkeit schweigend nachdenken. Du müßtest deine Seele den Göttern überantworten."

Nani lachte gurrend wie ein wildes Täubchen. Maman sollte weder essen noch trinken und außerdem kein Wort sprechen? Oder sogar nachdenken! Nein, so etwas hatte die Welt noch nicht gesehen.

Aber der kleine Junge war ein Dickkopf und verkündete, er werde es ihnen beweisen. Ein Weilchen später verschwand er wie der tapfere Prinz Schmutzfink in der Dunkelheit des Dschungels. Nani wollte ihm sofort nachlaufen, aber der weise Märchenerzähler hielt sie lächelnd zurück.

„Er wird sehr schnell zurückkommen", meinte er zuversichtlich. „Die Schlangen sind heute satt, und die Geister ruhen noch auf ihren Schlafbäumen. Dem Kleinen droht keine Gefahr."

Aber Maman kehrte nicht zurück.

Sie suchten ihn überall im Sonnenschein und auch im dunkelsten Gebüsch. Sie riefen nach ihm, doch vergebens. Er meldete sich nicht. Da ärgerte sich der Greis über sich selber, und die Mädchen waren dem Weinen nahe. Unglücklich kehrten sie in die Hütte des Alten zurück. Doch da entdeckte Nani den kleinen Bruder durch einen puren Zufall. Maman saß mucksmäuschenstill hinter der Hütte, umarmte den gutmütigen Ziegenbock Aki, und beide aßen mit Behagen von den unreifen, säuerlichen Früchten, die dort an einem Dornenstrauch wuchsen. Maman hatte einen klebrigen Bart bis zu den beiden Ohren.

„Geht weg, ich lerne hier zaubern", murmelte er unwirsch. Doch Nani zog ihn mitleidlos in die Hütte hinein. Plötzlich riß sich der Knabe los und stürzte Hals über Kopf in den Wald hinein. Der Greis blickte Nani unsicher an. Doch diese schlug die Hände über dem Kopf zusammen und rief begeistert:

„Ein Wunder ist geschehen, Vater! Maman ist von einer übernatürlichen Macht besessen: sein Bäuchlein tut ihm weh!“

Tuti krümmte sich vor Lachen. „Also nein, unser Maman, was ist das für ein Dummerle! Ißt die unreifen Früchte.“ Und dann fiel dem Greis dazu ein hübsches Märchen ein.

Der dumme Galetang

In einer Gegend lebte einmal ein Mensch, der sich selbst für das weiseste Geschöpf auf der ganzen Welt hielt. Er war noch niemals aus seinem Dorf herausgekommen und lief nur von Hütte zu Hütte, um zu erzählen, wie klug er sei. Damit er die Nachbarn auch durch ein Beispiel von seiner Weisheit überzeugen konnte, verfaßte er einen Reim, denn das erschien ihm eine schwere Kunst. So reimte er etwa:

„Aus dem Butterfaß
fiel ein Frosch ins Gras.“

Oder aber er dichtete:

„Kein Ziegenbock hat Tigerhaare,
das Messer schleift man an der Bahre.“

Es waren jedenfalls lauter Unsinnigkeiten, die er zusammenreimte.

„Was soll denn das, Galetang?“ fragten die Nachbarn. „Deine Reime haben ja weder Hand noch Fuß. Du bist aber einfältig, Galetang.“

Der Bursche ärgerte sich dann und bewarf die Nachbarn mit Steinen, aber das half ihm nichts. Sie trieben weiter ihren Spott mit ihm. Eines Tages schickte ihn die Mutter ins Nachbardorf auf den Markt.

„Verkaufe dort diese wunderschönen Kappen“, befahl sie ihm, „aber laß dich nicht übervorteilen.“

„Was denkst du denn von mir, Mutter? Bin ich nicht der klügste Mann auf der ganzen Welt?“ erwiderte Galetang beleidigt, legte sich die Kappen auf die Schulter und machte sich auf den Weg.

„Wie komme ich nur zum Markt?“ zerbrach er sich den Kopf, und da es ihm nicht einfiel, fragte er einen Wanderer:

„Hallo, guter Mann! Wie gelangt man denn ins Nachbardorf?“

„Lauf nur hier entlang“, wies der Wanderer ihm den Weg. Aber da er zufälligerweise aus dem Dorf stammte, in dem Galetang den Markt besuchen wollte, schickte er ihn wieder nach Haus zurück, denn für den Wanderer war Galetangs Dorf das Nachbardorf. Auf dem Dorfplatz traf Galetang seine Mutter.

„He, wie kommst du denn hierher?“ fragte er sie erstaunt und vergaß vor Überraschung, den Mund zu schließen. „Warum hast du mir nicht gesagt, daß du auch ins Nachbardorf gehen willst: wir hätten uns den Weg mit einem netten Schwätzchen verkürzen können!“

Galetangs Mutter schlug die Hände über dem Kopf zusammen.

„Ach, du Dummkopf, erkennst du denn nicht, daß du daheim bist? Bist du betrunken, oder bist du gar blind geworden?“

Nun begann das schlaue Bürschchen gleich zu schimpfen, weil ihm ein Unbekannter den falschen Weg gewiesen hatte.

„Das war bestimmt ein Wanderer aus dem Nachbardorf“, vermutete die Mutter. „Er hat dich ganz richtig geschickt, von sich aus gesehen. Begreifst du denn nicht, du Narr, daß unser Dorf für die Menschen im nächsten Ort das Nachbardorf ist?“

„Aha“, freute sich Galetang, „dann bin ich also doch richtig gegangen. Du sagst doch, Mutter, ich sei im Nachbardorf.“

„Mit dir läßt sich reden wie mit einem Stück Holz“, fertigte ihn die Mutter kurz ab. „Beeile dich und lauf jetzt endlich zum Markt, sonst verkaufst du nichts mehr!“

Galetang aber wollte das um keinen Preis begreifen, und nun wurde die Mutter schließlich ärgerlich.

„Wenn du nicht allein ins Nachbardorf findest, dann fange dir von mir aus einen Affen am Schwanz. Der ist klüger als du und wird dich schon richtig hinführen.“

Der törichte Junge nahm ihre Rede wörtlich und machte sich daran, einen Affen zu fangen, um sich von ihm ans Ziel führen zu lassen. Es dauerte aber ziemlich lange, bis er einen erwischt hatte. Doch dann hatte er Glück, und er sagte:

„Spute dich, du häßlicher Affe! Wenn du klüger bist als ich, so führe mich ins Nachbardorf. Die Mutter hat mir befohlen, Wollkappen auf dem Markt zu verkaufen."

Der Affe war nicht faul und führte Galetang in den Affenwald. Dem Jungen taten von dem schnellen Lauf die Füße weh. Deshalb ließ er sich ins Gras fallen, um ein wenig auszuruhen. Nach kurzer Zeit schon war er fest eingeschlafen.

„Was bringt uns denn der Mensch dort?" fragten die Affen einander. Sie waren von Natur aus sehr neugierig, und deshalb schlichen sie leise, leise näher und stahlen alle Kappen. Als der müde Schläfer endlich aufwachte, glaubte er seinen eigenen Augen nicht zu trauen: alle seine Kappen waren verschwunden!

„Diebe!" schrie er und lief wie besessen im Kreis herum. Doch plötzlich sah er auf einer Palme einen Affen mit einer Kappe auf dem Affenschädel. Vor Erstaunen nahm er ehrerbietig seine Mütze ab und verbeugte sich. Der Affe zog auch den Hut. Er äffte ihn halt nach!

„Nun sieh einer an, wie hübsch gekleidet und wie höflich erzogen er ist. Das ist sicher kein gewöhnlicher Affe", dachte Galetang und fragte:

„Edler Herr, sahen Sie hier in der Nähe irgendwo einen Dieb?"

Der Affe antwortete nicht, zog nur eine abscheuliche Fratze und rief seine Brüder, damit sie sich diesen sonderbaren affigen Menschen anschauen könnten.

„Nein, so etwas!" staunte Galetang, „so viele Affen, und jeder trägt eine Kappe auf dem Kopf. Ich will ein Büffel sein, wenn das nicht meine eigenen Kappen sind. Nun muß ich wenigstens nicht mehr auf den Markt. Sicher wollen die Affen meine Kappen kaufen." Galetang nahm seine Mütze wieder ab, und die Affen taten es ihm nach. Es waren eben Affen!

„Hochverehrte Herren, die Kappen stehen Ihnen ausgezeichnet. Aber seien Sie bitte so freundlich und bezahlen Sie mir meine Ware. Und übertölpeln Sie mich bitte nicht. Meine Mutter würde sonst denken, ich sei ein Tor", sagte Galetang zu den Affen.

Die Affen erwiderten darauf nichts. Sie kicherten nur und stießen sich gegenseitig an. Dieser affige Mensch gefiel ihnen sehr, er hatte so lustige Einfälle. Galetang aber begann sich zu ärgern, daß die Affen seine Kopfbedeckungen offensichtlich nicht bezahlen wollten. Er ergriff deshalb eine herabgefallene Kokosnuß und warf sie mit Schwung zwischen die Palmwedel hinauf. Nun hatte er etwas angerichtet! Ehe er sich's versah, flogen ihm die Kokosnüsse um den Kopf wie bei einem Erdbeben.

„Genug, genug, ihr edlen Herren!" klagte er und bedeckte seinen Kopf mit beiden Armen. „Ihr habt überreichlich bezahlt. Mehr kosten meine Kappen nicht!"

Die Affen wurden still und warteten, was dieser vergnügliche Mensch wohl noch alles anstellen würde, damit sie ihn nachäffen konnten.

„Ach, ihr verflixten Affen! Die Schlangen sollen eure Jungen fressen", schrie Galetang erbost zu ihnen hinauf und warf wütend mit seiner Mütze nach ihnen. Ehe er recht begriffen hatte, was geschah, flogen ihm von den Bäumen herab seine eigenen Kappen um die Ohren, und obendrein gaben die Affen noch ein paar Kokosnüsse dazu.

„Na bitte, wie hab' ich die Schlauköpfe überlistet! Nun sage noch jemand, ich sei nicht klüger als die Affen", schmeichelte sich der dumme Galetang, sammelte seine Kappen auf, legte die dicken Kokosnüsse hinein und ging fort, um allein das Nachbardorf zu suchen. Auf dem Fluß sah er ein Boot mit einem Fischer darin. Der kam gerade vom Markt und hatte einen Beutel mit Salz bei sich.

„Wohin des Wegs, junger Mann?" rief er Galetang zu. Der erklärte ihm, daß er zum Markt ins Nachbardorf wolle.

„Was willst du dort denn Schönes verkaufen?" fragte ihn der Fischer ein wenig aus.

„Diese hübschen Kappen hier. Und ein paar Kokosnüsse gebe ich gratis dazu", brüstete sich Galetang.

„Warum willst du dir die Mühe eines solchen langen Weges machen?" redete der listige Fischer auf ihn ein. „Ich selber will dir deine Kappen abkaufen."

„Aber daß du mich nicht betrügst!" beschwor ihn der Junge. „Meine Mutter würde sonst mit mir schimpfen."

Der Fischer versprach, die Kappen angemessen zu bezahlen. Er bot Galetang seinen Beutel mit Salz zum Tausch an.

„Glaube ja nicht, mich überlisten zu können, Fischer! Was hast du denn in deinem Beutel?"

Der Fischer raunte ihm zu, der Beutel wäre voll von glänzenden Goldstücken, ein ausgesprochener Schatz.

„Dafür kannst du dir zehn Büffel und noch eine Braut obendrein kaufen", versprach er. „Aber binde den Beutel unterwegs nur ja nicht auf! Die Goldtaler würden herausspringen und in den Fluß rollen. Es sind nämlich Fischergulden, und das Wasser übt auf sie eine magische Anziehungskraft aus."

Galetang freute sich, so leicht zu Reichtum zu kommen. Er reichte dem Fischer bereitwillig seine Kappen samt den Kokosnüssen und ging fröhlich heimwärts. Unterwegs wurde ihm aber so warm von der schweren Last, daß er sich, als wieder ein kleiner Fluß vor ihm auftauchte, ein wenig abkühlen wollte. Deshalb versteckte er seinen Beutel im Ufergebüsch und sprang ins Wasser.

Doch plötzlich fiel es ihm siedendheiß ein, wie leicht ihm jemand sein Geld stehlen könnte, während er badete. Er säumte keinen Augenblick, stieg wieder ans Ufer und band sich den schweren Beutel um den Hals. Dann sprang er wieder in den Fluß. Aber das Salz löste sich im Wasser auf, und der törichte Galetang brachte einen leeren Beutel heim.

„Was hast du für meine schönen Kappen bekommen?" fragte die Mutter. Galetang zeigte ihr den leeren Salzbeutel.

„Ich erhielt einen ausgesprochenen Schatz dafür, Mutter! Es war Geld für zehn Büffel und noch eine Braut dazu. Doch als ich in den Fluß sprang, um zu baden, sind mir alle Goldstücke davongeschwommen. Es waren nämlich Fischergulden, und das Wasser übte auf sie eine magische Anziehungskraft aus."

„Du bist aber dumm, Galetang", ärgerte sich die Mutter. „Geh mir aus den Augen! Hüte deine unsichtbaren Büffel, und dein Mittagessen soll dir deine unsichtbare Braut kochen."

„Na gut, wie du willst, Mutter!" nickte Galetang zustimmend. Er schnitt sich eine Gerte und ging auf die Weide, um die unsichtbaren Büffel zu hüten. Unterwegs brüstete er sich vor den Nachbarn:

„Heute kocht mir meine unsichtbare Braut ein köstliches Mittagessen. Meine Mutter hat's gesagt."

Alle Dorfbewohner lachten ihn aus.

„Galetang, du hast aber wirklich Stroh im Kopf!" sagten sie.

An den langen Abenden hatte der Greis für Maman ein wunderschönes kleines Fischnetz gebastelt. Der Knabe grub sich mit einer Kokosschale eine Vertiefung hinter der Hütte, trug von der nahen Quelle frisches Wasser herbei und spielte Fischefangen.

„Wenn du nicht schnell deinen Mund zumachst, springen dir alle deine Fische in den Mund", hänselte ihn Tuti und dichtete sogar einen Spottvers auf Maman.

Der Greis ermahnte sie sanft. Um den aufgebrachten Maman zu erfreuen, erzählte er ihm ein Märchen von seinem geliebten Kantschil, dem Zwergböckchen oder Hirscheber, dem lustigen Helden so vieler humorvoller Tierfabeln.

Vom Hirscheber, der fischen ging

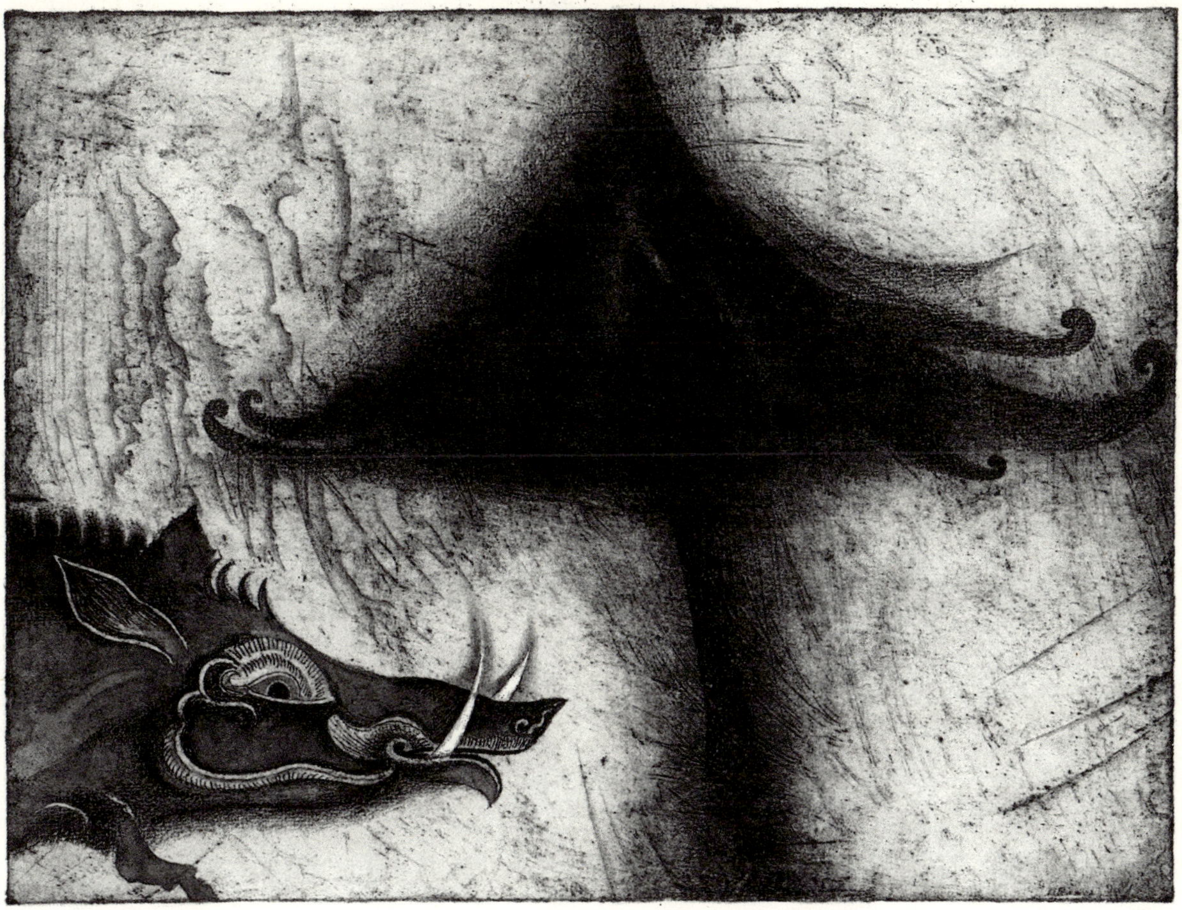

„Ha-Ha-Harimau!“ kreischte eines Abends der alte Affenvater. „Ha-Ha-Harimau!“ schrie der Vogel Roa-roa. „Ha-Ha-Harimau!“ wiederholte der ganze Dschungel. Dieses Geschrei hörte ein Bauer, der gerade am Rand des Waldes Reis erntete. Er warf sofort sein Messer ins Feld, rannte zu seiner Hütte und versteckte sich dort unter einem Bündel Reisstroh.

„Zähle die Kinder“, rief er seiner Frau zu. „Der Tiger kommt!“

Denkt euch nur, so war das: der Tiger schlich durch den dunklen Dschungel! Er hatte Hunger, war unausgeschlafen, und überdies tat ihm noch die Schwanzspitze weh, weil er sich ungeschickt darauf gelegt hatte.

„Ha-Ha-Harimau!“ brüllte auch der alte Prahlhans. Ihr dürft gern glauben, daß der kleine Kantschil, das Zwergböckchen, dem Tiger gern aus dem Weg gegangen wäre, wenn er sich nicht gerade etwas klebriges Harz in die Ohren gesteckt hätte. So konnte er den König des Dschungels nicht einmal hören.

Als der Tiger mit lechzender Zunge plötzlich direkt vor dem Hirscheber stand, schüttelte der Knirps nur begriffsstutzig mit dem Kopf und fuhr den Tiger an:

„Was hast du gebrüllt? Hörst du nicht, daß ich nichts höre, du alter Prahlhans?“

„Ha-Ha-Harimau!“ brüllte der Tiger aus voller Brust.

„Ich verstehe überhaupt nichts!“ freute sich der kleine Schlaukopf. „Das hast du in deinem ganzen Leben wohl noch nicht gehört, was?“

Der Tiger fand, er hätte schon viel zu lange gebrüllt, und er erklärte dem Kantschil, daß er ihn jetzt fressen werde.

„Wenn ich dich hören könnte“, brachte der Zwergbock mit ärgerlicher Miene hervor, „dann würde ich annehmen, daß du mich verspeisen willst. Du kannst wirklich von Glück sagen, daß ich deinen Wunsch nicht verstehe!“

Der Tiger begann zu wüten. Er legte sein Gesicht in böse Falten und fletschte hungrig mit den Zähnen.

„Also, du willst noch immer keine Ruhe geben?“ tat der kleine Kantschil beleidigt. Er nahm jetzt das klebrige Harz aus seinen Ohren und fuhr den Tiger grob an:

„Du hast wirklich Glück, Bruder Nimmersatt! Gerade schickt mich der erhabene Prophet, im Fluß Fische zu fangen. Wenn du mich fressen würdest, bevor ich die Bitte meines hohen Beschützers erfüllen konnte, würde es dir schlimm ergehen.“

Nun meinte der Tiger, er wolle dem kleinen Hirscheber behilflich sein. Wenn sie die Fische zusammen gefangen hätten, würde er ihn hinterher mit Genuß verschlingen.

„Oho, du gestreiftes Waldgespenst, du bärtiges Großmaul! Wem willst du wohl gleich am frühen Morgen schon drohen? Hast du nicht eine Schnauze, die häßlicher ist als die Schnauze eines alten Krokodilweibs? Wenn dich die Fische im Bach nur sehen, bekommen sie es mit der Angst zu tun und nehmen Reißaus. Da wird sich der erhabene Prophet recht schön bei dir bedanken!“

Aber der Tiger ließ sich auch durch das Schimpfen des Hirschebers nicht von seinem Vorhaben abbringen und wollte unbedingt beim Fischfang dabeisein.

„Du faule Haut, du denkst wohl, das Fischen sei eine Kleinigkeit?“ belehrte ihn der Knirps. „Erst müssen wir alles Wasser aus dem Fluß schöpfen, davon wird dir der Rücken so weh tun, daß dir alle Lust nach mir vergeht.“

Der Tiger lachte nur tückisch.

„Was du fertigbringst, du Zwerg, das kann ich schon lange. Und hinterher werde ich dich sowieso fressen!“

„Wenn du meinst“, entgegnete der Hirscheber und setzte sich stolz auf den Rücken des Tigers. „Also, hopp, mein Freund! Laufe schnell ins Dorf, ich muß dort die Eimer holen.“

Alle Tiere bogen sich vor Lachen, als sie sahen, wie der freche Zwergbock auf dem Rücken des Tigers dahinritt.

„Wohin des Wegs, wohin?" fragten sie aus sicherer Entfernung. Der Kantschil antwortete ihnen fröhlich und sagte, er reite ins Dorf zum Schmied, um dem Tiger die Pfoten beschlagen zu lassen. „Was redest du da für einen Unsinn, Kantschil?" fragte der Tiger ein wenig erschrocken. „Schweig still, oder ich zerreiße dich auf der Stelle!"

„Ich mache doch nur Spaß", beruhigte ihn der kleine Schlingel. „Ich sagte das nur, damit man irgend etwas sagt, Gevatter Tiger!" Im Dorf holten sie sich Eimer. Dann begaben sie sich auf dem Elefantenpfad zum Fluß hinab.

„Ha-Ha-Harimau!" brüllte der Tiger, daß es den Tieren in den Ohren dröhnte. „Der Tiger kommt! Der Tiger kommt!"

„Das ist heute vielleicht wieder ein Lärm!" ärgerte sich das Wildschwein. „Seht ihr nicht, daß ich schlafen will, ihr freches Gesindel? Wohin wollt ihr denn mit eurer Musik?"

Der Kantschil erklärte dem Wildschwein, daß er mit dem Tiger fischen gehe. Dieses wollte gleich mit ihnen gehen, denn es hatte Angst, um einen guten Bissen zu kommen.

„Willst du uns vielleicht Schande machen?" lachte es der Kantschil aus. „Wenn dich die Fische sehen, kehren sie sich mit den Bäuchen nach oben und sterben vor Schreck. Wer hat wohl schon je solch ein häßliches Geschöpf wie ein Wildschwein gesehen? Weißt du nicht, daß dein Rüssel einem plattgedrückten Frosch gleicht? Geh uns aus dem Weg, du übles Borstentier!"

Das Wildschwein grunzte beleidigt.

„Willst du, daß ich dir den Bauch mit meinen Hauern aufschlitze? Von dir lasse ich mich nicht beleidigen! Glaubst du etwa, du elender Zwergbock, du wärst schön? Da irrst du dich aber gewaltig. Schau dich nur einmal selber an! Ich will auf der Stelle umfallen, wenn du nicht wie ein häßlicher Schmutzfink aussiehst."

Der Hirscheber lachte darüber nur unbekümmert.

„Warum sollte ich mich denn selber anschauen? Ich kenne mich doch seit meiner Geburt, du Fettsack! Aber wenn ich dich so betrachte, habe ich den Eindruck, daß in deiner Schwarte schon die Würmer wühlen. Soll ich dir vielleicht mit einem kräftigen Stock den Rücken kraulen?"

„Du hast wirklich eine schnelle Zunge, Zwergbock! Schön bissig und giftig bist du, alles was Recht ist. Aber warte nur, auch an dich kommt eines Tages die Reihe. Warte nur, bis die Fische gefangen sind!" erboste sich das Wildschwein.

Als der Kantschil sah, daß auch das alte Borstentier unbedingt mit zum

 Fischen gehen wollte, schickte er es zur Fischerhütte, um die Netze zu holen. Dann begaben sich alle drei an den Fluß. Unterwegs trafen sie einen alten Elefanten, der seine runzelige Haut am Stamm eines riesigen Baumes rieb.

„Heda, Bruder Elefant! Was hast du hier zu suchen? Dies ist mein Pfad. Wer wagt es, Wege zu benutzen, auf denen der edle Radscha Rimba, der König des Dschungels, wandelt?“

„Alleredelste Majestät Dickwanst“, verbeugte sich nun auch der Hirscheber spöttisch, „wälze deinen aufgeblasenen Speckbauch aus dem Weg! Laß die Boten des erhabenen Propheten, des Herrn aller lebendigen Wesen, in Frieden vorbeiziehen. Siehst du denn nicht, daß wir keine Zeit haben, uns unnütz mit dir zu streiten? Wir eilen zum Fluß, um dem erlauchten Propheten frische Fische und Krebse zu fangen!“

Der dicke Elefant wollte ebenfalls mit ihnen gehen, um sich dem Propheten erkenntlich zu zeigen. Der winzige Zwergbock aber begann ihn gleich zu verspotten, daß er mit seinen trüben Elefantenaugen nicht einmal die Spitze seines Rüssels erkennen könne und mit seinen großen Elefantenohren solchen Wind mache, daß die Fische davon einen Schnupfen bekommen würden.

„Warte nur, Kantschil!“ zürnte der Elefant. „Wenn wir die Fische für den Propheten gefangen haben, zerstampfe ich dich zu einem Eierkuchen!“ „Das wäre eine schöne Bescherung“, seufzte der Hirscheber. „Der Tiger will mich fressen, das Wildschwein will mich aufschlitzen, und du willst mich zu Eierkuchen zerstampfen! Ist das nicht ein wenig zuviel der Ehre für einen einzigen armen, kleinen Kantschil? Wenn ihr mich dreimal umbringt, so überlebe ich das vielleicht gar nicht. Ach, was seid ihr doch für mutige Helden! Aber du, Elefant, wenn du unbedingt willst, so komm nur mit uns. Vielleicht kannst du mit deinem mächtigen Körper den Fluß abdämmen, du runzeliges Schwergewicht!“

Als sie den Fluß erreicht hatten, machten sie sich gleich ans Werk. Der Elefant trug Baumstämme und Lehm herbei, der Tiger und das Wildschwein standen müßig herum, und der Zwergbock gab weise Ratschläge. Als der Damm endlich fertig war und sich von Ufer zu Ufer spannte, stützte ihn der Elefant noch mit seinem mächtigen Körper. Der Tiger und das Wildschwein begannen nun unterhalb des Dammes das Wasser mit Eimern auszuschöpfen. Der Hirscheber aber ermahnte sie, nur recht ordentlich zu arbeiten, da er es sonst dem Propheten sagen würde. Als am Grund des Flußbetts nur noch eine Lache mit wimmelnden Fischen stand, erbot sich der Kantschil endlich, ein bißchen mitzuhelfen. Sie fingen die Fische mit den Netzen, und der Kantschil schickte das Wildschwein mit dem ersten Fang ans Ufer und ermahnte es, die Beute dort gut zu bewachen.

Doch plötzlich stampfte aus dem Wald der böse Riese Raksasa hervor. Er kam wie gerufen!

„Was tust du hier, du Borstentier?" donnerte er das Wildschwein an. Das zitterte vor Furcht und erwiderte jammernd, es bewache die Fische des erhabenen Propheten.

„Nanu, so etwas!" grollte der Riese Raksasa. „Da muß ich gleich mal kosten, ob du den erhabenen Propheten nicht mit irgendeinem billigen Opfer abfertigen willst."

Gleich machte sich der Riese mit Riesenappetit über die Fische her. Dem Wildschwein blieb nichts anderes übrig, als zum Kantschil zu laufen und weinend den Riesen Raksasa anzuklagen, er habe alle Fische des Propheten gefressen.

„Du bist mir ja ein schöner Held", seufzte der Hirscheber tadelnd und schickte den Tiger mit dem nächsten Fang ans Ufer.

„Jetzt zeige, was du kannst, mein Bruder. Wenn Raksasa noch einmal etwas von uns will, gib ihm ordentlich eins aufs Haupt, und dann friß ihn meinetwegen mit Haut und Haaren auf! Vielleicht vergeht dir dann der Appetit auf mein zartes Fleisch."

Der Tiger prahlte, daß er es dem Riesen besorgen werde. Kaum aber kam Raksasa näher heran, da nahm er schnell Reißaus und beklagte sich im Weglaufen beim Kantschil:

„Er ist größer als ein Baum und schrecklicher als eine Gewitterwolke. Sein Maul gleicht einem Krater und seine Zähne sind so lang wie die Stoßzähne eines ausgewachsenen Elefanten. Mit dem ist nicht vernünftig zu reden, Zwergbock! Er hat drohend mit dem Fuß gestampft, daß die Berge ringsum gezittert haben!"

Der Hirscheber lachte den feigen Tiger aus und schickte den Elefanten mit den restlichen Fischen ans Ufer. Doch auch dem erging es nicht besser. Kaum hatte er den riesigen Riesen erblickt, da überfiel ihn vor Angst solch ein Schüttelfrost, daß seine Stoßzähne klapperten, als würde jemand die Alarmtrommel rühren.

„Sollen wir uns denn völlig umsonst abmühen?" ärgerte sich der Hirscheber. „Wißt ihr euch denn mit solch einem dummen Riesen überhaupt keinen Rat, ihr Angsthasen?"

„Du hast gut reden, Zwergbock! Wenn Raksasa nur vor dir niesen würde, flögst du gleich bis aufs Meer hinaus. Wenn du solch ein Held bist, dann bewache deine Fische selber."

„Und ob ich das tue!" warf sich der freche Zwergbock in die Brust. Dann schwang er sich das letzte vollgefüllte Fischnetz über den Rücken und stiefelte munter am Ufer entlang. Dort setzte er sich ins Gras und begann, sich einen Strick aus Eibischrinde zu drehen. Da näherte sich auch schon mit gewaltigen Schritten der Waldriese Raksasa.

„Was machst du hier für eine nutzlose Arbeit, du Zwerg?" donnerte er den kleinen Hirscheber an.

„Geh mir aus der Sonne, du Grobian!" erwiderte der Zwergbock mürrisch. „Warum vergeudest du deine kostbare Zeit mit dummen Fragen? Als wüßtest du nicht selber, was die weisen Leute von dir behaupten!"

„Und was behaupten sie?" forschte der Riese.

„Sie behaupten, daß dein Gehirn hart ist wie ein gekochtes Hühnerei, daß dein Herz verdorben ist wie eine faule Banane, und daß du deine Nase ständig in Dinge steckst, die dich überhaupt nichts angehen."

„Das sind doch wirklich törichte Behauptungen, Zwergbock", schnaubte der Riese. „Damit du siehst, daß ich klüger bin als der älteste Weise auf der ganzen Insel, werde ich dich jetzt verspeisen. Dann kannst du wenigstens keine dummen Reden mehr führen und mich verleumden. Aber vorher sagst du mir noch, was du da tust!"

„Wenn dir so viel daran gelegen ist, will ich es dir sagen. Ich verrate es dir, obwohl es heißt, wer dem Raksasa hilft, dem wird es böse ergehen! Aber ich fürchte mich nicht, denn ich bin der Freund und Diener des erhabenen Propheten, des Herrn über alle Geschöpfe." So brüstete sich der Kantschil, um dann fortzufahren: „Weißt du wohl, was mir der Prophet vor einiger Zeit verraten hat? Er riet mir, mich mit einem Strick aus Eibischrinde an einen Baum festzubinden, denn es wird eine große Sintflut kommen, die alles Lebendige ins Meer schwemmen wird."

Der Riese erschrak darüber sehr, denn er war von Natur aus ängstlich, und bat den Zwergbock, ihm auch so einen Strick aus Eibischrinde zu drehen.

„Was fällt dir ein, du Narr?" entgegnete der Hirscheber. „Dich würde der Strick aus Eibischrinde nicht halten können. Du müßtest dir einen tüchtigen Strick aus Lianen flechten!"

Raksasa folgte dem Rat des schlauen Kantschils, und dieser überredete ihn danach, seinen Hals in die Schlinge zu stecken und so zu erproben, ob das Seil auch fest genug sei.

„Klettere auf den allerhöchsten Waringin-Baum und springe mit ausgestreckten Beinen hinunter. Wenn das Seil nicht reißt, hast du gewonnenes Spiel, wenn die Sintflut kommt."

Der törichte Riese hörte auch auf diesen Rat, sprang vom Baum herab und – erhängte sich!

„Hallo, he, ihr Brüder! Kommt nur her mit euren Fischen! Ich habe soeben den Riesen Raksasa erhängt", rief der Hirscheber. „Wenn ihr mir nicht freiwillig alle Fische überlaßt, werde ich euch daneben aufknüpfen!"

Der Elefant, der Tiger und das Wildschwein kamen aus ihrem Versteck und brachen in lautes Gelächter aus.

„Oh, du Prahlhans, du aufgeblasener Zwerg, du federleichter Wicht!" brüllten und trompeteten sie durcheinander. „Ja, komm nur her und drehe uns den Hals um. Wenn du es nur versuchst, so fressen wir dich!"

Mit diesen Worten stürmten sie dem Kantschil entgegen. Kaum aber erblickten sie den baumelnden Raksasa, befiel sie ein solches Grauen, daß sie Hals über Kopf in den Dschungel flüchteten und sich nie mehr am Fluß sehen ließen.

„Das war ein guter Fang!" spottete der Hirscheber hinter ihnen her. „Was soll ich nur mit den vielen Fischen anfangen? Am besten wird es sein, sie auf dem Markt zu verkaufen!" Dann begann er, fröhlich vor sich hin zu singen:

„Ha-Ha-Harimau,
ja, der Kantschil, der ist schlau!"

Denkt euch, so endete diese Geschichte.

Im Dorf wurde eine Hochzeit gefeiert. Die Kinder konnten kaum den Morgen erwarten, so eilig hatten sie es, dem Greis zu berichten, was sie alles gesehen hatten. Das Antlitz der Braut war gelb gefärbt und glich einer vollerblühten gelben Blume. Ihre Wangen schmückten schwarze Schönheitspünktchen, und ihre Lippen leuchteten feuerrot wie die aufgehende Sonne. Und dann erst ihr Brautschmuck, die goldenen Armreifen und die glitzernden Ohrringe! Daran erinnerte sich vor allem Tuti. Maman hatte der Bräutigam am besten gefallen, weil er einen weißen Turban und im Gürtel einen reich verzierten Kris trug. Um solch einen herrlichen Kris zu besitzen, hätte Maman am liebsten selbst gleich geheiratet. Darüber mußten alle herzlich lachen, und dann beschrieb Nani, wie das Brautpaar fröhlich Reiskörner hinter sich geworfen hatte.

„Ach, war die Braut wunderschön!“ seufzte Tuti, noch ganz in Erinnerung versunken.

„Das kommt daher, weil am Tag vor der Hochzeit, kurz vor Mitternacht, ein Engel ins Herz der Braut fliegt“, wußte der Greis, der den Kindern bisher nur lächelnd zugehört hatte.

„Es ist wunderschön, daß das Volk unseres Landes die Bräuche der Ahnen ehrt und pflegt. Wer die vorgeschriebene Ordnung verletzt, vergeht sich gegen den Willen der Götter.“

An jenem Tag erzählte er den Kindern ein ganz besonderes Märchen.

Vom versteinerten Prinzen und der traurigen Prinzessin

Erzähle mir, Lotosblüte, von dem berühmten Königreich Pajajaran! Singe mir, Palmwedel, vom versteinerten Prinzen auf dem Berg Sawal! Berichte, Muskatblüte, sprecht, Pfefferstrauch und Teezweig! Erzählt mir vom Leid der Prinzessin Dewi Ngalima.

„Ich will sprechen, ich, die Lotosblüte: Die alten Könige sind ausgestorben, die Zeit des blühenden Reiches Pajajaran ist für immer dahin. Nur die Prinzessin Dewi Ngalima weint noch in den Nächten. Das erzähle ich euch! Ich, die erste unter allen Blüten."

„Hört auch meine Worte! Wer die heilige Ordnung verletzt, bringt sich und anderen Unglück. Die Fehler der anderen beweint die Prinzessin Dewi Ngalima. Das sage ich euch, der grüne Teezweig!"

„Nur still, meine Schwestern! Still, lauscht nur mir! Jetzt erzähle ich, der Palmwedel."

Es war einmal ein König, und es gab auch einmal ein Königreich, das hieß Pajajaran. In der Nacht schlief der König, und am Tag regierte er. So war es Gesetz. Nach dem Willen der Götter thronte der König auf einem Königsstuhl aus heiligem Gestein, und den Thron behüteten die guten Geister vom Gebirge der Heiligen. Es war ein verwunschener Thron, der Thron des Reiches Pajajaran. Wenn sich irgendein anderer auf diesem Königssitz niederlassen wollte, traf ihn der Fluch der Götter. So lautete ihre Botschaft, so war es ihr Wille.

Der Herrscher dieses erwählten Volkes hatte eine Tochter, die liebliche Dewi Ngalima. Sie wurde aus dem Duft der Zimtblüte und dem Kuß des Lichts geboren. Wenn die Prinzessin lachte, flog ein gelber Schmetterling aus ihrem Mund. Wenn sie sang, erblühten die Orchideen, und wenn sie traurig war, weinte sie schwarze Reiskörner. Jedermann im Reich liebte sie wie sein eigenes Kind und verehrte sie wie eine Göttin.

Den hohen Göttern des Landes gefiel es, Dewi Ngalima in Versuchung zu führen. Schuld daran war allein die Liebe. Auf den Flügeln lieblicher Träume sandten sie ihr das Bild des Königssohns aus dem Land des Jasmintaus zu und zauberten den Duft seines Atems in die Blüten des Palastgartens. Auf kristallklaren Wellen schwammen seine Lippen zum Mund der lieblichen Prinzessin Dewi Ngalima, und sein silbernes Boot furchte die Wellen des nächtlichen Sternenmeeres. Der Prinz und die Prinzessin liebten einander sehr. Aber Dewi Ngalimas Vater, der erhabene König des heiligen Reiches Pajajaran, hatte sie bereits dem bösen König von Tschirebon, einem mächtigen Zauberer, versprochen. Er achtete nicht darauf, daß die Prinzessin schwarze Reiskörner weinte und hatte für ihren Schmerz nur taube Ohren.

Da kam eines Tages ein eigenartiger Vogel in den Garten des Palastes geflogen, den noch niemand vorher erblickt hatte. Er trug einen Fischkopf, hatte einen Vogelkörper, eine Schlangenhaut und die Flügel eines großen Schmetterlings. Wer ihn sah, erstarrte vor Grauen. Dieser merkwürdige Vogel sprach zum König:

„Erhabener Radscha, Beherrscher des Königreiches Pajajaran! Verbinde nie den Vogel mit dem Fisch, den Schmetterling mit der Schlange, die Zitrusblüte mit der Pest von Tschirebon. Sonst wird der Königssohn aus dem Reich des Jasmintaus dein Reich vom Erdboden fegen."

„Wer bist du?" fragte der weise König, und der Vogel erwiderte:

„Ich bin dein böser Traum, König!"

Der erhabene Herrscher des Königreichs Pajajaran erschrak. Gleich am folgenden Tag schickte er Boten ins Land des Jasmintaus und ließ ausrichten, daß er entschlossen sei, dem Königssohn seine Tochter, die liebliche Dewi Ngalima, zu vermählen. Im Stillen aber überlegte er, wie er den Königssohn aus der Welt schaffen könnte, da er dem König von Tschirebon, dem mächtigen Zauberer, sein Wort gegeben hatte. Da rieten ihm die bösen Geister der traumlosen Nacht:

„Führe den Königssohn in deinen Palast und setze ihn auf den verwunschenen Thron. Dann wird ihn der Fluch der Götter treffen und Unglück ereilen."

Zum Dank für diesen schändlichen Rat bewirtete der König die bösen Geister mit Palmwein.

Kaum hatte der Prinz im Land des Jasmintaus die Botschaft vernommen, begab er sich auf die Reise nach Pajajaran. Er zog Tag und Nacht mit seinem Gefolge über Berg und Tal, über Seen und Flüsse, immer den Klängen der feierlichen Gamelan-Musik nach. Vor ihm tanzten dunkeläugige Mädchen und streuten bunte Blumen auf seinen Weg.

Die schönste Blüte hob der Königssohn auf und wollte sie seiner Braut mitbringen. Als er sie jedoch mit seinem Atemhauch streifte, verwandelte sich die Blume in eine weiße Taube und ließ sich auf seinem Haupt nieder.

„Hüte dich, die Gesetze des Landes und den Willen der Götter zu verletzen: setze dich nicht auf den Thron der Könige von Pajajaran, sonst wird dich ein Fluch treffen!" warnte sie den Prinzen.

„Wer bist du?" fragte er.

„Ich bin dein guter Traum", erwiderte die Taube und flog zum Himmel empor.

Der Königssohn zog weiter, bis er endlich ins Reich Pajajaran gelangte. Der alte König empfing ihn mit allen Ehren, wie es sich für den edlen Bräutigam einer Königstochter geziemte.

„Mein Sohn", sprach er ihn heuchlerisch an und wies auf den steinernen Thron, „setze dich auf den heiligen Königsstuhl von Pajajaran! Du bist mein geliebter Nachfolger."

Bei diesen Worten erstrahlte auf dem Antlitz der lieblichen Prinzessin Dewi Ngalima ein glückliches Lächeln, und ihrem schönen Mund entflog ein gelber Schmetterling.

Der Prinz aber hatte die Warnung der weißen Taube nicht vergessen und lehnte höflich ab.

„Mein hoher Gebieter, ich bin noch nicht der Herrscher dieses Landes und habe kein Recht, auf dem heiligen Thron von Pajajaran zu sitzen!" Des Königs Antlitz verdüsterte sich, doch drang er nicht weiter in den Prinzen. Vor der Hochzeitszeremonie aber führte er den Königssohn noch einmal vor den steinernen Thron.

„Hier ist dein Platz, edler Prinz", sprach er feierlich. „Von diesem Platz aus wirst du an meiner Seite über das Reich herrschen, das wir durch die Gnade der Götter Pajajaran nennen dürfen. Setze dich auf den geheiligten Thron, mein Sohn!"

Da vergaß der Jüngling die Warnung der Taube und ließ sich stolz auf dem erhabenen Stuhl nieder. Kaum hatte er jedoch Platz genommen, da zog ein furchtbares Gewitter herauf, und im ganzen Palast erklangen angsterfüllte Klagen.

„Die Prinzessin Dewi Ngalima ist verschwunden! Man hat die Prinzessin entführt!“

Niemand achtete darauf, daß in diesem Augenblick ein gelber Schmetterling in den Flammen einer Fackel verbrannte. Niemand aber auch vermochte dem Königssohn zu sagen, wo seine Braut geblieben war. Nur ein alter Fischer entsann sich später, am Firmament den Schatten eines fallenden Pferdes erblickt und ein spöttisches Rufen gehört zu haben:

„Der Fluch erfüllt sich! Unglücklich ist jener, der den heiligen Thron der Könige entweiht.“ Der Fischer gab dem Prinzen auch ein paar schwarze Reiskörner, die wie Tränen oder Regentropfen in sein Boot gefallen waren.

Der verzweifelte Königssohn wußte sich keinen Rat mehr. Da kreiste über seinem Haupt eine weiße Taube und rief:

„Überschreite den Fluß der Erhabenen und besteige den heiligen Berg, auf dem die mächtigen Götter ihre Pferde satteln.“

Der Prinz tat, wie ihm geheißen worden war. In Windeseile ritt er dem Gebirge entgegen, von dessen Höhe Blitze niedersausten. Er fühlte nicht, wie lange er reiten mußte. Als er den Fuß des heiligen Berges erreicht hatte, trat ihm ein erhabener Greis in den Weg, der mit großen Zauberkräften begabt war.

„Wer wagt es, die heiligen Rechte der Götter anzutasten?“ grollte er, und der Boden unter seinen Füßen erbebte.

„Mein Vater“, bat der unglückliche Königssohn, „du, der die Geheimnisse der Götter hütet, der in Einsamkeit und Entsagung Zauberkräfte erworben hat, führe mich in den Stall der geflügelten Pferde. Ich will mein Liebstes, die Prinzessin Dewi Ngalima, finden. Sieh, wie sie um meinetwillen weint!“ Und er wies dem Greis die geöffnete Hand mit den schwarzen Reiskörnern.

Das Antlitz des Greises verfinsterte sich.

„Wer die Ordnung mißachtet, muß büßen. Du hast das uralte Gesetz des Königreichs Pajajaran verletzt. Du hast gegen den Willen der Götter gehandelt. Deinen Schritten folgt nun der Fluch.“

„Ach, Vater!“ bat der Prinz, „du, der die Zärtlicheit einer irdischen Mutter kennenlernte, du, der die süßen Früchte der Erde kostete, hast du denn schon alles Menschenleid vergessen? Führe mich zu den geflügelten Pferden, die von den erhabenen Göttern gesattelt werden. Die Prinzessin Dewi Ngalima weint um mich!“

Der Greis schüttelte verneinend den Kopf.

„Die Ställe sind leer, Prinz. Die Götter zogen gegen die Dämonen des Windes zu Feld. Nur der heilige Adler Garuda, der geflügelte Rappe des höchsten Gottes Wischnu, kreist über den Gipfeln der Berge.“

„Dann rufe mir den heiligen Adler!“ bat der Königssohn.

Der Greis wich entsetzt zurück.

„Ich will deine vermessenen Worte nicht gehört haben! Dein Leid ist größer als deine Klugheit. Doch damit du erkennst, daß ich die Tränen meiner Mutter noch nicht vergessen habe, will ich dir helfen. Schließe deine Augen!“

Als der Königssohn nach einem Weilchen um sich blickte, sah er, daß seinem Roß Flügel gewachsen waren. Er wollte dem Greis danken, doch der war verschwunden. Nur vom heiligen Berg zuckten Blitze herab.

„Wer schuldig wurde, muß büßen“, grollte der Berg.

Der Prinz schwang sich aufs Pferd und erhob sich in die Lüfte. Tag und Nacht flog er auf seinem geflügelten Roß über Meer und Inseln. Immer wieder rief er seine Braut Dewi Ngalima, seine verlorene Liebe. Als er sich eines Tages dem Gipfel des Berges Sawal näherte, kreiste über seinem Kopf eine weiße Taube.

„Hüte dich, mit den Geistern zu sprechen, Prinz!“ rief sie ihm zu. „Erhebe dein Schwert nicht gegen die Unsichtbaren, und beleidige sie auch nicht mit bösen Worten, sonst wird sich der Fluch erfüllen. Hüte dich, Prinz, vor dem Berg Sawal, dem Berg der Unsichtbaren!“

Der Königssohn jedoch mißachtete die Warnung. Irgend etwas lockte ihn zu dem düsteren Berg, irgend jemand rief ihn aus den schwarzen Schründen.

„Wo bist du, Dewi Ngalima, wo bist du, meine Liebste?“ klagte er weinend.

„Sie verwandelte sich in eine weiße Taube, in jene Taube mit dem weißen Streifen auf dem Schopf“, hörte er es von irgendwoher rufen. Der Prinz schaute in die Tiefe und erblickte am Fuß des Berges einen Haufen häßlicher Greise, die ihm zuwinkten. Es waren jedoch keine Menschen, sondern Geister. Der Prinz flog zu ihnen.

„Wo ist Dewi Ngalima, meine Braut?“ forderte er von ihnen.

„Sie wurde eine Himmelsfee und flog zu den Sternen“, lachte einer von ihnen meckernd.

„Sie grinst im Fell des Tigers aus dem Dschungel“, spottete ein anderer. Ein dritter begann zu höhnen: „Das ist alles nicht wahr: sie verwandelte sich in einen Zwergbock!“

„Ihr irrt euch! Sie ist ein Fisch und durchpflügt die Wellen“, meinte ein vierter aus der Geisterrunde.

Doch der älteste und häßlichste Greis brachte alle anderen zum Schweigen:

„Ich weiß es am besten, Prinz: Sie wurde zu einem Frosch, der sich in eine häßliche alte Hexe verwandelte, die einen Echsenschwanz und Krebsscheren hat.“

„Die alte Hexe haben wir erschlagen und in die tiefste Schlucht geworfen!" lachten ihn die Geister hämisch aus. „So ist das, nun weißt du es!"

Als der Prinz die grausamen Worte der Alten vernahm, geriet er in Wut, zog seinen Zauberkris mit der gewellten Klinge und schlug den Geistern allesamt die Köpfe ab. Ihre Körper verwandelten sich sofort in Felsen, aber ihre Köpfe rollten in den Abgrund und lachten höhnisch:

„Wer in Wut entbrennt, dessen Tränen fließen.
Wer selbst schuldig wird, muß dafür büßen!"

Der Königssohn war selber entsetzt, weil er so unbeherrscht gewesen war, und er bat die Götter um Vergebung. Aber der Himmel schwieg. Da stürmte er über Stock und Stein zum Gipfel des Berges Sawal hinauf, des Berges der Geister und Unsichtbaren.

„Wo bist du, Dewi Ngalima, meine verlorene Liebe?" schrie er verzweifelt.

Da sprang eine abscheuliche alte Hexe aus dem Gebüsch hervor. Sie hatte einen Echsenschwanz, eine Schlangenzunge und Krebsscheren. Dieses Ungeheuer umarmte den Prinzen und versuchte ihn zu küssen.

„Ich bin es, Dewi Ngalima, deine Braut! Hast du mich denn ganz und gar vergessen?" zischte die Hexe.

Der Prinz war starr vor Abscheu und Grauen.

„Du willst Dewi Ngalima, mein guter Stern, meine Morgenröte, sein? Wie könntest du dich so verwandelt haben! Weiche von mir, Ungeheuer, sonst reiße ich dir dein Herz aus dem Leib!"

Da zog sich ein wildes Gewitter zusammen, und der Berg begann Feuer zu speien.

„Wehe dir, Prinz aus dem Land des Jasmintaus! Du hast die Geister beleidigt. Der Fluch hat sich erfüllt", rief die alte Hexe aus, schwang sich auf das Roß des Prinzen und flog durch die Lüfte davon.

Der Königssohn wollte sie zurückhalten. Doch er vermochte sich nicht mehr von der Stelle zu rühren. Sein ganzer Körper erstarrte allmählich und verwandelte sich in schwarzes Gestein. Nur seinem Mund entfloh noch ein schwacher Hauch, der traf eine einsame Knospe. Sie entfaltete sich daraufhin und gab Dewi Ngalima, die Prinzessin aus dem Reich Pajajaran, frei.

„Warum kamst du in dieses verwunschene Land, mein Prinz?" fragte sie traurig. „Warum widersetztest du dich den Unsichtbaren und den Gesetzen der Götter?"

„Ich suchte dich, Liebste..."

Das waren die letzten Worte des Prinzen aus dem Land des Jasmintaus. Dann verwandelte er sich in eine bewegungslose Statue. Die Prinzessin Dewi Ngalima aber begann bitterlich zu weinen, und aus ihren Augen tropften erneut schwarze Reiskörner. Niemals mehr versiegten ihre Tränen. In mondhellen Nächten sitzt sie noch heute auf diesem oder jenem Friedhof unter einem buschigen Waringin-Baum und näht ein Totenhemd für den Prinzen aus dem Land des Jasmintaus. Sie näht und näht, aber sie wird ihre Arbeit niemals beenden. Wenn der Sturmwind über die Inseln heult, sagen die alten Leute:

„Hört ihr das Klappern eines Webstuhls? Da webt Dewi Ngalima! Hört ihr das Schluchzen aus der Dunkelheit? Da weint die unglückliche Prinzessin!“

Der Greis hatte eine Überraschung für die Kinder! Er hob den Zipfel seines Mantels mit geheimnisvoller Miene vom Boden auf, und da sahen sie mit erstaunten Blicken zwei niedliche Bambuskäfige. In jedem saß eine verängstigte, zarte Wildtaube.

„Ein Taubenwettstreit!" jubelte Nani. „Wir werden einen Wettstreit machen."

Der Greis half den Mädchen, eine Schnur über die Äste eines hohen Baumes zu werfen. Schon zogen beide eifrig, um die Käfige so hoch wie möglich zu bringen.

„Je näher eine Taube dem Himmel ist, desto herrlicher gurrt sie", sagte der Greis, doch das wußten die Mädchen bereits.

„Meine gurrt am schönsten!" jauchzte Nani.

„Nein, nein, meine wird gewinnen!" rief Tuti beschwörend. Der Meister beschwichtigte sie.

„Die Tauben haben sich noch nicht an euch gewöhnt. Keine singt so, wie sie es eigentlich vermag. Nehmt sie mit heim, und wenn ihr lieb und gut zu ihnen seid, werden sie es euch danken und jeden Wettstreit gewinnen."

Da brach Maman in Tränen aus. Er war traurig, weil er glaubte, der Alte habe ihn vergessen. Der Greis aber nahm ihn tröstend bei der Hand und führte ihn hinter die Hütte.

„Sieh nur, was ich hier für dich habe!"

Er zeigte dem Jungen einen stattlichen Kampfhahn. Sie trugen ihn gemeinsam in die Hütte und streichelten seinen Hals mit einer ölgetränkten Feder. Dem Hahn gefiel das so sehr, daß er seinen Kopf genießerisch zurückbeugte und mit den Flügeln eifrig den Boden fegte. Dann zauberte der Greis von irgendwoher goldene Hülsen hervor, die er dem Hahn auf die Sporen steckte.

„Ich weiß sehr wohl, daß im Dorf noch immer Hahnenkämpfe veranstaltet werden", sprach er dabei. „Melde deinen kleinen Helden auch dafür an. Sicher wird er gewinnen. Das hier ist nämlich ein Wunderhahn."

Maman folgte jedoch diesmal nicht dem Rat des alten Meisters. Er fürchtete, die großen, bösen Hähne könnten seinem Liebling den Garaus machen. Und so lebt der aufgeplusterte Kämpfer bis heute unter der Obhut des Jungen. Er ist fett und schweratmig geworden wie ein alter Affe. Maman schmust aber noch immer sehr gern mit ihm, und manchmal erzählt er ihm sogar eines von den Märchen, die er von dem alten Schattentheaterspieler hörte.

Der Hahn des Prinzen Kelaras

Im tiefsten Dschungel der Insel Java lebte einst ein trauriges Mädchen. Seine Eltern waren gestorben, und da hatte es sich in die Einsamkeit des Waldes zurückgezogen, um die anderen Menschen nicht mit seinem Kummer zu betrüben. Es errichtete sich aus Dornen und Palmblättern eine bescheidene Hütte, schwärzte sein Antlitz mit Asche und spann sich aus Spinnwebfäden das einfache Gewand einer Einsiedlerin. Bei seiner Arbeit lauschte es den Stimmen des Dschungels und erlernte die Sprache der Tiere.

Einmal kroch eine gefleckte Schlange zu dem Mädchen und bat es in ihrer Schlangensprache, ihr ein wenig Kokosmilch in eine Schale zu gießen. Als Belohnung versprach sie ihm eine schillernde Schlangenhaut.

„Wenn du einmal einen Jüngling triffst, der dir gefällt, so streife sie über", forderte sie es auf. Das Mädchen lächelte nur traurig.

„Ich will mit keinem Menschen zusammentreffen", entgegnete es abwehrend. „Die jungen Burschen mögen keine Tränen in Mädchenaugen. Ich will im Dschungel wohnen, bis es den Göttern gefällt, meine Seele zu sich zu nehmen." Die Schlange richtete sich plötzlich steil in die Höhe und starrte dem Mädchen mit ihren bannenden Augen ins Antlitz.

„Wo sind deine Tränen, Schwester?" zischte sie. Das Mädchen strich sich unwillkürlich mit der Hand über die Lider und staunte: in seiner Hand glänzten echte Perlen! Sie waren so groß und klar, daß sich der Himmel in ihnen widerspiegelte. Als es sie betrachtete, mußte es ungewollt lachen. In einer Perle erblickte es nämlich einen mächtigen König, der gerade seinen faulen Sohn ausschalt.

„Ach, du ungeratener Faulpelz, du Teufelsbraten!" schimpfte der König. „Anstatt vernünftig regieren zu lernen, vergeudest du deine kostbare Zeit bei Hahnenkämpfen. Das ist mir eine schöne Ordnung, du Nichtsnutz! Verschwinde mir aus den Augen und kehre nicht eher zurück, bevor dich der dunkle Dschungel nicht Ernsthaftigkeit und Weisheit gelehrt hat."

Das war wirklich ein komischer Anblick: wer sollte über diesen jungen Königssohn nicht lachen dürfen? Schau nur einer an, wie der Prinz sein edles Mäulchen verzog, wie er zögernd durch den Garten schlich, als warte er darauf, daß es sich der König noch anders überlegen würde.

„Sieh nur, Schwester Schlange", rief das Mädchen, „wie er gerade jetzt zu greinen anfängt, fast wie ein kleines ungezogenes Kind!"

Aber die Schlange war verschwunden, als hätte sie der Erdboden verschluckt. Und so schaute und schaute das Mädchen, bis ihr der junge Königssohn leid zu tun begann.

„Oh, wie schön er doch eigentlich ist, und wie von aller Welt verlassen", überlegte es und weinte darüber fast wieder. Doch sonderbar, seine Tränen wollten nicht mehr fließen. Und als das einsame Mädchen so seine Zauberperle betrachtete, fühlte es sich plötzlich wie von einem Schlag getroffen. Das war kein Wunder, denn der schöne Prinz lenkte seine Schritte immer der Nase nach geradewegs zu seiner armen Hütte! Das Mädchen warf schnell einen Blick in die nahe Quelle. Aber, o Schreck: sein Antlitz war schwarz und verkrustet, die Haare hingen voller Dornen und Farnblätter, und auf seiner Stirn begann schon das Moos zu wachsen, wie auf den Götterstandbildern in den uralten Heiligentempeln!

„So darf mich der Prinz unmöglich sehen", erschrak das Mädchen und suchte ängstlich einen Platz, wo es sich verstecken konnte. Bevor es ihm jedoch gelang, sich in einer aufgeschlagenen Nußschale zu verkriechen, war der Prinz schon erschienen und streckte ihm seine Hand hin.

„Da habe ich ja ein hübsches kleines Gespenst gefunden", freute er sich. „Dich Dschungeltierchen werde ich mir zähmen, und dann wirst du mich zu meinen Hahnenkämpfen begleiten."

Das Mädchen bat ihn, es loszulassen. Doch der Prinz lachte nur und zog es an seinen langen Haaren. Schließlich gelang es der Kleinen aber doch, sich von seinem Griff zu befreien und flugs in die gefleckte Schlangenhaut zu schlüpfen.

Wie erstaunte da der Jüngling! Plötzlich stand eine Schönheit vor ihm, die ihresgleichen suchte. Ihr herrlicher gebatikter Rock schillerte in allen Regenbogenfarben wie der Hochzeitsmantel des Schlangenkönigs. Ihr Gürtel war aus gespaltenen Schlangenzungen gefertigt, und ihre Haare hielt ein Stirnreif aus glänzenden Schlangenaugen zusammen. Dem Prinzen blieb vor Verwunderung der Mund offenstehen, und er hatte Glück, daß ihm kein neugieriger Vogel hineinhüpfte.

„Mein allerliebster Hahn soll nach mir hacken, wenn ich dieses Wunder verstehen soll. Wer bist du, wunderschönes Mädchen?"

„Du hast mich kleines Gespenst genannt", erwiderte die Jungfrau lächelnd. „Erinnerst du dich nicht mehr?"

Der Prinz schämte sich jetzt sehr dafür, und er bat die Schöne, seine Frau zu werden. Das einsame Mädchen stimmte auch mit Freuden zu, es war durch die Liebe wie verwandelt. Nun lebten sie viele Tage und Nächte glücklich miteinander in ihrer einsamen Hütte aus Dornen und Palmblättern. Doch die Zeit verging, und der Prinz sehnte sich allmählich nach dem prächtigen Palast seines Vaters mit all seinen Bequemlichkeiten. Obendrein hatte er ein großes Verlangen nach Hahnenkämpfen. Er wurde immer verschlossener und sprach bald kaum noch ein Wort mit seiner Frau. Darüber grämte sich die junge Gattin oft. Einmal betrachtete sie in ihrem Kummer wieder einmal eine Zauberperle, um zu erfahren, was in der weiten Welt so geschah, und da stockte ihr beinahe der Atem.

„Mein Prinz!" rief sie ihn zu sich. „Meine Perlen sagen mir, daß dein erhabener Vater gestorben ist. Du bist nun der König eines großen Reiches. Man sucht dich bereits überall."

Kaum hatte der Prinz das erfahren, da war er auch nicht mehr zu halten.

„Ich muß dich verlassen, meine teuere Gemahlin", sprach er zu der Unglücklichen. „Es gehört sich nicht, daß der König eines mächtigen Reiches eine Gemahlin aus niederem Geschlecht in seinen Palast heimführt. Leb wohl, Liebste! Ich werde dich nie vergessen."

Dann ging er in die Hauptstadt zurück. Und nun lernte die verlassene Schöne erneut das Weinen.

Als einige Zeit verstrichen war, gebar die junge Frau in der einsamen Hütte aus Dornen und Palmzweigen einen kleinen Sohn. Sie nannte ihn Panji Kelaras. An den langen Abenden wiegte sie den Kleinen auf ihrem Schoß und erzählte ihm traurige Märchen von dem ungetreuen König. Einmal flog ein wilder Kranich hoch über ihren Köpfen dahin. Er erschrak wohl vor dem hungrigen Brüllen des Tigers, und da entfiel seinen scharfen Krallen ein winzigkleines Küken und flatterte der jungen Mutter geradewegs in den Schoß.

Es lebte noch. Die junge Frau heilte seine Wunden, und dann vertraute sie es ihrem kleinen Sohn an, damit er es aufziehen mochte. Bald wurde aus dem kleinen Küken ein stattlicher Hahn. Er saß auf der Schulter des Jungen und drehte sich stolz nach allen Seiten.

„Kikeriki, ihr Geister, zurück!
Prinz Kelaras' Hahn ist hier zu sehen,
ich zerreiß' euch alle, Stück um Stück,
wer nicht weicht, um den ist's geschehen!"

Wer diesen Kampfgesang nur hörte, machte einen weiten Bogen um den stolzen Hahn. Sogar der Radscha Rimba, der gestreifte König des Dschungels, hatte keine Lust, sich mit ihm in einen Streit einzulassen. Vielleicht war der krähende Zwerg sogar mit den bösen Geistern im Bund? Deshalb konnte der kleine Panji nach Herzenslust im Dschungel umherstreifen, und niemand wagte es, ihm etwas zuleide zu tun.

Als der Junge herangewachsen war, begann er immer öfter nach seinem Vater zu fragen. Die Mutter legte ihre Zauberperlen auf die Handfläche, behauchte sie und betrachtete die prächtige Perle mit traurigen Blicken.

„Dein Vater ist ein mächtiger König. Er veranstaltet im Hof seines Palastes gerade einen Hahnenkampf. Mich hat er sicher längst vergessen", seufzte sie betrübt. Daraufhin beschloß Panji Kelaras, mit seinem Hahn auch sein Glück zu versuchen.

„Warte nur, Väterchen, wir werden dir noch beweisen, wer wir eigentlich sind!" sagte er laut und wanderte mit seinem Hahn in die Hauptstadt. Der Hof des Palastes glich einem Schlachtfeld. Was war das für ein Geschrei! Wie groß war das Durcheinander! So viele Streitereien!

Die einen versuchten die anderen an Lautstärke zu übertreffen, sprangen erregt in die Höhe und hockten sich gleich darauf wieder auf den Boden nieder, beschimpften den Gegner und riefen lauthals ihre Wetten aus. Wieder andere reizten ihre Hähne bis zur Weißglut und prüften mit dem Daumen die langen, spitzen Dolche, die sie den kampfwütigen Hähnen an die Sporen gebunden hatten. Mitten im Hof besiegte gerade einer der Hähne des Königs in hartem Kampf einen stattlichen Gegner. Das gab einen Jubel! Sogar der König wußte sich vor lauter Freude kaum zu fassen und setzte sich bald auf seine Matte, um gleich darauf wieder aufzuspringen. Alle waren außer Rand und Band.

„Wer wagt es noch, seinen Hahn gegen meinen Federschleißer antreten zu lassen?" rief er laut und fröhlich in die Runde.

„Ich!" ertönte da eine helle Stimme aus der Menschenmenge. Der König blickte sich erstaunt um, konnte aber den unbekannten Waghals nirgends entdecken. Erst als die Schaulustigen den kleinen Panji Kelaras über ihre Köpfe hoben, lachte der König lauthals auf.

„Was trägst denn du dort auf der Schulter, Kleiner? Ist das ein Fliegenfänger oder ein Ameisenfresser? Und seit wann pflegen schon die Küken bei uns zu krähen?“ fragte er scheinbar erstaunt und belustigt. Alle lachten vergnügt. Panji Kelaras aber hatte sich in den Kopf gesetzt, daß sein Hahn gegen den Lieblingshahn des Königs zum Kampf antreten sollte.

„Wenn du unbedingt darauf bestehst, so laß ihn in den Kampfring“, gab der König schließlich nach, und sogleich regnete es von allen Seiten Münzen. Niemand jedoch wettete auch nur ein Reiskorn auf den Hahn des Kindes. War doch der stolze Gockel des Königs ein weitbekannter Raufbold! Wer sich mit ihm anlegte, hatte nichts Gutes zu erwarten. Der kleine Freund des Prinzen Kelaras aber fürchtete sich nicht. Er flog wie ein Blitz mitten in die Kampfarena hinein und krähte:

„Kikeriki, du Teufel, verschwinde!
Prinz Kelaras' Hahn ist hier zu sehen.
Deine Federn fliegen in alle Winde,
trifft dich mein Sporn, ist's um dich geschehen!“

Ehe sich der Hahn des Königs recht besinnen konnte, war alles vorüber. Die Schaulustigen ringsum waren sprachlos, und sogar der König brachte kein Wort hervor. Panji Kelaras aber nahm seinen Hahn unter den Arm, warf sich den Sack mit dem gewonnenen Geld über die Schulter und eilte zurück zu seiner Mutter. Diese bat ihn mit großer Inbrunst, nie mehr in den Palast des Königs zurückzukehren. Doch der kleine Panji ließ sich nicht belehren. Schon nach drei Tagen setzte er sich den Hahn wieder auf die Schulter und rannte mit gutem Mut zu den Hahnenkämpfen.

Das gab einen Tumult, als er auf dem Hof des Palastes erschien! Jung und alt strömte herbei, um das Wetten nicht zu versäumen. Viele riefen dem König zu, daß der kühne Bursche mit seinem Hahn wieder erschienen sei.

„Diesmal soll es dir nicht gelingen, Junge! Ich werde deinem Skorpion meinen allerbesten Hahn entgegenstellen. Er ist ausgeruht und kampfbereit. Es müßte doch mit einem bösen Zauber zugehen, wenn ich heute nicht den Kampf gewinnen würde! Um was wollen wir wetten, daß mein Hahn deinen Suppenkönig besiegt?“

„Ich wette um meinen Kopf, mein König! Ihr aber setzt Euren Thron als Pfand“, schlug Panji Kelaras vor. Den König verwirrten diese mutigen Worte. „Was sollte ich wohl mit deinem Kopf beginnen, du Lausejunge? Wiegt er vielleicht Gold und Edelsteine auf? Oder steckt auch nur ein einziges Körnchen Weisheit darinnen?“ lachte er den Kleinen aus.

„Du fürchtest dich doch wohl nicht etwa, allmächtiger König?“ entgegnete Panji Kelaras selbstsicher. Das empörte den mächtigen Radscha.

„Du sollst bekommen, was du verlangst, du frecher Affe! Wenn du unbedingt um deinen Kopf kommen willst — es sei! Ich werde ihn den jungen Krokodilen zum Spielen schenken."

Dann befestigte der König mit eigener Hand seinem Hahn lange, scharfe Dolche an den Sporen, die er zuvor in ein lähmendes Gift getaucht hatte. Danach entließ er den gereizten Vogel zum Kampf. Der Hahn des Panji Kelaras aber erwartete ihn auf dem Hahnenkampfplatz und fürchtete sich nicht. Er flog rauflustig in die Höhe und krähte:

„Kikeriki, gib acht unterdessen,
ich habe Appetit, etwas zu fressen.
Weißt du, was ich mir wünsche zum Fraß,
ich, Hahn des Prinzen Kelaras?"

Bevor der Liebling des Königs sich auch nur umzuschauen vermochte, war von ihm nur noch eine Wolke ausgerupfter Federn übriggeblieben.

„Nun stehe zu deinem Wort, erhabener König!" rief Panji Kelaras, „und überlasse mir deinen Thron."

Der König schäumte bei diesen Worten vor Angst und Wut. Er ergriff eine vergiftete Lanze und warf sie nach dem Knaben. Dessen Hahn jedoch war nicht faul: er fing die Lanze mit seinen Krallen auf und flog mit ihr hoch zum Firmament empor:

„Kikeriki, ein böser Spaß,
Vater des Prinzen Kelaras!
Wisse nun, allen zum Hohn,
beinahe erstachst du deinen Sohn!"

Der König glaubte seinen eigenen Ohren nicht zu trauen. Er umarmte seinen Sohn und bat ihn um Verzeihung. Als er erfuhr, daß seine schöne Gemahlin noch immer in ihrer ärmlichen Hütte aus Dornen und Palmblättern inmitten des Dschungels lebte, begab er sich zu ihr und führte sie an der Spitze eines prächtigen Zuges in seinen Palast. Seitdem lebten alle drei glücklich und zufrieden bis an ihr Lebensende. Der tapfere Hahn aber kehrte nie mehr zurück. Die Leute erzählen sich noch heute, er sei bis in den Himmel geflogen.

Nani war allein am Rand des Dschungels entlanggeschlendert. Sie hatte am Duft erkannt, daß irgendwo in der Nähe wilde Melonen wachsen mußten, und sie wollte dem Greis eine Freude bereiten. Kaum aber war sie auf einen morschen Baumstamm gestiegen, um die Lianen über sich auseinanderzubiegen, zerbrach das morsche Holz unter ihr. Nani schrie auf. Schien sie zu träumen? Der unbewegliche, gefleckte Ast war plötzlich erwacht und fuhr dann blitzschnell durch die Luft. Nani erstarrte vor Grauen. Sie stand unbeweglich und blickte angstvoll in die kleinen grausamen Augen.

„Der Python, die Riesenschlange!" blitzte es durch ihren Kopf. Sie versuchte zu fliehen, doch die starren Augen der Schlange lähmten sie. Das Mädchen vermochte sich nicht einmal mehr zu bewegen. Die Schlange hatte sie noch nicht einmal umschlungen, sie war auch so ihrer Beute völlig sicher. Unendlich langsam schob sie ihren riesigen Leib von der Krone des Baumes herab, und nur ihr Kopf stand aufgerichtet dicht vor dem Antlitz des Mädchens. Bösartig züngelte die gespaltene Schlangenzunge. Nani zitterte vor Abscheu am ganzen Körper. Sie weinte leise, ohne einen einzigen schluchzenden Laut von sich zu geben. Es war das schrecklichste Weinen ihres Lebens.

Auf einmal aber fühlte sie, daß sie sich wieder bewegen konnte. Sie war wieder frei, konnte kräftig ausatmen und auch fortlaufen und sich in Sicherheit bringen. Doch nun stand sie wie versteinert und blickte zu dem alten Schattentheaterspieler hin. Wie ein Blitz aus heiterem Himmel oder besser noch wie ein guter Geist stand er plötzlich hochaufgerichtet vor der Schlange und richtete seinen strengen Blick unverwandt auf die kalten Schlangenaugen. Es dauerte angeblich eine Ewigkeit, behauptete Nani später, bevor die Schlange endlich ihren Kopf abwandte und sich lautlos in den Dschungel verzog. Mit seinen übernatürlichen Kräften hatte der alte Zaubermeister das Leben des Mädchens gerettet.

„Die guten Geister haben mich gerufen", erwiderte er kurz, als Nani ihn fragte, woher er so plötzlich gekommen sei. „Ich fühlte die drohende Gefahr, ich konnte sie nur nicht beschreiben."

Dann hüllte er das nun erleichtert schluchzende Mädchen in seinen schwarzen Mantel und trug es in seine sichere Hütte. An jenem Tag erzählte er den Kindern das Märchen vom Prinzen mit dem Schlangenleib. Nanis Angst war schon völlig verflogen, auch sie lauschte fröhlich und unbekümmert dem Märchen. Sie war wie alle Menschen, die in der Nähe des Dschungels leben und ständig mit Gefahren rechnen müssen.

Der Prinz mit dem Schlangenleib

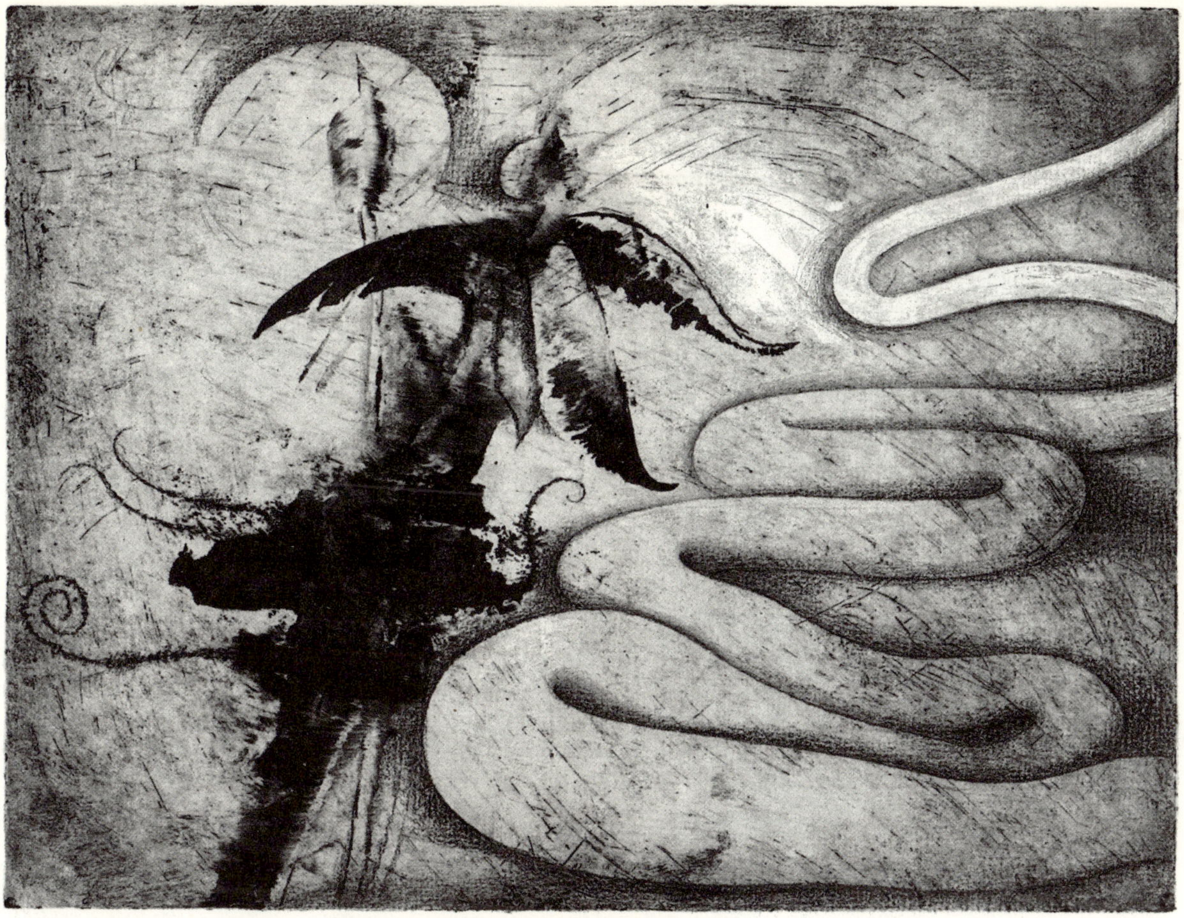

In einem Land lebte einmal ein böser König, ein König, der Menschen fraß. Das ganze Volk hatte große Angst vor diesem Menschenfresser, denn niemand wußte, wann seine Stunde geschlagen hatte und er ein Opfer des unersättlichen Königs wurde. Jeden Tag mußte wenigstens ein bedauernswerter Untertan in den Palast gebracht werden, damit der König seinen Fleischhunger stillen konnte. Im ganzen Land trieben die Soldaten des Königs das junge Fleisch für ihren Herrscher zusammen. Eines Abends überfielen sie auch ein weltvergessenes Dorf. Sie schlugen mit ihren Lanzen an die Dächer der Hütten, schwangen Fackeln und riefen:

„Der König hat Hunger! Fleisch her für den König!"

Die Dorfbewohner zitterten vor Angst, aber sie schlichen dennoch gehorsam aus ihren Hütten hervor und begannen untereinander zu losen, wer dem gefräßigen König zum Opfer gebracht werden sollte. Das Los bestimmte eine junge, bildschöne Witwe, bei der auf seinen Reisen immer ein heiliger Einsiedler, Aji Saka mit Namen, Unterkunft gefunden hatte.

„Weine nicht, gute Frau", tröstete Aji Saka die Unglückliche. „Deine

 Schönheit ist für das blutdürstige Maul des Königs viel zu schade. Ich selbst werde hingehen und mich zum Schmaus anbieten."

Dann befahl er den Soldaten beherzt, ihn an Stelle der jungen Frau ins Königsschloß seinem grausamen Schicksal entgegenzuführen. Der Königbetrachtete ihn mit seinen Menschenfresseraugen aus der Nähe, betastete sein Genick und kniff ihn in den Bauch.

„Sieh einmal an, schon lange hatte ich keinen so jungen und zarten Bissen auf der Zunge", freute sich seine Majestät genüßlich. „Die Ernte war schlecht, deshalb sind die Leute nicht so fett. Du sollst mir schmecken, Jüngling! Und vor deinem Tod will ich dir noch eine letzte Bitte erfüllen."

Der weise Aji Saka lächelte.

„Hab Dank, erhabener König! Meine Bitte ist bescheiden wie mein ganzes Leben. Irgendwo an der Küste lebt meine alte Mutter. Ich würde ihr gern ein kleines Grundstück vermachen, damit sie nicht betteln gehen muß. Schenke mir, Herr, solch ein kleines Stückchen Land, das unter meinem Turban Platz finden wird. Größer braucht es wirklich nicht zu sein."

„Du hast mein königliches Wort", entschied die Majestät großzügig. Dann rief der König seine weisen Männer zu sich, damit sie den Boden gerecht ausmessen sollten. Die Weisen machten sich auch sogleich ans Werk. Sie wickelten Aji Sakas Turban auf, doch das Tuch nahm und nahm kein Ende. Schließlich bedeckte es das ganze Königreich. So kam der Menschenfresser um sein Land. Das jubelnde Volk trug den vertriebenen Herrscher wie in einem Triumphzug an die Küste und warf ihn ins Meer. Der Menschenfresser aber verwandelte sich in ein weißes Krokodil, streckte sein Maul aus dem Wasser heraus und schwor dem weisen Aji Saka schreckliche Rache. Der junge Einsiedler jedoch lachte unbesorgt über diesen Fluch.

„Es ist noch nie geschehen, daß die Götter auf die Stimme eines törichten Krokodils gehört haben. Ich, der weise Aji Saka, bin nach dem Willen des Himmels und nach den Wünschen des Volkes ab heute König des Landes und werde darum den edlen Namen Prabu Joko tragen. Nur ich allein habe das Recht, die Götter um Hilfe anzurufen!"

So wurde Aji Saka Herrscher im Reich des Menschenfressers. Die junge und schöne Witwe, die er vom Tod gerettet hatte, nahm er zu seiner Gemahlin. Er herrschte gütig und gerecht über sein Volk. Er ehrte Recht und Gesetz, und seine Untertanen liebten und verehrten ihn dafür. So vergingen die Tage, und bald wurde dem königlichen Paar ein Sohn geboren.

Wie groß jedoch war ihr Entsetzen, als sie sahen, daß ihr Kind einen abscheulichen Schlangenleib hatte: so also erfüllte sich der Fluch des Krokodils!

Vergebens bat Aji Saka die Götter um Hilfe. Der junge Prinz wuchs schnell heran und wurde von Tag zu Tag abstoßender und häßlicher. Sein zusammengerollter Leib füllte bald den ganzen Hof des Palastes aus. Das Volk schaffte es kaum noch, genügend Büffel und Schweine für seinen ewig hungrigen Rachen heranzuschaffen. König Prabu Joko fürchtete sich vor seinem Sohn. Tag und Nacht zerbrach er sich den Kopf, wie er ihn loswerden könnte. Eines Tages befahl er schließlich, daß die Schlange ihren Menschenkopf in den Thronsaal stecken sollte, und dann sprach er zu seinem Sohn:

„Edler Prinz, wenn ich dich als meinen Sohn und Nachfolger anerkennen soll, mußt du zuerst deine Tapferkeit beweisen."

„Ich will alles tun, was Ihr wünscht, Majestät", antwortete die Schlange demütig.

„Höre, was ich dir befehle", sprach der Herrscher. „Irgendwo im südlichen Meer lebt ein weißes Krokodil, von dem all unser Unglück herrührt. Geh und erschlage es! Wenn du mir als Beweis deiner mutigen Tat seinen Kopf sowie einen See voll Meerwasser und eine Insel aus Meerespflanzen mitbringst, will ich dich als meinen Nachfolger anerkennen. Aber den Hin- und den Rückweg mußt du unter der Erde kriechend zurücklegen, damit du mein friedliches Volk unterwegs nicht erschreckst. Wenn du meine Bitte nicht zu erfüllen vermagst, bleibe für immer im Dschungel! So lautet mein königlicher Wille."

Dem König fiel es nicht im Traum ein, daran zu glauben, daß der Schlangenprinz diese Aufgabe lösen würde. Dieser aber machte sich unerschrocken auf den Weg. Er bahnte sich einen Tunnel durch die Dunkelheit im Erdinnern. Davon bebten auf der Erdoberfläche die Berge, und die Hütten der Menschen fielen zusammen wie bei einer Naturkatastrophe. Endlich hatte der Schlangenprinz das südliche Meer mit großer Mühe erreicht.

„Weißes Krokodil, komm her und hole dir deinen Tod", rief er mit drohender Stimme. Mit dem Schlangenschweif peitschte er die Meereswogen, bis ein wildes Gewitter losbrach. „Dich ruft der Sohn des Königs Aji Saka, den man Prabu Joko nennt!"

Das weiße Krokodil hatte gerade an einer seichten Stelle im Wasser ein wenig geschlafen. Kaum jedoch vernahm es die Stimme des Schlangenprinzen, öffnete es seinen gefährlichen Rachen und schwamm wutschnaubend der Stimme entgegen. Der Prinz aber wand seinen mächtigen Schlangenleib um das Krokodil, und in kürzester Frist hatte er das weiße Ungeheuer erstickt. Dann verschluckte er den Krokodilskopf, nahm einen tiefen Schluck von dem salzigen Meerwasser und raffte noch eine ganze Insel von Meerespflanzen mit seinen Zähnen ins Maul hinein. Danach kroch er wieder unter der Erde zurück, so daß auf der Erdoberfläche Felswände umstürzten und ganze Inseln in der Mitte auseinanderbrachen. Aber unter der Erde war es so dunkel wie in einer ungeöffneten Kokosnuß, und so verirrte sich der Schlangenprinz schließlich. Es blieb ihm nun nichts anderes übrig, als ab und zu seinen Kopf aus dem Boden herauszustrecken und Vorübergehende zu fragen:

„Hallo, ihr guten Leute: in welcher Richtung liegt die Hauptstadt unseres erhabenen Königs Prabu Joko?" Kaum jedoch öffnete er den Mund, so spritzte jedesmal etwas salziges Meerwasser daraus hervor. An jenen Stellen sprudelten danach salzige Quellen aus der Erde, aus denen die Leute der Insel noch heute ihr Salz gewinnen. Niemand wünschte jedoch, daß der Schlangenprinz zu seinem Vater zurückkehrte. Den Untertanen war es um die Büffel, Schweine und Hühner leid, die sie ihm immer in den Mund jagen mußten, und deshalb schickten sie ihn ständig in die falsche Richtung. So kroch der Prinz unter der Erde immer im Kreis herum, und es gelang ihm nicht, das Königsschloß zu erreichen. Die Leute begannen schon, sich über ihn lustig zu machen. Endlich fand er aber doch nach Haus.

„Hier ist der Kopf des weißen Krokodils", meldete er sich stolz beim König und spie den abscheulichen Krokodilskopf aus. „Hier ist der See aus Meerwasser", brüstete er sich weiter und spuckte eine solche Wasserflut aus seinem Bauch hervor, daß auf der Stelle ein tiefer Salzsee entstand. „Und hier ist auch die Insel aus Meerespflanzen", fügte er glücklich hinzu und würgte einen riesigen Batzen aus wirren Pflanzen mitten in den See hinein.

Das Staunen des Königs wollte kein Ende nehmen. Es blieb ihm aber nichts anderes übrig, als den Schlangenprinzen als seinen Sohn und Nachfolger anzuerkennen. Er ließ ihn in einem großen See im königlichen Garten wohnen und befahl seinen Untertanen, ihn mit den besten Büffeln, Schweinen, Hühnern und Enten aus dem ganzen Königreich zu füttern. Der Prinz hatte aber einen so unergründlichen Magen, daß es im ganzen Land bald weit und breit kein Stück Vieh mehr gab.

„Gnade, erhabener König", baten die Untertanen. „Dein furchtbarer Sohn frißt zuviel! Er wird uns alle ins Verderben bringen. Wenn er alles was da kreucht und fleucht aufgefressen hat, wird er sich über uns Menschen hermachen."

Da bat der König die mächtigsten Zauberer des Landes um ihren Rat. Alle eilten ins Schloß, steckten die Köpfe zusammen und verkündeten schließlich, das beste wäre es wohl, den Kopf des Prinzen von seinem Schlangenleib abzuschneiden und den Kadaver auf einem Scheiterhaufen zu verbrennen. Kaum war dies geschehen, da wuchs dem Königssohn ein noch mächtigerer Schlangenleib. Der Prinz aber öffnete seinen großen Mund und schrie:

„Gebt mir etwas zu essen, ich habe Hunger!"

In diesem Augenblick brach der abgebissene Kopf des weißen Krokodils, den der König über seinem Thron aufgehängt hatte, in höhnisches Gelächter aus.

„Vergebens bildest du dir ein, hier als König zu herrschen, Prabu Joko. In deinem Land regiert auch nach seinem Tod noch immer König Menschenfresser."

König Prabu Joko erschrak sehr und lief zu seinem Sohn an den See.

„Jokolinglung, mein lieber Sohn", sprach er zu ihm mit honigsüßer Stimme. „Du hast dich um das Wohl unseres Königreiches sehr verdient gemacht. Endlich ist die Zeit für dich gekommen, den Thron zu besteigen. Das Volk gestattet aber nicht, daß der heilige Königsthron zu dir in den See gebracht würde. Deshalb gebiete ich dir, dich in den Dschungel zu begeben. Dort bitte in Einsamkeit und Entsagung die Götter, daß sie dir eine menschliche Gestalt verleihen mögen. Du mußt unbeweglich an einem Platz verharren, du darfst kein Tier erjagen, sondern mußt mit geöffnetem Mund warten, ob sich vielleicht ein Tier hineinverirrt. Wenn du deine Gier nicht ablegst, beleidigst du die Götter."

Der Schlangenprinz Jokolinglung war ein gehorsamer Sohn. Er nahm sich die Worte seines Vaters zu Herzen und kroch fort in die Einsamkeit des Dschungels. Dort wartete er mit offenem Mund, bis ihm der Himmel eine menschliche Gestalt schenken würde. Sein Leib bedeckte sich nach und nach mit dichten Moosen und Flechten, und sein Mund versteinerte zu einer tiefen Höhle. Wehe dem Menschen, der darin vor einem Wolkenbruch Schutz suchen wollte: er mußte dem furchtbaren Prinzen als Nahrung dienen!

Eines Tages wandelte dort im tiefsten Regenwald eine schöne Fee. Weil sich am Firmament schwarze Gewitterwolken zusammenzogen, schlüpfte sie arglos in den geöffneten Mund des Schlangenprinzen, damit ihr feines Kleid aus Orchideenblüten nicht naß werden sollte. Jokolinglung erwachte aus seinem Halbschlaf und wollte den leckeren Bissen gerade hinunterschlucken.

„Töte mich nicht", bat da die Fee mit zarter Stimme, als sie erkannt hatte, in was für eine Falle sie geraten war, „ich will dir deinen Verzicht auch gut belohnen."

Der Prinz erbarmte sich der lieblichen Schönen und gab ihr ihre Freiheit wieder. In diesem Augenblick blitzte es blendendhell auf, und der abscheuliche Schlangenleib zerfiel zu Staub. Vor der kleinen Fee aber stand ein wunderschöner Jüngling und dankte ihr für seine Erlösung.

„Dein eigener Edelmut hat dich von dem Fluch erlöst, Prinz Jokolinglung. Die Götter schickten mich zur Erde nieder, um dich zu prüfen. Du hast bewiesen, daß du Mitleid mit den Unglücklichen empfindest. Edelmut aber ziert einen König: geh und regiere dein Volk!"

Nach diesen Worten sprach die Fee nichts mehr, und langsam verschwand sie aus den Augen des Prinzen, indem sie sich in Luft auflöste. Jokolinglung aber kehrte in den königlichen Palast zurück und umarmte seinen überglücklichen Vater. Dann nahm er auf dem heiligen Thron der Könige Platz, über dem noch immer der weiße Krokodilskopf hing. Da wurde der Krokodilskopf vor Wut schwarz, und seinen Augen entströmten dicke Tränen. Und wenn er heute noch dort hängen würde, dann möchte er vielleicht immer noch dicke Krokodilstränen weinen.

Es war ein herrlicher und sonnenheller Tag. Die Luft schwirrte und der Dschungel duftete betäubend, von der Küste her wehte die feuchte Kühle des Meeres über die Insel. Nani, Tuti und Maman gingen den gewohnten Pfad zur Hütte des Greises. In einem wunderschönen neuen Sarong und mit Blumen im Nacken begleitete die Mutter ihre Kinder. Den kleinen Zug beschloß der Vater, der ernst dahinschritt. Er hatte beide Arme voller Geschenke. Im Gürtel steckte ein Kris, den die Kinder noch nie bei ihm gesehen hatten. Sein Gesicht war ungewöhnlich ernst.

Nani war auf ihre Mutter sehr stolz. Wie sehnte sie sich danach, der Mutter einmal zu gleichen! Ihren Vater aber, diesen schweigsamen Mann mit dem feinen Lächeln, der lange Nächte an ihrem Lager wachte, wenn sie einmal krank darniederlag, diesen Vater liebte sie mit Inbrunst. Was hätte sie ihm nicht alles sagen mögen! Nani wandte sich immer wieder zu ihm um, aber sie schwieg. Nur ihre großen und schwermütigen Augen sprachen eine ausdrucksvolle Sprache.

Als die Kinder am Abend zuvor erzählten, wie der Greis Nani vor der bösen Schlange gerettet hatte, begann die Mutter still zu weinen, und auch der Vater wurde sehr ernst. Er hielt das Mädchen lange bei der Hand, und am Morgen beschloß der Vater, dem gütigen Greis gemeinsam zu danken.

„Ob er unsere Geschenke wohl annehmen wird?“ befürchtete die Mutter. Doch der Vater beruhigte sie:

„Kanda Buwana, der älteste Meister des Schattentheaters, hat noch keinen Menschen mit einem unfreundlichen Wort verletzt. Er ehrt Geschenke, die aus einem reinen Herzen kommen.“

An all das erinnerte sich Nani. Maman hingegen machte seine Eltern eifrig auf die geheimnisvollen Plätze im Dschungel aufmerksam, an denen die Kinder sich oft gefreut oder auch geängstigt hatten.

„Ha-Ha-Harimau", rief der Junge ausgelassen, und Tuti sang sogar fröhlich vor sich hin. So gelangten sie auf die Lichtung.

Wieder einmal umgab sie eine eigenartige, schmerzhafte Stille. Es war eine Stille, wie sie sonst nur vor Sonnenuntergang herrscht. Im Eingang zur Hütte des Meisters hing heute keine Matte, und aus der Öffnung zwischen den Palmblättern im Dach stieg kein Rauch empor. Nani lief als erste ins Innere der Hütte und rief den Namen des Greises. Die Hütte aber war verlassen, und im selben Augenblick begriff das Mädchen: der Greis war im Dschungel verschwunden! War er fortgegangen, um in der Einsamkeit zu sterben?

Mitten im Raum stand die geöffnete Truhe des Schattenspielers. Auf dem Boden der Truhe lagen drei herrliche Wayang-Puppen. Nani kniete nieder und nahm ein zusammengerolltes Palmblatt auf.

„Nani – Tuti – Maman", las sie leise vor. „Die Götter mögen euch behüten!" Nani schluchzte auf und drückte das Blatt an ihre Brust. Die Eltern standen mit den beiden Kleinen schweigend am Eingang, als wagten sie nicht, die Stille und den Frieden dieses heiligen Raumes zu stören. Dann kam der Vater langsam näher und legte die Geschenke auf die zerschlissene Matte des Greises. „Wir danken dir, Vater", sagte er und verbeugte sich tief nach allen vier Ecken der Hütte.

„Wohin ging Kanda Buwana?" fragte der kleine Maman mit weinerlicher Stimme.

„Wir wissen es nicht", flüsterte die Mutter. „Vielleicht ging er ins Reich seiner Götter."

Dann kehrten sie heim. Maman und Tuti schluchzten leise, und die Mutter tröstete sie mit liebevollen Worten. Nani jedoch weinte nicht mehr. Nur sie allein ahnte, daß Kanda Buwana, der alte Mann, der die Schatten erwecken konnte, im Kampf mit der tückischen Riesenschlange all seine Zauberkräfte, die ihn noch mit dem Leben der Menschen verbanden, in seinen bannenden Blick gelegt hatte!

„Schaut nur!" rief der Vater plötzlich erstaunt und wies mit dem Finger zu den bläulich schimmernden Bergen hinüber. „Das Wayang – das Schattenspiel!"

Alle blickten in die gleiche Richtung. War es nur ein Traum oder war es Wirklichkeit: Am Berghang stieg friedlich der Schatten des verehrten Greises empor! Er trug seinen weiten Zaubermantel, und auf seiner Schultter saß eine Regenbogeneidechse. Dicht hinter ihm sahen sie auch den Schatten des bärtigen Ziegenbocks Aki. Brummig warf er seinen Kopf hierhin und dorthin und naschte an den jungen Sträuchern am Weg. Auf dem Gipfel des Berges angekommen, drehte sich der Greis langsam um. Sein strenges Antlitz erstrahlte im Glanz der untergehenden Sonne. Zum letzten Mal hob er grüßend seine Hand. Dann hüllte er sich noch enger in seinen schwarzen Mantel. Rüstig schritt er dem fernen Himmelsrand entgegen. Nani begleitete ihn in Gedanken mit ihrem Lächeln, sie war voller Versöhnung und Dankbarkeit. Sie wußte: der Greis war ihr noch immer wohlgesonnen!

„Das war die letzte Vorstellung des ehrwürdigen Kanda Buwanas", sagte die Mutter sehr leise. Die Kinder weinten nicht mehr. Sie standen nur da und winkten endlos lange. Aber sie winkten nur der untergehenden Sonne.

WORTERKLÄRUNGEN

Agung – Vulkan auf Bali
Basilienkraut – Asiatisches Gewürzkraut
Batate – Tropenpflanze, Wurzelknollen wie Kartoffeln genießbar
Batur – Berg auf Bali, Vulkanausbruch 1905
Betelnuß – Frucht der Betelpalme. Reizmittel, färbt Lippen und Zahnfleisch rot
Bubut – Tropische Kuckucksart, jedoch kein Brutschmarotzer
Dajaken – Kopfjäger, Volk auf Borneo
Eibisch – Malvengewächs, Heilmittel gegen Husten
Gamelan – Schlagklangspiel, javanisches Orchester
Kalimantan – Landschaft der Insel Borneo
Kantschil – Asiatisches Zwergböckchen, Hirscheber der Insel Celebes
Kasuar – Straußenähnlicher Laufvogel
Kris – Gewundener malaiischer Dolch
Lontar-Schriften – Palmblattbücher, auf Palmblätter geritzte und geschwärzte Schrift
Majapahit – Altes Königreich (auf Bali)
Mangobaum – Steinobst mit großem Kern
Mangroven – Tropische Küstenwälder, Bäume mit stelzenartigen Luftwurzeln
Maniok – Tropische Staude. Die Wurzelknollen sind Nahrungsmittel
Merapi – Vulkan auf Mitteljava
Minahasa – Altes Königreich (im nördlichen Teil der Insel Celebes)
Pajajaran – Altes Königreich (auf Westjava)
Pandanus – Schraubenpalme, mit Stelzwurzeln
Python – Riesenschlange
Radscha (Raja) – Fürst, König
Sarong – Malaiisches Batik-Gewand, wird um die Hüften geschlungen
Slamet – Vulkan auf Java
Waringin-Baum – Würgefeige, Baum mit Luftwurzeln
Wayang – Schattenspiel der Javaner
Wischnu – Hauptgott des Hinduismus